重庆市社科规划项目“新常态下重庆老年公寓市场培育和发展问题研究”成果

我国老年公寓发展问题研究

周鹏飞　著

中国财经出版传媒集团
中国财政经济出版社

图书在版编目（CIP）数据

我国老年公寓发展问题研究／周鹏飞著．—北京：中国财政经济出版社，2017.11

ISBN 978－7－5095－7680－9

Ⅰ.①我…　Ⅱ.①周…　Ⅲ.①养老－社会服务－研究－中国　Ⅳ.①D669.6

中国版本图书馆 CIP 数据核字（2017）第 202432 号

责任编辑：贾延平　　　　　　　责任校对：徐艳丽
封面设计：秦聪聪

中国财政经济出版社 出版

URL：http：//www.cfeph.cn

E－mail：cfeph @ cfeph.cn

社址：北京市海淀区阜成路甲 28 号　邮政编码：100142

营销中心电话：88190406　北京财经书店电话：64033436　84041336

北京财经印刷厂印刷　各地新华书店经销

787×1092 毫米　16 开　19 印张　282 000 字

2017 年 11 月第 1 版　2017 年 11 月北京第 1 次印刷

定价：48.00 元

ISBN 978－7－5095－7680－9

（图书出现印装问题，本社负责调换）

本社质量投诉电话：010－88190744

打击盗版举报热线：010－88190414　QQ：447268889

序

2015年秋，鹏飞博士从山城重庆来到北国燕园，开始为期一年的人口经济学方向访问学者的进修课程。作为他的指导老师，我对他在学术研究上的不懈追求印象深刻。而今，他学术生涯中的专著《我国老年公寓发展问题研究》即将由中国财政经济出版社出版，并请我作序，我欣然应允。

人口老龄化是社会经济发展的必然产物。21世纪的中国人口老龄化是不可逆转的社会现象，因而人口老龄化所引发的各种问题并不是阵痛，而是长痛。我国人口老龄化的列车于21世纪初已经启动运行，虽然我们国家已将生育政策做了重大调整，从“双独二孩”到“单独二孩”，再到“全面二孩”，但与人口结构相伴而来的各种风险相比仍是滞后的。伴随着我国人口再生产的惯性和低生育率的现实，这趟老龄化高速列车不会停下，未来的时间里还将越开越快，直到开往重度老龄化的明天。老龄化高峰期的加速到来，将会极大地影响和冲击我国社会经济的正常运行态势，成为新的基本国情和重大全局性问题。人口老龄化问题波及的领域众多，需要加强顶层设计，积极应对人口老龄化的重大挑战，要在更加广泛的领域内整体考虑和协调运筹，把它当作一个重大的战略性问题全面策划，及早部署。

毋庸置疑，人口转变将在很大程度上刺激和诱导经济转型和社会转型，也会带来政府转型。人口老龄化的加速同样为老年公寓的起步和市场发展创造了良好的客观和外在条件，社会经济的变迁、市场经济体制的逐步完善以及居民购买力的提高又为老年公寓的发展提供了良好的市场化、产业化和社会化运作基础，而企业市场营销意识的增强促进了各方力量对老年公寓市场发展的主动参与，公共服务均等化也呼吁着公共政策的出台。因此，老年公寓的发展正面临着千载难逢的黄金机遇。老年公寓市场发展包括用于满足老年人口集中居住、饮食营养、文娱康健、卫生康洁、学习交流、医疗救助、照料护理、精神慰藉等各方面的综合服务需求。从实践层面上看，老年公寓正在创新并融合居家养老、医养结合的优势。这样老年人既能实现在“家”养老的愿望，又能享受专业化的养老服务，提升晚年的生活质量，促进老年生活方式的革新。鹏飞博士有着较强的学术领悟能力和宽阔的学术视野，能够捕捉到自己所从事的学术研究的前沿动态，这本专著就是一个印证。老年公寓是机构养老中的一个重要模块，它不仅对于失能失智老人的医疗护理方面优势巨大，而且对很多能够完全自理和半自理的老人也产生着越来越大的吸引力，这是社会经济转型和文化变迁带来的必然结果。

本书在诸多方面具有现实意义。首先，本书阐述了国内外养老模式的变迁和发展历史，全面分析了老年公寓养老方式出现的必然性，界定了老年公寓养老在我国社会背景下的角色和性质，能够帮助读者更加清晰地认知老年公寓这一新兴事物的内涵和外延，并在养老实践中丰富和拓展了福利多元理论、外部性理论、生命周期理论和资源优化配置等相关理论的适应性和应用领域。其次，作者把美国、日本、加拿大、新加坡以及中国香港地区的老年公寓发展状况进行了介绍，并从法律法规体系、产品和服务体系、运营管理体系、融资服务与供给体系、政府监管与支持体系、专业化队伍培养体系六大方面进行了全面的总结与提炼，具有很强的政策借鉴价值。另外，作者还进行了细致的实地调研和访谈，并对影响老年公寓需求意愿的因素进行了实证分析，得到了具有明显说服力的结论。最后，在开发与经营模式上，作者创新性地提出了要将活跃老龄化的理念契合到老年公寓开发之中，这是未来我国老年地产开发的一个大的趋势；在老年公寓的融资和人才队伍建设方面，鹏飞博士也进行了系统性的思考与分析，在政府角色和财税政策建议方面，他更是着墨众多，从制度安排、发展规划、政府扶持和监督管理方面进行了政府的角色定位，厘清了老年公寓发展中的政府与市场的职责边界问题，同时对财政补贴、贷款贴息、税收优惠以及政府购买养老服务等方面进行了政策效率分析和相关政策建议。

可以说，本书是国内研究老年公寓市场发展的首批专著之一。书中既有理论深度，又结合实际，研究选题新颖，视角也比较独特，书中每一章都具有相对独立性，都可以作为老年公寓发展的专题进行细化研究。本书不仅对研究老龄化和养老产业发展的学术研究人员具有参考价值，对从事养老地产开发与设计的人士也有较强的针对性和启发性。我很愿意向读者推荐此书，也希望鹏飞博士在以后的研究工作中再接再厉，笔耕不辍，多出更好的成果。

陆杰华

2017年10月29日于北京大学

目 录

第1章 导 论

1.1 研究背景

1.1.1 老龄化带来的现实压力

随着经济和社会的不断发展，人类在向现代化迈进的过程中，不可避免地碰到了一个与自身高度相关的挑战和难题——人口老龄化。它是21世纪全球最为突出也最为严峻的一个挑战，在全世界206个国家和地区中，已有70多个国家或地区迈入了“老年型”行列。人口老龄化是人口从高生育率和高死亡率向低生育率和低死亡率转变的结果，伴随而来的是国民收入分配的调整、政府职能的变迁、社会道德的升华和经济社会的转型。

我国①是当今世界上老年人口数量最多的国家。全国第六次人口普查数据显示，我国60岁及其以上的老年人口数量已达1.78亿人，占全国总人口数量的13.26%，而其中又包含1.19亿65岁以上的老年人口，占比8.87%，这两个老龄化指标都同时超过了临界值，我国进入老龄化社会已是不争的事实②。与全国第五次人口普查（2000年）时的数据进行比较可以看到，0~14岁的人口比重下降了6.29个百分点，15~59岁的人口比重提高了3.36个百分点，60岁及其以上人口比重同比上升了2.93个百分点，65岁及其以上人口比重同比上升了1.91个百分点。从两次人口普查的数据对比情况来看，一个人口加速老龄化的社会正在我国逐渐形成。现在已经进入“十二五”期间，2011~2015年，我国60岁及其以上的老年人口将从1.85亿人增加至2.21亿人，这个速度相当于平均每年要新增860万老年人口，老年人口的占比数据将从2010年的13.26%增至16%，相当于每年平均递增0.54个百分点③，届时我国人口老龄化的程度将更加严重。到目前为止，全世界老年人口数量达到1亿人的国家只有中国一个，2亿多的老年人口相当于印尼的全国总人口数，超过了俄罗斯、日本、巴西这些国家各自的总人口数。如果作为一个国家的总人口数，也能排在世界第四位。在今后的30年里，人口老龄化还将会以不可遏制的速度和势态全速发展，到21世纪中叶，我国老龄人口数量占总人口的比重将突破30%以上的高位，届时平均三个国人中将会有一位60岁以上的长者，那个时候我国人口老龄化问题引致的各种矛盾将进入全面凸显期，并且与工业化、城镇化相伴随，与家庭小型化、空巢化、高龄化以及高失能化相叠加，与经济社会转型期的各种矛盾相互交织。这将对我国经济、政治、社会、文化等多个领域产生深远而复杂的影响。人口老龄化是我国的基本国情，积极的应对人口老龄化是一项关系着国

① 本书所研究的地域范围为中国大陆地区，不包括中国的香港、澳门和台湾地区。

② 根据2010年第六次全国人口普查数据整理得到。

③ 数据来源于国务院《中国老龄事业发展“十二五”规划》。

家长治久安的重要战略任务。

我国的人口老龄化具有人口基数大、增长速度快、与经济社会发展水平不相适应等基本特征，属于典型的“未富先老”。尽管老龄化现象不断加剧，但一方面我国养老领域的财政支出仍处在较低水平，远远不能满足当前人口老龄化趋势增长带来的巨大市场缺口，这其中就包括“老有所养”和“住有所居”的问题；另一方面，养老产业也没有充分的契合和满足急剧增长的养老居住需求，目前仍处于供需严重失衡和滞后的阶段。因此，思考怎样去解决目前以及未来老年人的居住和生活保障问题，并进一步提高老年人的生活质量，将我国的养老产业发展层次提升到相应的水平，已成为一个亟待解决的问题。所以，老年公寓这一新兴养老服务产物的出现并不是一种偶然或者单纯的市场现象，它是在传统养老文化、强大的现实压力以及复杂的市场动力等多重合力的牵引下走上历史舞台的。

1.1.2 家庭结构和养老观念的变迁冲击传统养老模式

选择什么样的方式养老不是完全由人们的主观意愿来决定的，而是受制于不同的经济政治体制、社会发展状况、历史文化传统和价值观念等多种变量的综合作用所致。我们国家目前主要的养老模式是家庭养老、社区居家养老和机构养老三种模式，老年公寓养老就是机构养老模式中的一种重要形式。

在传统的养老模式中，家庭养老最符合中国人根深蒂固的家庭传统文化，这种内敛的传统文化特征决定了在家养老是首选之策。家庭养老是血缘亲情的最好传递，它不仅可以弘扬中华文明源远流长的“孝”文化，而且也可以减少政府的财政支出负担，但由于经济和社会的转型，尤其是人口结构的变化和少子化的不断加剧，家庭养老的不足日渐凸显。一方面是“4—2—1”家庭结构中承担养老责任的年轻一代由于社会及经济等各方面的压力加大，他们只能把更多的精力用在工作、学习和生活上，注重自身生活品质、自我发展和身心的释放，没有太多的时间和精力放在赡养老人方面，致使空巢家庭和空巢老人越来越多。同时，一些年轻人也由于缺乏对老年人的生活照料、健康维护和精神慰藉等方面知识和专业照护能力，对多病和失能的老人更是觉得力不从心。

另一方面，随着社会的发展和不断提高的物质生活和精神生活水平，老年人的需求也在向更高层面转变，由原来的养儿防老、穿暖吃饱、身体健康、儿女孝顺发展到追求居住空间和时间上的独立和自由，要求主动享受生活，对健康长寿、居住环境、邻里交流、自我价值再实现等生活品质和精神愉悦方面的需求也开始凸显。这种家庭结构和养老观念的改变和冲击，使人们产生了从社会获取更专业化和多元化的养老服务诉求，老年公寓的出现无疑为解决老年人养老问题提供了一种很好的解决途径和范式。

1.1.3 发展老年公寓养老既是民生诉求也是市场所向

养老问题是人类社会生存和发展的客观存在，尊老、爱老、敬老是当代人义不容辞的责任和义务。我们国家发展老龄事业的“六个老有”[①]中首先提到的就是“老有所养”。党的十七大报告中也浓墨重彩地指出，要注重经济发展和社会建设的同步进行，着力保障和改善民生质量，要让人民能学有所教、劳有所得、病有所医、老有所养、住有所居，推动和谐社会建设[②]。党的十八大报告同样也在关注“多谋民生之利，多解民生之忧”的问题，期冀在“六个老有”目标上能够更进一步发展，让老年人过上更有质量、更有尊严的晚年生活。可以看出，党和政府在构建和谐社会和中国梦的蓝图中，“老有所养”和“住有所居”一直都是两个非常重要的民生议题。

发展老年公寓养老是实现“老有所养”和“老有所居”的重要途径，也是市场力量的自然选择，政府只要制定合理可行的公共政策以及富有激励性的制度安排，市场完全具有主观意愿性和客观可行性去推动这一产业的发展。因为只要人类不灭绝，人都会老，有老，就会有养；

① “六个老有”为“老有所养、老有所医、老有所教、老有所学、老有所为、老有所乐”。
② 来源：《人民日报》，2008 年 1 月 6 日。

有养，就会有商机。老年公寓的发展以及大量区域性分布的老年住宅社区的建立，既有助于城镇化的发展，也是刺激消费和拉动内需的一个重要的举措，有助于拉动老年消费市场需求和老年产业的形成，有助于调整就业和产业结构转型，符合当前“稳增长、调结构”的政策目标和指向。

1.2 研究意义

1.2.1 理论意义

研究老年公寓养老这种新兴养老方式的演进和发展，探索老年公寓市场发展的现状和路径优化，在“未富先老”的老龄化中国显得更加迫切。从理论和学术意义上看，人口老龄化带来的经济、政治、社会、文化、伦理等多方面的扰动效应和辐射效应将在未来的某个时段持续不断地爆发出来，老年人的养老居住选择和养老服务供给模式等问题将会直接暴露在我们面前，逼迫我们做出政策选择和现实回应。

第一，目前学界和政府相关部门已经分别从不同角度对老龄化问题和养老问题进行了不同形式的研究和调查，但绝大多数偏重于老龄化的经济效应研究、老年人的医疗保障和社会保障研究等方面，而如何选择经济、有效、适合老年人特征和经济供养能力的养老方式，让老年人有尊严而且有质量地安度晚年，是我们应对人口老龄化危机的路径出口和重大课题。

第二，通过对国内外养老模式的变迁和发展研究，阐述老年公寓这种养老方式出现的必然性，并界定老年公寓养老在我国社会的角色和性质，可以帮助我们更加清晰地理解和认知这一养老方式的内涵和外延，丰富我国目前养老模式等相关理论。老年公寓的发展不仅涉及制度经济学、消费经济学、产业经济学，也涉及财政金融保险，甚至社会学和管理学等多学科的一些理论和思想。开展老年公寓发展方面的研究，可以对这些理论进行重新组合和运用，可以在实践中丰富和发展这些相关理论。

第三，将生命周期理论、资源优化配置理论和产权分割与资产流动性理论等切入老年公寓市场发展研究，把家庭资源优化配置的时间范畴扩展到人的一生，资源范畴从金融资产扩大到不动产，拓展了理论的适用性和应用领域，对于解决老年公寓市场发展中的资金问题提供了一个理论视角和路径。

第四，对福利多元理论和外部性理论的思考，为老年公寓市场发展需要政府的支持、引导、监督和管理提供了理论依据，老年公寓是多元养老模式下的一种市场选择，政府、社会和个人都是发展中的重要因素，缺一不可。但是，具体如何定位各自的角色和作用，开发和管理符合我国国情的老年公寓，对于丰富和发展我国的养老模式，促进老年公寓成为满足我国老年人养老需求和提升老年人养老生活质量的一种养老选择具有重要意义。

1.2.2 现实意义

养老是每一个人都必须面对的问题，而选择何种方式养老既有主观意愿的因素，同时也受制于经济社会发展阶段的约束。养老院、敬老院、福利院是政府投资兴办并经营管理的福利性养老机构，在运营当中不仅难以收回投资，还需要大量的财政补贴才能持续。随着我国人口老龄化程度不断加剧，如果全靠国家财政投资兴办养老服务机构，财政将不堪重负，也无法培育出良好的投入产出链条，养老机构的规模和质量也很难提升。单纯依靠政府办养老服务机构，只会进一步延缓我们应对人口老龄化的进程。因此，支持和鼓励以老年公寓为代表的自费社会化养老将有助于我们面对现在和未来不断加重的养老压力和挑战。

从现实意义上看，研究老年公寓的市场需求、要素供给、政策效应等方面的发展态势在宏微观层面会对整个社会、政府以及个人产生联动效应。

第一，从个人层面上看，发展老年公寓养老是适应家庭结构变化的需要，也是保障有需要的老年人过好晚年生活的必要途径和方式，是解除每个家庭后顾之忧的重大社会任务。发展老年公寓有助于老人们享受到专业化的养老服务，提升晚年生活质量，促进老年生活方式的变革。在这个过程中，会涉及老年人的养老观念转变、个人经济承受能力以及金融资产和不动产的转化等问题，这既涉及养老理念的重大转变和突破，也涉及个人养老资源的优化配置，客观上会促进地产、金融、保险、医疗等产业的健康发展，培育新的经济增长点。

第二，从社会层面上看，面对老龄人口急剧增加的现状和越来越庞大的养老需求，单纯依靠家庭养老已经无法满足老年人的赡养和照顾问题，必须推动发展社会养老方式帮助解决老有所养的问题。发展老年公寓养老需要诸多社会力量的参与，这既有政府的福利性养老供给不足的因素，同时更重要的是市场空间和利益诉求的驱动。政府为了应对老龄化的危机和压力，需要走多元化养老的路径，促进养老服务体系的建设和不断完善，因而也鼓励社会力量和民间资本参与老年公寓的建设和开发。这是社会资本进入老年公寓市场发展的一个重大契机，会对老年产业和相关产业的发展产生很大的影响，对我国实现“调结构、扩内需、稳增长”的政策目标也会产生极大的正向作用。

第三，从政府层面上看，研究老年公寓养老有助于厘清政府与市场的职能定位和职责要求。老年公寓不属于福利性养老产品和服务，政府应专注于“兜底线”的养老保障事业，把老年公寓的发展主体角色交给市场，政府只需在老年公寓的发展中做好引导、支持、监督和管理的工作。研究老年公寓养老问题，会对政府的养老法律法规的出台以及各种相关养老政策的制定提出一些现实的政策参考路径，促进老年公寓走向良性发展的道路。

1.3 几组主要概念的辨析

概念的界定能够让本书所要研究的对象更加清晰和明确，使讨论的问题更加深入。现将本书所涉及的主要概念进行界定和辨析。

1.3.1 人口老龄化与人口老龄化问题

人口老龄化（Aging of Population 或 Population Aging）是指总人口当中年轻人口的数量相对减少、年长人口的数量相对增加，导致老年人口比例增大的一种趋势和动态发展过程。人口学者一般把整体人口年龄结构分成年轻型、成年型和老年型三种类型，如表 1－1 所示。国际上对一个国家或地区是否进入老龄化社会通常有两个衡量指标，即 60 岁及其以上人口占其总人口比例为 10% 以上，或者 65 岁及其以上人口占比为 7% 以上，这两个指标中有一个达到临界百分比时就意味着进入了老年型社会，我国在 2000 年便迈入了人口老龄化国家的行列①。

人口老龄化与人口老龄化问题存在着相关关系，但两者并不是相等的概念内涵。人口老龄化是经济社会发展运行中的一种结果，但其本身不会带来人口老龄化问题。人口老龄化问题是人口老龄化动态演变过程中给经济社会发展带来的问题。我们可以从“需求”和“发展”两个维度认识老龄化问题：需求方面的问题主要包括住房与收入、健康与营养、社会福利与保障、家庭与关怀等方面；发展方面的问题主要是指人口老龄化现象对储蓄、投资、生产、消费以及经济社会状况和国家政策所带来的后果和影响。

---

① 李燕花：“我国人口老龄化趋势及养老保障政策思考”，《老人世界》，2006 年第 7 期。

表 1-1　联合国发布的人口年龄类型划分标准①

类型＼年龄	0~14 岁人口比例	60 岁以上人口比例	65 岁以上人口比例	老少比	年龄中位数
年轻型	<40%	<5%	<4%	<15%	<20 岁
成年型	30%~40%	5%~10%	4%~7%	15%~30%	20 岁~30 岁
老年型	≤30%	≥10%	≥7%	≥30%	≥30 岁

1.3.2　养老模式与养老方式

养老模式，是指人们在养老实践过程中，为解决人口老龄化带来的养老问题，缓解对社会现实造成的潜在冲击而探索和总结出来的系统的、典型的和相对稳定的样式和方法。养老模式是一种具有宏观和抽象特征的对养老问题的基本原则、基本认知和基本价值观，它是在社会生产力水平的整体制约下，由社会经济制度、文化习俗、思想观念和经济支付水平等多种复杂因素共同决定的有关养老内在运行机制和原则的理论概括。养老模式会随着经济、社会的发展而不断演变出不同的形式，它的出现反映着政府、市场和老年人本身的多种客观和主观因素的碰撞和博弈，不是以我们个人的人文意志为转移的。目前我国发展得较为成熟的养老模式主要有三种，即家庭养老、居家社区养老和机构养老。

养老方式则是指某种解决养老问题的较为具体的实施过程，它可以根据养老模式的整体思维，在规定的原则和范围内进行衍生、组合、修正和变化②，可以说养老方式是养老模式“未成年发展阶段”的表现。我国目前基本的三种养老模式都是在养老实践中形成和发展起来的比较成熟的养老方式和理念，它既有对养老问题的整体思维认知和理论概括，又有比较深入的实践发展。其他很多养老方式基本上都是在此基础上进

① 熊必俊：《人口老龄化可持续发展》，中国大百科出版社 2002 年版。

② 陈赛权：“中国养老模式研究综述”，《人口学刊》，2000（3）。

行演变和综合发展形成的。本书所要研究的对象“老年公寓”就是一种新兴养老方式，在我国兴起和发展的时间并不长，目前还处于探索阶段，它在概念和内涵发展上都还存在一些模糊区域，在养老实践中对它的认知还存在一些分歧，理论和实践层面还未成熟，因而还只能称之为一种养老方式，性质上主要从属于机构养老的范畴，同时又带着一些居家社区养老的特征和色彩。

1.3.3 养老机构与机构养老

养老机构是社会养老体系中的一个专有名词，它是指为有养老需要的老年人提供较为专业化的生活起居、饮食卫生、清洁护理、生活照看、文化娱乐以及医疗保健等综合性为老服务的机构。养老机构既可以是自行设立的法人实体机构，也可以依附于某个企事业单位、社会福利机构、医疗单位以及社团组织。养老机构是承载、实现养老服务和责任的物质载体，诸如敬老院、托老所、养老院、护老院、护理院、老年社会福利院等都是养老机构的不同存在形式，本书所研究的老年公寓也是养老机构的一种具体形式。关于养老机构的变迁与发展，从古至今，其名称、形式与其承载的功能作用都有所不同，后面我们将着重阐述。

机构养老则是一种社会化的养老模式，它本身不是一种养老载体。机构养老是指将老年人的养老功能和任务脱离原来的家庭，由社会养老机构有偿或无偿地提供养老服务，担负起大部分照料职能的养老形式。老人们在养老机构里可以享受到生活照护、饮食和营养调理、精神和心理的慰藉等服务，部分养老机构还涵盖了医疗康复护理和临终关怀的功能。

1.3.4 老年住宅与老年公寓

老年住宅（Housing for the Aged）的内涵与外延到目前为止学术界和社会并没有形成完全统一的定论，跟老年住宅相关的概念也非常多，诸如老人住宅、老年公寓、老年住区以及上文中提及的敬老院、养老院、老年护理院、托老所、临终关怀院等概念之间都存在一定的交叉和模糊部分，各种老年住宅的设施配置水平和提供的服务种类也相差很大。国际慈善机构（HTA）根据老年住户对所需养老服务的程度对老年住宅进行了分类①（见表1－2），这种分类细化了适应的对象和服务的层次，但各类之间的边界仍然不够清晰。我国的《住宅建筑规范》曾给出一个关于老年住宅的定义："供以老年人为核心的家庭居住使用的专用住宅"②。这个概念若更进一步思考，我们可以将之定义为：专供老年人为核心的家庭居住使用，配备有相应的养老辅助设施，符合老年人体能和心理特征的专用住宅形态。

老年住宅既可以存在于专门老年住区当中，也可以存在于普通的居住区当中。它的规模可以小到几户，也可以大到整个居住区。老年住宅的外延是个较为宽泛的概念，一般可以分为自理式老年住宅、介助式老年住宅、介护式老年住宅和连续照料老年住区四种形式。老年住宅在特征上与普通住宅的区别主要在于其消费的专一性、产品设计的特殊性和活动的广泛性等特征。

表1－2　　国际慈善机构（HTA）的老年住宅分类法

HTA分类	老年住户所需提供的服务程度
1	非老年专用或用作富有活力的退休和退休前老人居住的住宅。他们有生活自理能力，因而可独立生活在自己的寓所中
2	可供富有活力，生活基本自理，仅需要某种程度监护和少许帮助的健康老人居住的住宅
3	专为健康而富有活力的老人建造的住所，附有帮助老人基本独立生活的设施，提供全天监护和最低限度的服务和公用设施
4	专为体力衰弱而智力健全的老人建造的住所，入住者不需要医院护理，但可能偶然需要个人生活的帮助和照料，提供监护和膳食供应

① 胡仁禄：《老年居住环境设计》，东南大学出版社1995年版。

② 《住宅建筑规范》GB50368－2005，2005年11月30日发布，2006年3月1日实施。

续表

HTA 分类	老年住户所需提供的服务程度
5	专为体力尚健而智力衰退的老年人所建的住所，入住者可能需要某些个人生活的监护和照料。公用设施同以上四类，但可按需另外增加护理人员
6	专为体力和智力都衰退，并需要个人监护的老人所设，入住者中很多人生活不能自理，因而住所不可能是独立的，可为住者提供进餐、助浴、清洁和穿衣等服务
7	入住者除同以上六类外，还有患病、受伤的，临时或永久的病人，这类建筑中所提供医疗和护理的应是注册医护机构，住房几乎全部应为单床间

老年公寓（Apartments for the Elderly）则是指专门供老年人集中居住，拥有文娱康健、学习交流、卫生清洁、饮食营养以及医疗救助等综合化服务系统，与老年人心态体能特征相契合的、具有综合养老功能的公寓式老年住宅。老年公寓既拥有分散的居家养老所不具备的各类养老保障服务设施，让入住的老年人住得安心和舒心，同时老年公寓又有着一般养老机构所缺乏的家居氛围，实现了老年人居住生活的集聚化①。它既能实现老年人在家养老，同时又能享受到社会提供的各种专业养老服务，所以优势十分明显。

老年公寓与老年住宅是属概念和种概念的关系，也就是说，老年公寓是老年住宅的一种表现形式，对于各种老年住宅的具体属性和范畴的对比分析，我们可通过表 1 – 3 进行归纳和总结。居住在原住宅对应于 HTA 的第一类老年居住建筑，居住在老年公寓则对应于第二类、第三类、第四类老年居住建筑，相应称之为自理型老年公寓、服务型老年公寓和护理型老年公寓。敬老院（养老院）对应于第三类、第四类、第五类老年居住建筑，区别在于其福利性质；护理院对应于第六类老年居住建筑；临终关怀院对应于第七类老年居住建筑。

① 刘美霞、娄乃琳、李俊峰：《老年住宅开发和经营模式》，中国建筑工业出版社 2008 年版。

表 1-3　各种老年住宅的对比分析

内容＼形态	适老化通用住宅	专门老年住宅	养老院、敬老院、老年福利中心	老年公寓
产权归属	归个人所有，以自用为主	归个人所有（普通单元），可出售给个人	一般由政府或慈善机构资助建设，产权归政府或慈善机构	一般归投资者或专门经营管理机构所有；转制后市场化经营的仍归政府所有
分布范围	一般分布在普通居住小区中	一般分布在距离市区不远的近郊	一般分布于成熟社区，和行政区划相一致	既可专住型单独划址建造，也可以分散性与普通型住户混住，还可以分布于专门老年住区中
经营管理方式	开发商和建筑师结合设计。购房者个人进行适老化改造，没有后续经营问题	开发商开发时，按照老年住宅标准进行设计，子女可以继承或转让	政府或慈善机构进行资助。有的养老院、敬老院进行转制，收住自费老人，转为老年公寓	市场化运营
适用对象范围	包括老年人在内的各个年龄段人士均适用	老年人为主要目标对象，但社区内也可以居住其他年龄段人群	专门供“五保户”等困难老人群体使用	以有支付能力的中等收入以上的老年人为主要服务对象
与养老方式的结合	可满足在家养老愿望，使老人生活在熟悉的环境	既可在社区中自己购买的住宅里养老，也可到老年公寓等其他养老机构养老	社会福利养老	居家养老与机构养老相结合的特征
主要优点	具有普遍适用性，营造了没有障碍和歧视的居住环境	人数容量大，具有良好的养老居住环境和完善的助老服务，可根据身体状况需求调换住处	解决孤寡困难老人的基本养老居住问题	可在自理、护理、服务型之间选择。提供消除孤独的氛围，满足休闲娱乐、保健等多方面需求，实现独立、自尊的愿望

续表

内容＼形态	适老化通用住宅	专门老年住宅	养老院、敬老院、老年福利中心	老年公寓
局限性	一次性投入较大，增加了短期内的建造成本	受服务对象所限，暂不能涵盖到普通收入水平的老年人	政府财力有限，能够入院养老的老人比例较为有限	目前问题较多，尚没有走上良性循环发展阶段
适宜实施范围	可在普通居住小区中划分一定比例按适老化通用住宅模式建造，再过渡到全社会适老化全寿命住宅	开始适宜在经济发达的大城市试建，等成熟以后在中、小城市推广	在大中小城市和农村中，以街道和村委会为依托进行	在大中小城市均可发展，现阶段在经济发达的大城市，以中、高档老年公寓为主，在大中小城市以发展中低档老年公寓为主

1.4 国内外研究综述

1.4.1 国外研究综述

目前，许多国家对人口老龄化和老年居住的问题已经做了很多建设性的探讨。欧洲和北美的很多发达国家进入老年社会比我国早几十年，因为历史、文化和现实等多种条件的影响，欧美国家的大多数老年人不愿和儿女们生活在一起，客观上产生了许多独自居住的“空巢家庭”。因此，欧美等西方国家非常注意老年住宅的开发、建设和住区服务。他们的养老机构发展非常快速，因为人数众多、需求旺盛，老年公寓开发和建设很容易形成大的规模，因而一般以老年住宅和老年住区的形式出现。

所以，在文献检索过程中，单独以“老年公寓”出现的文献并不丰富。

尽管世界上各个国家在对待老龄化的问题上因国情、人口环境、经济、文化等方面的差异，对策也千差万别，但整体上说，经济越发达，社会越稳定，老龄化问题就越突出，同时对老年住所的要求也随着整个社会生活水平和质量的提升而不断提高。在西方经济发达国家，老龄化出现的时点很早，也是其人口结构转变的自然形态，所以老龄化过程是一个循序渐进的、较为缓慢的过程，这个优势使得这些国家可以采取渐进式方式制定适应人口老龄化的居住对策，整个社会的老年居住水平逐步得到了提升。西方的这种自然渐进式的老龄化历史过程也使得相关老年居住的研究异彩纷呈，呈现出与社会多个领域和学科相互交叉和渗透的态势。

著名经济学家詹姆斯·H. 舒尔茨在其1976年所著的《老龄化经济学》被认为是目前最为完善的老年经济学巨著。舒尔茨在书中主要对老年人的经济状况、工作与退休状况、老年消费、社会保障基金的筹集和管理等方面进行了较为系统的阐述①。20世纪80年代以来，随着发达国家人口老龄化程度的加深，老年经济学方面的研究获得了进一步的发展。1980年由罗伯特·L. 克拉克和约瑟夫·J. 斯彭格勒合著的《个体老化和群体老化经济学》出版；1996年，马尔科姆·H. 莫里森主编的《老龄经济学——退休的前景》出版，其中《个体老化和群体老化经济学》一书的出版标志着老年经济学的真正确立。《1982年维也纳老龄问题国际计划》提出“应设法使老年人能够尽量在自己的家里或者住区独立地生活”。1991年《联合国老人原则》则强调“老年人应该根据每个国家和社会的文化价值体系受到家庭或者住区给予的相应照顾和服务保障”。1999年开展的“国际老人年”活动则呼吁各国在制定国家、区域等综合战略时，要综合考虑满足老年人在家庭、住区和公共机构内能够得到照护和供养的公共服务。

在对老年人居住问题的研究方面，国外大多数文献关注的是老年住宅的发展，而对于老年公寓的研究相对较少，这主要是居住规模导致的

① ［美］詹姆斯·H. 舒尔茨：《老龄化经济学》，社会科学文献出版社2010年版。

一个客观现象。

老年公寓归根到底是解决老年人如何“住”的问题，人类对自身居住环境的研究一直都在不断深入，多种学术观点异彩纷呈。20 世纪 60 年代，日本的吉阪隆正在其著作《住居的发现》中对《雅典宪章》关于人类住居的“三分法”① 进行了修正思考，提出了三个层次的生活概念，并对每一层次的内容进行了具体阐述。从老年公寓出发，三类生活层次中最值得关注的是第三层次，他认为老年公寓不只是个简单的居住空间，而应该成为老年人心理、精神休息的场所。希腊的著名建筑师 C. A. Doxiadis（1958）提出了“人类聚居学”的概念，他认为人类住区的“元素”应该包涵自然、人、社会、房屋、网络等广义的系统范畴。正如 1982 年在维也纳召开的“国际老年问题”大会中提到的观点：“老年人的住居不能够仅仅被当作一个容身之所，而应该除了物质载体之外，还有着心理和社会意义上的思考”。在 Diana. Y. Castan（1985）所著的《针对老年人的住所规划与设计：问题、原则和方案》、Lawton. M. Powell（1990）所著的《环境与年龄》、Ross Gilroy（2005）所著的《住宅空间决定老年人自由和活力》，以及 Clare. Cooper. Marcus（2006）所著的《人性场所——城市开放空间设计导则》等书中，对老年公寓的户外空间设计和居所需求进行了详细论述。而 Easte Susan 与 Campling 则从养老模式的角度切入分析，在其《老年人社区照顾》（1996）著作中，详细地分析了与其他养老方式相比，老年公寓社区模式在老年人的居住要求、生活照料和安排等方面的优势。

在对老年公寓的经济性功能和市场发展的研究文献中，国外研究资料主要集中在四个领域：

第一个领域主要是对于市场需求及其影响需求的相关因素的实证研究。从消费者的角度，认为异质性和波动性是影响老年人对老年公寓需求的关键因素；从市场的角度，认为信息的滞后和不完整性将导致政府的相关决策和行为在老年公寓市场会产生失灵现象。也就是说，采用传统指标测试老年人住房承受能力不见得有效。Chiu，RLH 与 Ho，Michael

---

① 吉阪隆正：《住居的发现》，劲草书房，1984 年版。

(2006) 在《Estimation of elderly housing demand in an Asian city: Methodological issues and policy implications》① 一文中通过对亚洲国家的城市老年人退休前的工资收入、住房安置以及居住需求进行建模论证分析，指出老年公寓使用出租类型最符合市场效率。

第二个领域主要是对于老年人更换居住住宅所产生成本的分析。John F. Ennisch 与 Stephen P. Jenkins 在对英国的很多老年人进行住宅更换入住老年公寓的意愿调查时显示，大多数老年人不愿意在老年时改变居住环境。研究显示影响老年人更换住宅的主要因素包括房屋价值、租房成本和使用权归宿等三个方面。除此之外，老人们在退休之后家庭关系的变化，诸如丧偶之类事情的发生，也会在很大程度上影响老年人更换居所的行为决策。

第三个领域主要是针对老年公寓消费者的群体特性和选择原因的相关分析研究。Karen. M. Gibler, George . P . Moschis 与 Euehun . Lee 三位学者在《Planning to move to retirement housing》② 一文中指出当一个国家进入老龄化社会时，市场会自发产生多元化的需求，老年人会从市场提供的多样化产品中进行偏好性的选择。调查显示，超过 55 周岁的老年人，尤其是高学历的女性老年人，对能够提供良好医疗服务、家政服务、交通和购物服务、文娱康健活动以及个性化的个人护理服务的大型老年社区具有明显的偏好选择需求。Van Bilsen、P. M. A、J. P. H. Hamers、W. Groot、C. Spreeuwenberg 四位作者在合著的《The use of community - based social services by elderly peopleat risk of institutionalization: an evaluation》③ 一文中对 134 位老年人（平均年龄为 82 岁）进行了两次不同时间点的访谈，实证入住老年公寓的老人们对养老服务的优势选择，结果显示，老人们对文娱活动设施和营养餐饮两个方面更为关注，同时作者也探讨了

---

① Chiu, RLH, Estimation of elderly housing demand in an Asian city, Habitat International, 2006.

② Karen. M. Gibler, Moschis. George P, Lee. Euehun, Planning to move to retirement housing, Financial Services Review, Volume 7, Issue 4, 1998, Pages 291 - 300.

③ Van Bilsen, The use of community - based social services by elderly peopleat risk of institutionalization: An evaluation, Health Policy, Volume 87, Issue 3, September 2008, Pages 285 - 295.

在老年社区服务中进行风险制度化设计的必要性。

第四个领域主要是通过研究后进入人口老龄化的国家，以及这些国家在老年公寓发展方面的金融制度及政策导向，并依此提出适合本国老年公寓发展的措施和建议，其主要代表者是 K. M. Leong。他通过分析研究西方国家在针对老年公寓发展中所采取的金融保障政策，并结合新加坡的现实状况，提出了契合新加坡老年公寓发展的金融模式 HECS 和 SL。另外，在对老年公寓的投资领域研究文献中，Carnron. K. Multinedia (2005) 认为投资老年公寓的利益空间是非常大的，他认为老年公寓的入住方式既可以采用直接购买的形式，也可以采用租赁形式，并以美国为例，着重阐述了投资老年公寓的巨大社会福利效益和价值。

1.4.2 国内研究综述

国内学术界对老年公寓的研究起步得较晚，相关的文献也不是很丰实，在 20 世纪 80 年代基本上还是一项空白，直到 90 年代，迫于人口老龄化日趋严重的形势和产业结构调整的需要，才促使政府、学界和社会开始关注由人口老龄化引起的各种经济社会问题。有关老年公寓的研究文献最初都是以老年住宅和养老机构的面貌出现的，后来才逐渐丰富起来，研究范围开始涉及与老年公寓发展有关的人口老龄化、养老产业、养老需求和供给、养老模式、养老服务、机构养老、以房养老、老年公寓投资开发、运营管理和政府责任等方面的具体研究上。

1.4.2.1 关于人口老龄化方面的研究综述

人口老龄化是全球人口发展的一种必然趋势，人口年龄结构的变迁正迅速地扩展其强大的影响力，影响到了整个社会的方方面面，对人口结构、产业结构、消费结构、社会分配、劳动就业和社会保障等多方面产生了巨大的影响。关于人口老龄化方面的研究，学界和政府都认知得很早，并且都在积极地研究和探讨解决的途径。人口老龄化问题是人口学、经济学、社会学、政治学、法学等多个学科研究的热点问题之一，这方面积累了相当丰富的文献资料。在各种纷繁复杂的研究文献中，我们从定性和定量两个角度对这些文献进行一下简要的梳理和总结。

1. 人口老龄化定性方面的研究

张桂莲、王永莲（2010）着重分析了我国老龄化的阶段特征，他们将我国人口老龄化分为四个阶段，即年轻型人口阶段、年轻型向成年型过渡阶段、成年型向老年型过渡阶段、老年型的调整与回归阶段[①]。从四个阶段可以归纳出我国人口基数大、发展速度快且不平衡、未富先老等几个基本特征。他们分析了老龄化对我国经济带来的影响，诸如导致适龄劳动人口比重下降、储蓄率降低、投资受影响等问题。何建宁（2010）通过定性分析对我国人口老龄化的成因做了一个比较系统全面的梳理[②]。她认为，出生率和死亡率都对人口老龄化起重要作用，但出生率下降是人口老龄化的决定性因素。同时，社会养老事业的发展、公共卫生系统的健全、教育文化水平的提高，社会保障的完善等因素延长了老年人的平均寿命。祁峰（2010）从劳动力、劳动生产率、养老保障、产业结构和储蓄结构五大方面论述了人口老龄化对我国经济的影响[③]。马继艳（2010）分析了老龄化的未来发展趋势和影响[④]，她认为，从我国的实际情况来看，人口老龄化对劳动力数量的影响是先增后减，老龄化会弱化家庭的养老功能，老年抚养比系数不断增大，政府养老财政支出中用于社会保障和养老服务等方面的支出将持续增加，也会对劳动生产率产生负面影响。

对人口老龄化给社会经济发展带来的影响，目前国内大致有三种看法。一种是较为悲观的看法：邬沧萍（1999）认为老龄化对社会经济发展的影响有挑战也有机遇，但挑战大于机遇；田雪原（2000）认为人口老龄化将对劳动生产率、居民收入分配、投资储蓄以及产业结构都会产生一定程度的负面影响；阎坤（2000）认为，人口老龄化导致劳动年龄

---

① 张桂莲、王永莲："中国人口老龄化对经济发展的影响分析"，《人口学刊》，2010（5）。

② 何建宁："人口老龄化影响因素的选择与分析"，《山东工商学院学报》，2010（4）。

③ 祁峰："人口老龄化对我国经济社会发展的影响及对策"，《生产力研究》，2010（7）。

④ 马继艳："人口老龄化及未来发展趋势和对未来社会的影响"，《决策和信息》，2010（4）。

人口比例下降和劳动力资源相对减少，劳动力内部年龄结构高龄化[1]。另外一种是比较积极的看法，认为人口老龄化对社会经济发展也有其有利的一面。诸如人口老龄化有利于增加人力资本的投资，促进劳动力素质的提升；有助于老龄市场的形成和老龄产业的发展，促进老龄产业发展有利于扩大就业领域，舒缓就业压力，维护社会稳定。然而，这些观点没有成为这一领域的主导性认知。还有一种比较中性的看法，如于学军[2]认为，人口老化是必然的，但人口老化不一定就会构成人口老化问题，要看它是否对社会经济的发展产生影响。针对这一问题，应采取相应对策，依客观事实适当调整经济社会结构，加大人力与资金投入力度，完善社会保障制度，将消极影响限定在最小的范围内，以促进社会经济健康发展。

2. 人口老龄化定量方面的研究

王培勋（2004）和黄健元（2010）都运用 Leslie 矩阵预测老年人口数[3]。赵东泉（2007）等人针对广州人口现状，用人口发展偏微分方程对总人口、老年人口和老龄化指数进行了预测，得出广州市到2020年左右，65岁及以上人口将超过12.8%的结论[4]。余倩（2008）等人根据浙江1992~2006年有关人口数据，用 Granger Causal Relation Test 确定影响总人口和老年人口变化的主要因素，2007年和2015年老龄化系数分别达到14.82%和17.65%，得出浙江总人口数和老年人口数主要由性别比和1~3阶滞后期决定的结论[5]。张柏琴（2009）等人通过对我国65岁以上老龄人口的比例进行加权平均，再用 OSL 法构建我国人口老龄化的二元回归预测模型，得出2005~2050年我国人口老龄化系数，并预测出我国老

---

① 阎坤："中国人口老龄化与养老保险制度研究"，优秀硕博论文库，2000年。

② 于学军："中国人口老龄化的经济学研究"，《中国人口信息研究》，2011（1）。

③ 王培勋："陕西省人口老龄化发展趋势的数学模型与统计预测"，《统计应用研究》，2010（4）。

④ 赵东泉等："人口发展模型预测城市人口老龄化问题研究"，《荆门技术职业学院学报》，2007（9）。

⑤ 余倩、吕盛鸽："浙江省人口老龄化预测分析"，《杭州电子科技大学学报（社会科学版）》，2008（3）。

年人口数量多、速度快、高龄化明显等特征[①]。申杜芳（2010）用聚类分析法得出甘肃的老龄化水平处于全国三类水平的结论，然后选择皮尔曲线模型对甘肃老年人口比重的趋势进行预测，得出到2016年，甘肃全省65岁及以上的老年人口比重达20.12%，人口年龄结构将进入少子老龄化的高人口比抚养阶段的结论[②]。

1.4.2.2 关于老年公寓及其相关领域的研究综述

1. 有关养老模式方面的研究综述

国内学者在对养老模式的研究上，我们可以将它归纳为三个方面：第一个方面是养老模式的概念、内涵及类别；第二个方面是各个养老模式存在的问题分析；第三个方面是针对养老模式提出的相应发展政策。

在养老模式的概念和类别的研究上，谢琼（2008）认为，养老模式是一种老年人如何安排晚年生活的制度与保障机制，它包含经济保障、精神保障与服务保障三个方面。尹志刚（2008）认为养老模式主要有居家养老、社区托老和社会养老三种类型。林乐飞（2006）认为养老模式有家庭养老、居家养老、社区养老和机构养老四种。融燕（2008）则认为养老模式有社区托养养老、敬老院养老、以房养老和认亲养老四种类型。孟艳春（2011）认为养老可以划分为家庭养老、自我养老和社会养老三种基本模式。在对何种养老模式为主体的研究上，徐小平（2010）进行了细致探讨，从居住方式上看，以居家养老为主体、社会养老和其他养老方式为辅助；从供养来源上看，以自我养老为主体，子女养老为辅助；从服务供给角度上看，以市场服务为主体，社会照顾为辅助；从居住独立度来看，以独立居住为主体，其他方式为辅助；从提高老年生活质量上看，异地养老、以房养老等方式正逐渐成为部分老人的养老选项。

在对养老模式存在问题的研究分析上，融燕、任振魁（2008）认为

① 张柏琴等："中国人口老龄化问题的分析与预测"，《哈尔滨师范大学自然科学学报》，2009（3）。

② 申杜芳："甘肃省人口老龄化实证分析"，《西北人口》，2010（2）。

目前的养老模式主要有资金来源、服务人员不稳定性以及与传统养老观念有冲突三个主要问题。何雨（2011）认为家庭养老的模式与现代家庭结构之间已经出现失衡，社会养老进程与现实养老需求存在着严重滞后现象。赖伟军（2008）认为，“未富先老”的现象与老年群体内部的贫富差距问题会对养老模式的选择产生重大影响。查睿萌（2011）认为目前社区居家养老服务布局不合理且质量不高，入住养老机构的需求非常旺盛，未来机构养老的需求与供给的不平衡将会导致养老成本的增加。王欢、张雪（2012）认为政府的支持政策不充分，现有养老模式存在明显问题，居家养老正面临着多重困难和约束。

在对各个养老模式的发展建议和政策研究上，主要归纳为“创新模式”和“社会力量支持”这两个方面。从“创新模式”层面来看，张丽（2006）认为，应借鉴国外“倒按揭”养老模式的成功经验，发展出一套适合我国实际情况的“倒按揭”养老模式。傅代（2011）认为“老年城”（老年住宅社区）是老年人的养老需要与市场力量相结合的新型养老形式，能够实现老年人“五个老有”的目标。陈丽娜、赵桂英（2011）认为“我国应建构以居家养老为基础、以社区养老为依托、以机构养老为补充的新型养老服务模式”。张民省（2008）认为，社区照顾能够有效利用社区闲散资源和非正式的社会资源承担起部分养老照顾的任务。大多数研究学者普遍从政府、社区、家庭、企业、社会这五个主体入手提供具体政策建议。在政府层面，融燕、任振魁（2008）认为要强化对《老年人权益保障法》的宣传，并加大执法力度。何雨（2011）认为政府要把养老经费列入政府财政预算，提供政策倾斜和资金支持。在企业层面，徐寒冰（2010）认为应促进养老服务的社会化和产业化，以优惠政策吸引社会资本力量加盟社区服务网络。在社区层面，何雨（2011）认为应构建居家社区养老的组织体系、服务网络和监督体系。

2. 有关机构养老的研究综述

有关机构养老方面的研究文献，多体现在机构养老的需求意愿、机构养老服务的满意度、机构养老的供给主体、政府在机构养老服务的角色地位四个方面。

吴玉韶（2011）认为机构养老意愿是指老年人对机构养老所持有的

看法和态度，它受老年人和养老机构两个维度的影响。焦亚波（2010）分别对上海长宁区90位机构养老老人和313位居家老人进行了调查访谈，结果表明养老机构的性质以及老年人自身的生活自理能力对是否愿意入住机构养老的影响比较大，当老年人生活到不能自理时，其入住机构养老的意愿直线上升，且公办养老机构以其适中的价格和优质的服务对老年人更有吸引力。周宇（2010）在对北京海淀区养老机构的调研中发现，老年人收入水平的高低是决定其选择哪种方式养老的最主要因素。当然，也有老年人选择机构养老是为了消除孤独或者是因为养老机构中有更多志趣相投的朋友。

兰林火（2012）认为机构养老满意度是反映养老机构服务水平的一个重要指标，它是指老年人对其所入住的养老机构提供服务的质量评判。丁华、徐永德（2007）通过对33家民办养老机构进行调查发现，很多老人有慢性疾病，身体状况普遍不好，很多老人认为对机构内的服务人员不够，紧急情况的处理能力不太令人满意，心理问题不能及时得到缓解和疏通。机构工作认为则表示护理工作过于繁重，以至于护理员很少会有时间与老人沟通。

潘昭佑（2010）从养老服务的供给主体角度认为，政府不再也不应是机构养老的唯一供给主体，应该形成社会多元供给的模式，实现了政府、社会与个人一起参与，公办、集体办与社会办协同发展的发展模式。民办公助将成为目前机构养老的主要形式，而民办民助则是未来机构养老的发展趋势。唐咏（2010）从责任与效率层面认为，政府应该在养老服务体系中引进市场化管理模式，政府不应再作为服务的直接供给者，而应成为机构养老的组织者、监督者和购买者。鉴于目前国内还未形成成熟的私营和非政府团体，政府需要先在养老领域承担起引导者的责任，并投入相应的资源，以促使养老产业走上良性轨道。

3. 关于老年公寓的融资模式方面的研究综述

在老年公寓融资模式研究方面，研究者基本都倾向于将社会养老机构引向市场化运作，通过BOT、PPP等融资模式规避资金不足以及管理风险等问题。由于我国的法律制度和保险机制还不健全，老年公寓的建设和开发的责任主要由经营者个人承担，目前实现老年公寓平稳快速发展的关键突破口在于资金融通方面的创新和政府协同支持。杨畅（2005）认为，通过 BOT 模式能有效解决政府资金不足和严重的财政负担问题，社会资本的加入能增强资本的增值能力，BOT 模式可以有效地降低各参与主体的风险程度①。杨志浩（2012）认为，目前我国养老地产的融资渠道虽然比较多，但可实现的路径依然狭窄。开发企业难以获得银行贷款，股市融资大门也难以突破，民间融资成本又让人高不可攀，正在起步的投资基金还非常不成熟。保险资金正改变角色，有望成为养老地产重要的融资新渠道②。刘玉峰、李正伟、张琦（2012）初步论述了养老地产采用 PFI 模式的风险类别和利益相关者，并进行了风险分担设计③，认为政府通过特许经营权或服务合同承担法律和政治风险，项目公司承担建设和运营风险，而自然风险、环境风险、金融风险、不可抗力风险主要通过项目公司的风险管理技术来规避、转移或者与政府共同承担。吴亚平（2012）认为，要加快养老服务设施建设，需要建立可持续发展的投融资政策体系，要大力引导房地产企业、保险公司、公益性基金会等社会力量参与养老服务设施的建设和运营当中。杨萍（2012）谈到，目前 REITs 在我国还处于试点阶段，它作为一种新型的金融产品拓宽了住房建设的融资渠道，能够解决融资困难问题。同时便于投资者参与或退出投资，在养老设施建设中能够起到积极作用。尹隆（2013）认为，可以利用结构性融资工具，设立养老产业投资基金，以股权和债权相结合的方式解决开发经营企业的融资问题，并应鼓励并发挥信托基金在养老地产开发和融资中的积极作用④。在金融支持的研究方面，现有的研究主要是介绍西方国家的金融理论并论证西方的金融理论能适应我国老年住宅的发展。肖隽子和王晓鸣（2011）介绍逆向抵押贷款的定义，特征和作用。杜娟和陈茗（2010）分析了逆向抵押贷款在我国的市场前景。

---

① 杨畅：“对老年公寓建设中采用 BOT 融资方式的探讨”，《商场现代化》，2005（4）。

② 杨志浩：“养老地产的融资与盈利模式”，《中国地产市场》，2012（3）。

③ 刘玉峰等：“基于养老地产 PFI 融资模式的风险分担研究”，《中国房地产开发》，2012（6）。

④ 尹隆等：“养老地产开发和经营中的信托融资问题研究”，《老龄科学研究》，2013（9）。

周盟农（2012）介绍了逆向抵押贷款的风险防范。盖国凤、丁莉、邓湘雪（2013）认为良好的融资、开发与运营模式是养老地产盈利的重要基础①。房地产是典型的资金密集型行业，其融资渠道可以分为内源融资和外源融资。内源融资是企业自有资金，但这部分融资比例相对较低；外源融资来源有发行股票、银行贷款、债券融资、典当融资和房地产信托融资等方式。

4. 关于老年公寓的开发和建设方面的研究综述

柳林会（2005）认为，老年公寓设施先进，入住费用较为高昂，绝大多数老年人单纯依赖自己的经济实力难以消费。目前开发商较少切入老年公寓开发建设项目，缘由就是前期开发成本过高，而预期收益又得不到稳定保障。同时，作为市场经济的产物，政府又不宜过度干预老年公寓的发展，只能通过政策效用促进其健康发展。刘韬（2004）主张将老年公寓按照市场化的运作模式进行开发建设，并提倡我国的老年公寓要与国际化标准接轨。唐光斌（2006）则对老年公寓的开发建设做出了可行性分析。范晓东（2012）认为老年公寓的开发必须适应老年人生理和心理上的需求，为其提供安全、健康、舒适的生活环境，充实生活内容，提高生命质量，并从无障碍设计和人性化角度说明了老年公寓的设计构思。刘美霞（2010）认为开发企业取得土地的难度较大，建议老年公寓的投资者可以相应获得划拨用地或优惠地价。对于将住宅小区的一部分楼开发成老年公寓的企业，建议在其取得土地时予以招标上的优先和容积率的奖励。老年公寓本身的特殊性使其开发建设具有一定的难度，其开发建设需要一定的市场培育②。刘琳（2011）对老年公寓的开发提出了政策建议，如在土地出让时规定一定比例的老年住宅土地；对配建老年住宅的项目适当给予一定的土地出让方面的优惠，配备一定比例的公建用地用于建设养老服务设施；对建设“百年住宅”的企业给予一定税费的减免、低息贷款开发等优惠政策；对持有经营的老年公寓项目试行

① 盖国凤、丁莉、邓湘雪：“中国养老地产盈利模式研究综述”，《吉林工商学院学报》，2013（4）。

② 刘美霞：“浅析老年公寓的投资和开发”，《城市建筑》，2010（11）。

土地年租制，并给予长期贷款等优惠政策①。

在对开发模式的研究上，有张元端（2010）提出建设两代人或多代人共同居住的住宅社区模式的必要性和可能性。亲情住宅小区的户型设计有：近居型、邻居型、合居型。汪霄、刘雯惜和孙剑（2012）通过研究我国老年住宅的经营模式，提出了老年住宅开发要明确市场定位，实施品牌扩张，重点强调特许经营作为老年住宅运作的主要模式的可能性和现实性。

5. 关于老年公寓的运营管理方面的研究综述

韩蕾（2013）认为，老年公寓可以尝试创新运营模式，来解决运营中的入住难题。首先，征得老人的同意以后，将其原有住房出租，以租金收入支付入住老年公寓的费用。其次，可以将老人的原有住房与老年公寓进行等价换房以入住老年公寓，当老人死后再将原置换房折价返还给其法定继承人。这种变通的资金支付手段，是发展老龄产业极有效的杠杆。潘丰（2013）从人性化管理、人性化服务、专业化介入、社会化互动四个方面介绍了养老机构运营中的成功经验和发展思路。福建省民政厅，福建师范大学联合课题组（2011）通过调查发现，了解市场需求，创新体制机制，目标定位准确，明确经营理念，引入专业化的养老服务经营管理机构，强化内部质量管理，注重品牌形象的树立和宣传手段，不断提升养老机构的美誉度和知名度，满足老人及其子女的心理需求，是优化养老机构运营建设的重要路径。谭长侠（2013）论述了老年公寓在筹建和经营管理中的内部控制制度建设的问题，认为应该加强老年公寓各方面的内部牵制制度，要构建完善的资金监督管理制度、财务管理制度以及明确划分会计人员的职责和权限，加强资产保护控制等。罗福周、韩言虎（2012）从探索有效的运营模式出发分析了传统的住宅和养老地产的经营模式的异同，认为老年公寓的利润重心从销售转为长期持有经营，资本回收期较长，开发过程中现金流压力大。因此相对理想的运营模式是出售加持有，即部分产权出售给消费者，再收取服务费以提

① 刘琳：“老年公寓的建设和运营模式”，《中国投资》，2011（12）。

供专业养老服务的形式[①]。

6. 关于促进老年公寓健康发展方面的研究综述

对于推进我国老年公寓的发展，很多学者从财政、金融、税收、文化观念、建筑设计等多方面进行了研究。张永岳（2008）从政策、建设开发、社会和金融四个层面对推进老年公寓的发展提出了很好的建议。宋言奇（2007）认为政府对老年公寓的开发建设的支持应该是全方位的，如在贷款方面大行方便，或者免收土地出让金、减免税费等，以调动开发商的积极性，通过政策扶持鼓励独立型老年公寓养老按照“公益性事业，市场化运作”的机制运行，走产业化道路。陈仙平（2011）提出发展老年公寓的几点意见，着重对老年公寓变成市场的投机性进行了分析，并提出要注意两种不良的投机行为：第一种是要防止大量资金盲目涌入“豪华养老”项目的投资和建设，防止投机者大量跟进；第二种是防止部分房地产开发商利用政府的优惠政策进行大量圈地搞其他商业房地产项目建设。这种投机行为会导致老年公寓价格非理性上涨，扰乱正常的市场秩序。因此，政府要严格控制和防范这些不良经济行为的发生，保证老年公寓市场健康发展。李凤祥（2011）提出，要大力通过老年公寓建设培植和挖掘老年消费市场，要把老年公寓建设当作整个经济社会发展的有机组成部分。

1.4.2.3 国内研究述评

目前国内在人口老龄化以及与老年公寓发展相关的理论研究成果已经涉及人口老龄化的作用影响、经济效应和产业化途径，老年住宅的发展规划、融资模式和发展政策，养老模式存在的问题和发展建议，机构养老的供需意愿和角色地位，老年公寓的开发和运营等多个领域，其理论性和政策性的覆盖面已经较为广泛。但是，对于老年公寓这一新兴养老事物的发展问题，还存在着以下一些理论和实践上的问题与不足。

第一，对养老模式的认知存在着一些分歧。有些学者将我国养老模

---

① 罗福周、韩言虎：“我国养老地产发展研究”，《商业研究》，2012（10）。

式分为家庭养老、机构养老、居家养老和社区养老四种。有些学者认为是居家养老、社区托养养老和社会养老三种，还有些学者认为是敬老院养老、社区托养养老、以房养老、认亲养老四种方式。这里产生分歧的主要原因就是对于养老模式和养老方式的区分存在模糊性。养老模式指的是老年人对其养老生活方式、照顾方式以及经济来源和保障等方面进行比较分析后做出的一种理性养老选择，它是一种系统的、典型的和相对稳定成熟的养老方式。养老方式着重于某种养老问题的解决或者满足某种养老需求，是一种较为具体的养老实施过程和实现方式，如以房养老、异地养老、旅游养老、认亲养老、互助养老、乡村养老、招租养老等，都是实现养老问题解决的一种方式和手段。家庭养老、居家社区养老和机构养老则不仅仅是停留在养老手段上，它对养老主体、介护支持、政策配套以及相关法律制度完善等方面都有较为系统的界定和规范，因而可以上升为养老模式的范畴。

第二，对老年公寓内涵和外延还需要进一步厘清。老年公寓是一种具有综合化养老功能的适老化和专业化的养老机构，它区别于一些福利性养老机构的地方不仅仅在于老年公寓的完善硬件设施，其人性化的优质养老服务更是其核心特征。因而，老年公寓养老具有典型的市场化色彩，也就是说采用付费的形式享受更好的养老服务。在目前的研究文献和社会发展中，我们可以看到很多将敬老院、福利院、养老院等具有保障性质的养老机构也命名为“某某老年公寓”或者“某某养老公寓”的情形。这其中有一部分是经过了转制后改为老年公寓的，还有一些没有转制，本质上还是养老院和福利院的，因而光是从名称上看就非常混乱。老年公寓目前还处在发展的初期阶段，还没有形成一个成熟稳定的市场化机制以及政策和制度支持系统，因而还不能称之为一种养老模式。老年公寓是养老的物质载体，老年公寓养老才是一种养老方式。

第三，对发展老年公寓养老中存在的问题研究得不够系统。目前对老年公寓发展整体来讲，有几大核心问题，即开发与运营问题、融资问题、人才问题、财税政策问题，但大多数文献对其分析不够全面系统，这也是本书研究的一个方向。

1.5 研究方法与思路

1.5.1 研究方法

本书通过实地调研并广泛搜集资料，尽可能及时更新国内外关于老年公寓相关领域的最新研究成果，并分类评价现有同类研究成果，在总结分析我国老年公寓发展现状和存在问题的基础上，以促进老年公寓健康发展为宗旨，结合财政学、产业经济学、社会学、发展经济学、制度经济学、管理学等学科理论和方法，对老年公寓市场融资供给、老年公寓开发与运营管理中的问题以及政府对老年公寓发展角色和相关政策建议进行了全面系统研究。

本书在研究方法上主要运用调查分析法、实证分析法、SWOT 比较分析法、文献分析法、案例分析法等多种研究方法，在方法论上既有分散，也有定性分析与定量分析、实证分析和规范分析的统一。具体为：

第一，文献分析方法。本书注意对已有学术成果和实践经验的总结和借鉴，对国内外老年公寓发展研究的相关文献进行了归纳分析，对有关经济学、管理学、社会学等理论进行了梳理并应用到老年公寓发展的分析中，为论文的研究确定学术和理论基础。

第二，实证分析方法。本书在对调研问卷进行统计分析的基础上，运用二值 logit 模型、二值 probit 模型以及使用稳健标准误的 logit 及 probit 模型对老年公寓的需求意愿及其影响因素进行实证分析。

第三，案例分析法。通过具体的老年公寓代表性案例和标杆案例分析，更清楚地认知老年公寓市场运营和发展的情况。

第四，比较分析方法。本书通过比较分析美国、日本、加拿大、新加坡和中国香港老年公寓发展的实践，得出经验启示。通过比较各个国家在老年公寓方面的政策制度和发展思路，为我国老年公寓的健康发展起到积极的指导作用。

第五，SWOT 分析方法。本书运用 SWOT 分析模型，对老年公寓的可行性开发模式和运营模式进行优势、劣势、机遇和威胁分析，从而为老年公寓市场发展提供有价值的借鉴。

1.5.2 研究思路及全文框架

本书从我国人口老龄化的现实背景和市场动因出发，基于养老模式的变迁和发展的理论基础，论证分析了我国发展老年公寓养老的必要性和可行性。在对我国老年公寓进行市场发展态势和具体定位的基础上，对我国老年公寓的未来发展趋势进行了探究，再以美国、日本、加拿大、新加坡和中国香港地区作为老年公寓发展的样本，比较借鉴国外发展经验。然后，再对我国老年公寓发展中最为重要的几个核心问题，即开发与运营问题、融资问题、人才队伍问题以及财税政策协同问题进行了深入探讨和研究，提出了我国老年公寓开发的基本理念和运营管理的整体思路，思考了融资当中的瓶颈问题以及相关融资模式，分析了养老服务人才队伍的现状和问题并提出了相应发展路径，最后，对我国老年公寓发展中的政府角色进行厘清和界定，思考了制度安排、发展规划、政府扶持和监督管理四个角色，并从财政投入、税收优惠、政府购买服务、土地政策以及 PPP 模式等方面提出了相应的政策措施和建议。

本书共由 8 章组成。

第 1 章为导论，主要从选题的背景和意义出发，对几组容易混淆的基本概念进行了辨析，对国内外相关方面的研究进行了综合述评，构建了全文的基本思路和研究框架并阐述了可能的创新和不足。

第 2 章为老年公寓发展研究的理论基础。先对世界和我国的养老模式变迁和发展进行了阐述，然后从古代到现代对我国养老机构的发展与演变进行了概览，解读和阐述了老年公寓在我国产生的必然性，并对其性质和角色进行了界定，分析了老年公寓的基本特征和发展老年公寓养老的意义所在。同时，把本文建构依赖的理论基础进行了归类分析，具体的理论基础包括需要层次理论、老年亚文化理论、福利多元化理论、生命周期假说、外部性理论、产权分割与资产流动性理论等，为发展老年公寓养老提供了理论支撑。

第3章为老年公寓发展的国际经验及借鉴，具体阐述了美国、日本、加拿大、新加坡和中国香港地区的老年公寓发展政策和经验介绍，为我国推进老年公寓发展进程提供好的发展路径和政策参考。

第4章为人口老龄化背景下我国老年公寓市场发展分析。本章主要是在人口老龄化背景下对我国老年公寓市场发展的状况进行分析思考，为后面探讨老年公寓的发展做好铺垫，然后再对老年公寓的市场需求和市场供给状况进行理论和实证分析，得到老年公寓市场发展态势和供求矛盾等方面的基本结论。具体内容包括我国人口老龄化的现状与趋势分析、老年公寓市场需求潜力分析、老年公寓市场供给状况和矛盾分析以及重庆市老年公寓需求意愿的实证分析。

第5章为老年公寓的开发与经营模式。本章从产业标准、需求供给、开发运营和融资四个角度探讨了老年公寓的开发理念问题，对我国目前老年公寓开发做了一个理念上的引导，然后提出了七种常规性的老年公寓开发模式，接着再从供给者和需求者两个角度提出了相应的运营模式，再依此提出了提升老年公寓开发与经营成效的路径思考，最后以亲和源老年公寓为标杆案例进行了展示，从发展特色、商业模式和盈利模式等方面进行了阐述。

第6章为老年公寓发展中的融资问题。本章主要探讨的是老年公寓市场发展的一个重要生产要素，即资金的来源和渠道问题，本章概览了我国老年公寓融资的基本现状，从自身因素、开发者因素和制度性因素三个角度剖析了我国老年公寓融资的瓶颈因素，并从财政性资金、政策性资金和市场性资金三个角度建构了老年公寓融资体系的整体脉络，最后探讨了我国老年公寓融资渠道的优化与创新，对目前老年公寓的融资问题的发展进行了深度思考。

第7章为老年公寓养老服务人才队伍建设问题。本章从老年公寓市场发展的另一个生产要素——人才出发，分析了我国养老服务人才队伍的基本现状以及养老服务人才队伍建设中存在的问题，并从养老服务人才培养机制、养老服务人才选任机制、养老服务人才发展机制、养老服务人才评价机制、养老服务人才队伍激励机制、养老服务人才队伍保障机制等六个方面阐述了人才机制建设的重要性和对策思考。

第 8 章为老年公寓发展中的政府角色及财税政策建议。本章对我国老年公寓发展中的政府角色及财税政策建议进行了思考，从制度安排、发展规划、政府扶持和监督管理四个角度界定了政府的角色并提出了初步的政策思考，然后从财政补贴政策、贷款贴息和担保政策、税收优惠政策、用水用电用地等优惠政策、政府购买养老服务政策等方面介绍了促进我国老年公寓发展的财税政策现状，接着对这些政策进行了有效性和存在问题的分析，最后针对性地提出了促进我国老年公寓发展的财税政策建议。

全书的整体架构如图 1 – 1 所示：

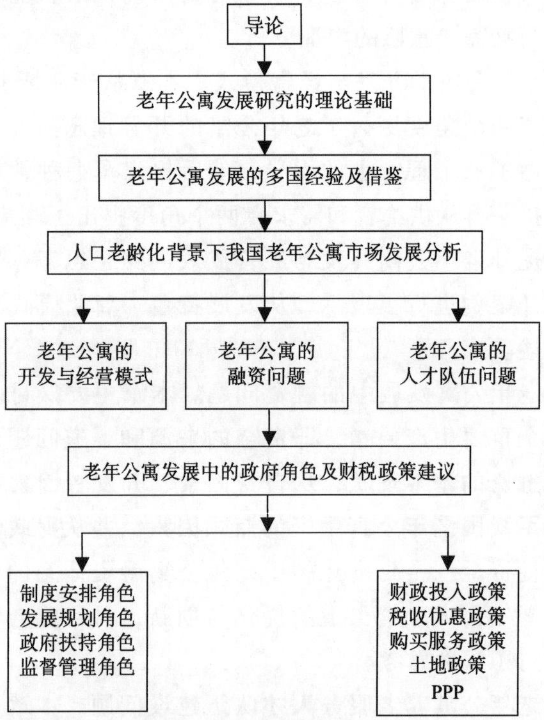

图 1 –1　全书结构图

1.6 主要创新与不足

本书主要从人口老龄化的时代背景和与老年公寓养老相关的理论出发，对发展老年公寓养老进行了市场供给和需求方面的分析，在借鉴国内外老年公寓发展的相关经验基础上，主要研究了我国老年公寓发展中的开发与运营问题、融资问题和人才队伍建设问题，并思考了政府在老年公寓发展中的具体角色和相关财税政策。可能实现以下创新：

第一，选题角度的创新。本书基于人口老龄化的大背景，对老年公寓这一新兴养老事物进行分析和探究，目前国内对老年产业和老年住宅方面的研究比较多，对老年公寓进行系统研究的并不多。本书在研究时对目前社会中容易混淆的几组概念进行了厘清和辨析，这在相关研究文献中还未出现。

第二，针对老年公寓的市场需求和市场供给问题，本书首先从需求方和供给方形成的基本条件和总体条件进行逻辑分析，这是一个尝试。在对老年公寓的市场需求意愿进行分析时分别构建了二值 logit 模型、二值 probit 模型、多值 logit 模型以及排序模型，以此检验老年公寓需求意愿的影响因素。

第三，在对我国老年公寓开发模式和运营模式进行分析时，尝试使用了 SWOT 分析模型，较为清晰地展现了各自模式的优缺点以及所面临的机遇和挑战。

本书存在的不足是由于受本人知识能力的限制，对老年公寓养老所产生的经济效益和社会效益分析和量化不足，对老年公寓量化分析还只是在市场需求层面，市场供给方面更多的还停留在规范性分析层面；对老年公寓发展中的融资问题也只是分析了融资渠道一个层面，对于融资服务和融资保障等其他层面还没有涉及，这也是以后研究的一个方向。对政府在老年公寓发展的作用和角色界定研究得还不够全面。对老年公寓发展中的其他问题，如 PPP 模式如何对接老年公寓的发展还未进行深入探讨，这些都需要在进一步研究中得出结论。

第2章

老年公寓发展研究的理论基础

2.1 养老模式的变迁与发展

2.1.1 世界养老模式的变迁与发展

从19世纪中叶开始，世界上很多国家，尤其是西方发达国家就陆陆续续踏入了老龄化社会，他们对养老的内涵认知以及养老模式的实践随着人口结构的变化和老龄化问题的产生也在不断发生着变化，在应对人口老龄化的长期实践中，世界各国形成了多样化的养老模式。

各国由于其社会文化和经济发达程度等因素上的差异，在养老模式上也不尽相同。但最基本的发展趋势都是从以家庭养老为主的养老模式开始，然后再向社会养老模式转变，最后走向多元化养老模式。在欧美等西方发达国家，由于具有较好的社会保障制度，同时家庭成员都崇尚独立意识，因而老人们大多不采用家庭养老模式。在实施居家养老的同时，结合本国文化的需要，开始大量投入资金兴办各种养老机构，机构养老等社会养老模式在欧美等发达国家迅速发展。西方国家一般对入住养老机构的老年人根据其身体状态、自理能力以及社交能力将老人分为自理型、半自理型以及完全不能自理型三级管理。日本、德国分成六级，不同级别的老年人入住不同层次和类型的养老机构，主要有养老院、护理院、临终关怀机构等几类。不过后来人们也慢慢发现机构养老模式会人为割断老人与家人的联系和情感交流，不利于老年人身心健康，而居家养老模式却能够避免这些缺陷，因而在一定程度上又走向回归。目前世界上很多国家的老年人选择“居家养老”的比例几乎都在80%以上（见表2－1），居家养老服务的提供者主要包括居家养老服务机构、老年公寓、老年社区、托老所以及志愿者等，有些是与其他养老模式或养老方式相结合的产物，主要服务内容包括生活照料、休闲娱乐设施配套等。

表2－1　　世界上典型国家的居家养老比例

国家	美国	日本	英国	瑞典	新加坡	菲律宾	越南	印度尼西亚	泰国	马来西亚
占比（%）	96.3	98.6	95.5	95.2	94	83	94	84	87	88

数据来源：根据北京市民政局网站 http：//www.bjmzj.gov.cn 和中国国情网综合统计得出，2012年10月11日。

亚洲经济较为发达的国家如日本和新加坡等国吸收了西方社会福利养老的经验，充分赋予了老年人优厚的社会保障，同时又沿袭了东方传统的家庭观念，大力拓展家庭养老的功能，如鼓励和提倡“两代居”和“多代同堂组屋”等。不过随着老龄化的不断加剧和老龄少子化社会的到来，家庭养老人力资源越来越不足，家庭养老功能也不断弱化，个人和家庭也同样难以承担起“居家养老”的人力需求和经济供养的双向压力。经济、社会和人口等多重矛盾的复杂交织，迫使各国不断去探索新的养老模式。例如，在德国、瑞士出现的“室友之家”就是社区互助养老方式的体现；日本的北海道、福冈，美国的佛罗里达，韩国的济州岛是候鸟式养老方式的集中迁徙目的地；美国出现的大量“退休新镇”“退休新村”就是异地养老方式的“体验基地”。其他诸如旅游养老、以房养老、乡村养老等也在不断丰富养老模式的内涵和形式，形成了多元化养老模式的发展趋势。

2.1.2 我国养老模式的变迁与发展

养老模式是一定社会经济文化条件下的产物，我国养老模式的变迁是随着不同社会发展阶段的不同生产力水平而变化发展的。一般来讲，农业社会的主体养老模式是家庭养老，由后辈子孙承担老人们的养老责任，而工业社会则是依靠社会保障体系和社会化养老服务为基础的社会养老模式。

在中国古代到近代这段历史长河中，我国一直处于传统的农耕文明社会。农耕社会以自然经济为基础，生产力低下，以血缘为基础的家庭团体契合了这种生产力水平的要求，家庭成为传统中国社会最为重要的生产和运作单位。家庭成员共同劳动，共同创造物质财富，一方面用于维持家庭成员的生存所需，另一方面余留的产品和财富就留在家庭内部，老人和长辈掌管和支配着这些家庭财产，具有很高的权威性。家庭财富的积累一方面是有形的物质财富，另一方面就是通过生儿育女转化为将来的养老所需。老人们到了风烛残年逐渐丧失劳动能力的时候，家庭成员尤其是子女理所当然地承担起赡养老人的经济责任，同时还需要担负起对老人亲情照料和精神慰藉的义务，老年人在家庭中受到尊重、关心和照顾，这种养老方式不断地沉淀和完善，逐渐演化成传统中国社会的典型养老模式——家庭养老。同时，这种文化也产生了“孝道”传统，使敬老和养老成为一种良好社会风尚和传统美德，养儿防老的观念世代传承，使家庭养老成为富有人情味和生命力的养老方式。

随着近代中国迈向通往现代化和工业化的进程，传统农业社会的诸多经济社会背景却发生着根本性的改变，尤其是市场经济体制的改革和日益快速的城市化进程，让老年人的传统经济和社会地位发生了重大转变。家庭生产的功能逐渐被社会化大生产所覆盖，即便是在农村，家庭生产的功能也不断弱化，二元经济的“剪刀差”使很多农村家庭成员开始通过外出打工去获取经济收益，这使得父辈对子女的控制逐渐松动。加之我们又进入了人口老龄化社会，家庭规模越来越小，人口迁移和人口流动也人为地拉大了老年人与子女之间的空间距离，老年人的照料问题因缺乏养老人力资源的供给而越来越难以实施，家庭养老面临着多方面的困境，这些问题促使养老模式必须因应时境地做出调整和改变。

新中国成立后，我国城乡社会的养老模式基本上仍采用家庭养老为主，同时政府民政部门设立的养老院、福利院、敬老院对解决孤寡鳏独等特殊群体的养老问题起到了非常重要的辅助作用。改革开放后，社会经济关系和人们的价值观念等发生了深刻变化，城市当中的家庭养老为主体的模式也跟着发生变化，各种社会化养老机构、养老设施和居家社区养老服务组织交织而生，社会化养老模式逐渐成为城市家庭养老模式的重要补充。

与家庭养老相比，社会养老能有效解决家庭养老人力资源不足的瓶颈问题，但社会养老需要稳定而持续的大量投资，没有政府财政的补贴几乎很难持续下去。近些年，我国在发展机构养老等社会养老模式进程中，已逐步形成了公办公营、公办民助、民办公助和民办民助等几种投资经营模式，但在探索和实践的过程中仍存在着开发、管理、运营和服务等诸多方面的问题没有有效解决。

在农耕文明向现代文明迈进的过程中，我国复杂的历史文化和国情背景，以及人口结构和财政支付能力等诸多因素的约束，决定着我国不可能采取单一的某个特定养老模式应对复杂的城乡养老问题，需要因地制宜、因时制宜、因人制宜地不断创新养老模式，通过多元化养老模式去适应老年人差异化养老的需求，因而异地养老、以房养老、乡村养老、基地养老、合居养老、钟点托老、旅游养老等多样化的养老方式正渐渐走入我们的视野。纵观我国养老模式的变迁和发展，从单一走向多元的轨迹越来越清晰。

2.2 我国养老机构的发展历史与演变

2.2.1 我国古代的养老机构①

养老的思想在中华文化中源远流长，孝老、尊老、敬老一直是中华文明中未曾间断过的优良传统。我国古代先贤认为，“老幼孤独不得其所是大乱之道。”因此，要使孤老得其所，古代各地都相继建立了类似今天养老院之类的机构。在夏殷时代，就已形成了最初的养老机构雏形。据《礼记·王制》中记载：“夏后氏养国老于东序，养庶老于西序；殷人养国老于右学，养庶老于左学。”这里提及的“序”与“学”，经考证就是最初的养老机构，也兼有教育之功能。到西周时，当政者就已经在政策上规定按年龄大小由地方或国家分别承担养老责任，这是中华养老文化中最为古老的制度设计②，也是保障统治稳定和文化连续的国之公器③。下面我们简单地从历史的角度去鸟瞰一下养老机构的发展历程，这对我们了解中国的养老文化和历史，准确认知现有的养老国情，厘清养老领域中纷繁复杂的概念大有裨益。

2.2.1.1 孤独园和悲田院

孤独园是中国古代最早出现的养老机构，产生于南北朝时期，也是

① 黄耀明、陈景亮、陈莹：《人口老龄化与机构养老模式研究》，吉林大学出版社2012年版。

② 《礼记·王制》中有记载：“凡养老，有虞氏以燕礼，夏后氏以飨礼，殷人以食礼，周人修而兼用之。五十养于乡，六十养于国，七十养于学，达于诸侯”。

③ 《礼记·乡饮酒义》：“民知尊长养老而后能入孝弟；民入孝弟；出尊长养老，而后成教；成教而后国可安也”。

第一个官办的正式救济机构。当时的国君梁武帝创办了孤独园，主要用来收养无人赡养的老人和无家可归的孤儿，同时也为收养的孤寡老人料理后事。这与当时南北朝时期佛教的兴盛有很大的关系，佛家推崇天下众生平等，要以慈悲为怀，利乐众生。而梁武帝笃信佛教，提倡儒学，因此这样一个专门针对老人的救济收养机构的设立有它深刻的历史背景，但孤独园的设立也为后人仿效提供了借鉴之路。

悲田院也是佛教兴盛的另一产物。悲田是佛教用语，佛教认为，供养父母为恩田，供养佛祖为敬田，施舍贫苦为悲田。佛教经典《象法决疑经》中有谓："我诸弟子，不解我意，专施敬田不施悲田。敬田者即是佛法僧宝，悲田者贫穷孤老乃至蚁子。此二田者，悲田最胜。"[①] 悲田实际上是对贫穷孤老的布施。唐玄宗开元二十三年，国家在京城长安洛阳二京设立悲田院，对贫苦无依靠的老人实施救济。悲田院的开支一开始是由国家拨款，僧人负责主持的，唐末武宗时，则由国家拨款给寺庙作为赈济开支来源，地方各州府分别拨给本地悲田院 7 顷到 10 顷田地，以供开支，并由各地长官选派德高望重的老人来负责日常事务管理。因此，悲田院在当时成为国家救济机构的代名词，也被称为病坊、养病院等。

2.2.1.2 福田院和居养院

"福田" 的含义也来源于佛经，意思是积善行可得收获幸福，好像播种田地，秋获其实。宋代继承了前代设立国家救济机构的做法，在京城开封设立城东和城西两个福田院，负责收养鳏寡孤独的老人与孤儿，以及城中衣食无着的饥民。当时的福田院规模不大，"给钱粟者才二十四人"，根本满足不了当时社会需要。直到宋英宗时，才"命增南、北福田院，并东西各广官舍，日廪三百人。"[②] 这样，东、西、南、北四大官办福田院共建 200 间，收容 1 200 人之多，大大提升了救济规模[③]。福田院所需经费都由官府拨款，每年从内藏库中出钱五百万作为经费，后又增

---

① 王卫平："唐宋时期慈善事业概说"，《史学月刊》，2000（3）。
② 脱脱：《宋史》，中华书局 1974 年版。
③ 郭文佳："论宋代老人的救助政策"，《理论学刊》，2006（9）。

至每年出钱八百万。收养方式上分为院内长期收养和特殊时期的临时收养两种；管理上由僧人统管福田院内事务，政府定期派判官和使臣巡视指导，统计入院人数和上报开支等。

居养院主要是收养"鳏、寡、孤、独、疾废、癃老、贫乏不能自存"之人。它的产生经历了北宋末期、南宋初期和后期三个发展阶段，几起几落，发展过程有些曲折。在收养标准上，宋神宗时期规定以60岁以上老人为限，宋徽宗时期又改回50岁以上。规模上，像南宋时的苏州居养安济院，有房屋65幢，居室310间，房屋整齐排列，其间长廊相连，便于来往。居养院收养了许多孤寡老人与孤儿。苏州居养院由官府拨给官田1 660亩，出租后每年可得米700石，作为居养院经费。院中设置仓库、水井，并有僧人主持老人医药及死后安葬事务，成为当时地方居养院的典范①。在管理上，居养院极其严格，指派专职管理人员（僧人、官卒、童行、军典、手分等）、分派任务，同时要求入住者必须有保人担保，经官府审查核实，进院时要办理登记。严格执行这些规章制度，是为了避免官吏贪污舞弊、冒领滥领官府支给而使该享受此福利的百姓没有享受到。

宋代的国家救济机构比较发达，而且多以养老为主，是中国古代史上养老机构发展比较丰硕的时期。该时期的养老机构多为官办，管理上也比较规范，有制度化的色彩，有效地提高了机构的运行效率，在客观上促进了宋代慈善事业的快速发展。直到后来因为受金兵南下入侵的影响，居养院的数量锐减，直至被后来兴起的养济院取代。

2.2.1.3 养济院和粥厂

养济院是一种兼顾居养院和安济坊功能的综合救助机构，创设于南宋初年，历经元明清三朝逐渐发展成为一项成熟的社会救助制度。南宋较为著名的养济院有建康府养济院、临安府养济院和绍兴府养济院②。养济院的工作人员主要有僧人、医官和童行等。在养老待遇上，明代与宋

---

① 王卫平："唐宋时期慈善事业概说"，《史学月刊》，2000（3）。

② 郭文佳："宋代的济贫与助困"，《江西社会科学》，2003年。

代的水平基本相当，每月发太仓米三斗，每年分给布一匹，保证能维持老人的最低温饱水平。清朝的养济院则差异较大，直到乾隆初年才趋于统一。“岁给银一两八钱，食不足，照安徽例，每名日给银一分，岁共给银三两六钱[①]”。规模上，明代的养济院很大，尤其是京师养济院规模空前，很多孤寡贫困老人不远千里来到京都只为其待遇比各州府地方的要好。清代由于统治版图的扩大和政府财力的增强，救济覆盖范围也随之扩大，边疆的一些地区也纳入到救济体系，收养名额逐年增多。清代养济院要求受救济者必须达到三个条件：丧失劳动能力、没有私人财产、处于赡养时期。清朝养济院的经费来源完全来源于朝廷的财政拨款，其中额度内由国库进行支付，而额度外的经费则由各项杂税来支付，同时也要包括养济院扩建和不定期的修葺费用。

清代的养济院和清政府的财政税收制度有着密不可分的关系。清朝前期实行的是固定的财政支付制度，其经费完全依附于政府财政拨付的款项，弹性非常小。因而其救济人数和救济标准都难以随着经济社会变化及时进行调整。随着清朝人口的增加以及民生问题的加剧，需要救济的人也相应增加，财政支持在养济院的作用越来越弱。同时，由于地方疏于管理，各养济院的甲长侵蚀、横领口粮等，使得真正需要养老的老人没办法享受。贪腐现象使原本就很脆弱的财政供养体系岌岌可危，养济院的救济作用越来越小，不断趋向弱化。因而，当时的地方执政者在无力改变腐败现象加剧的情况下，只有大力提倡和推广依靠民间力量来办慈善事业，即推广“普济堂”来平衡养济院的不足。

由于官办养老机构的弱化，民办慈善机构开始出现，清代北京最著名的养老机构就是普济堂粥厂，由当时的居士王延献捐出自己的家产修建而成，并邀知名人士资助。康熙帝知晓后，将其转为官办慈善机构。在待遇上，历代皇帝对普济堂都给予特别照顾，乾隆皇帝每年赐予粟米三百石，嘉庆时期赐予银五千两生息，同治帝每年又增加小米五百石。在管理上，至嘉庆初年，普济堂粥厂由北京顺天府派官吏轮流管理。此外，还有功德林粥厂、朝阳阁粥厂、寿佛寺粥厂等也都是清代较为出名

---

① 刘宗志：“浅析清前期的养济院制度”，《河南师范大学学报（哲学社会科学版）》，2008 年。

的慈善机构，收养许多无家可归的老人。

2.2.2 我国现代的养老机构

2.2.2.1 敬老院

敬老院（Homes for the Aged）也称为养老院，主要是指在城乡街道、农村村组设立的主要收养“五保”和“三无”老人，同时接待部分残障和社会寄养老人，让他们能够老有所居、老有所养的养老服务机构。养老院能够为自理老人、介助老人、介护老人提供为老服务。养老院一般具有较为完整的养老配套服务设施，是一个典型的为老年人提供养老服务的事业性社会福利组织。养老院的主要收养对象是“五保”老人，有条件的养老院也接收有退休金收入的自费老人，坚持自愿入院、自由出院的原则。

2.2.2.2 老年社会福利院

老年福利院（Social Welfare Institutes for the Elderly），是指由国家投资兴办并进行综合管理，用于接收安置自理老人、“三无”老人、介助和介护老人安度晚年而设立的社会养老机构。福利院内设有生活起居、文体娱乐、康复训练以及部分医疗设施等，它享有国家财政一定数额的补助。

2.2.2.3 护老院

护老院（Homes for the Device - aided Elderly）主要是指为那些在生活中需要依赖拐杖、扶手、轮椅以及升降设施（如升降床铺、电梯）等辅助用具的介助老人养老而设立的养老服务机构，一般护老院内都拥有较为完善的生活娱乐、康复训练以及医疗保健等服务设施。

2.2.2.4 护养院

护养院（Nursing Homes）主要针对生活完全不能自理的介护老人，

与护老院相同的是它们都需要生活介护和帮助，不同的是护老院的老人有部分自理能力，而护养院的老人是完全不能自理的，但又没有护理院的老人那么严重。因而护养院性质上介于护老院和护理院之间，其养老服务设施更偏重于医疗保健和康复训练，生活娱乐类设施相对较少。

2.2.2.5 老年护理院

老年护理院（Nursing Institutes for the Elderly），顾名思义重在护理，它主要为那些长期卧床的老年患者、老年临终患者、老年残障人士、老年绝症晚期患者提供基础和专科护理，主要进行支持治疗、安宁护理、姑息治疗、心理咨询、营养卫生保健、消毒隔离指导以及其他老年医疗护理服务的医疗机构。老年护理院有专业的医护人员，其专业技术和服务要求比护老院和护养院要高。根据中国老龄事业发展基金会的爱心护理工程，全国各地均有专业爱心护理院服务各类老年人群。爱心护理院主要为失能老人提供专业护理、生活照料服务。

2.2.2.6 托老所

托老所（Nursery for the Elderly），是指为老人提供短期托管服务的社区养老服务场所，一般分为日托、全托和临时托等。托老所内配备有基本的文娱康健和生活起居等养老服务设施。

2.3 老年公寓的性质与特征分析

2.3.1 老年公寓出现的必然性

老年公寓在我国的出现和兴起并不是一个偶然的现象，它是养老观念、人口结构和养老需求等多种因素碰撞在一起产生的，其出现的必然性我们可以从以下几个方面进行分析。

（1）家庭人口结构的嬗变与养老人力资源的矛盾。在我国实施计划生育国策三十多年后，当时独生子女的一代也进入了生育高峰期。家庭结构已经呈现出“4—2—1”形态。虽然目前国家正在逐步放松生育政策[①]，但人口老龄化的根本趋势很难改变，就算政策有效，其人口效用也要再等三十年左右才能显现出来，并不能根本改变现有的家庭人口结构，这意味着履行赡养和照顾任务的子女数量不足以消化现有的养老责任和压力，缺口的部分不得不通过社会养老的方式解决，老年公寓能够契合这种需要。

（2）“老有所养”已上升为国家的重大战略目标，发展社会化养老已成为全社会的共识。党的十七大和十八大都把“老有所养”作为一个重要的问题进行研究，养老问题就此从社会公众的期盼和担忧的微观层面提升到国家战略目标的宏观高度。从现行的“老有所养”制度框架的顶层设计来看，以社会养老保险为主的养老经济保障制度和以社会养老服务为主的养老服务保障制度是解决我国老年人养老问题的两大主要支柱。我国的养老经济保障制度建设在“十一五”期间已经取得了重要的突破性进展，基本形成了较为清晰的框架和路径。接下来的任务就是要建立一个能满足公众不同层次的社会养老服务保障制度，老年公寓等养老机构的发展将是一个必然的路径选择。

（3）独居老人、空巢老人数量增多使得老年公寓成为养老的优势选择。随着现代生活节奏的加快，年轻的子女们为了事业和家庭奔波，去异地求学、就业甚至定居生活，几代同堂的大家庭正在解体，家庭小型化使得晚辈们无暇照顾家中高龄或患病的老人，造成“独居老人”和“空巢老人”的数量剧增，也使得老年人的生活照护、心理倾诉和日常健康等问题凸显出来，空巢家庭的养老压力需要老年公寓这样的社会养老机构来缓冲和解决。

---

① 指的是2013年11月15日“单独二孩”政策正式开放，标志着中国生育政策出现了历史性转折。

（4）财政负担的约束使福利养老不堪重负，老年公寓养老成为重要选项。我国早在2000年左右就进入了老龄化国家的行列，属于典型的“未富先老”。目前，社会上已有的养老院、敬老院和老年福利院等养老机构，因为其低廉的入住费用和良好的信用最受老人们青睐，排队入院现象非常普遍。政府每年在这些福利养老项目上投入的财政补贴也非常巨大，已成为国家财政一个很大的“福利包袱”，长此以往，无法满足日益增长的养老需求。因而，探索出一条市场化、产业化的养老之路势在必行，老年公寓养老将成为福利养老外的可行性选择。

（5）养老观念的改变淡化了传统的家庭观，老人们越来越看重老年生活质量。社会的发展变化不仅改变了年轻人的家庭观和养老观，老人们也同样在改变“养儿防老”的传统观念，对“孝”和“养”的看法在一定程度上开始走向分离。不少老年人开始关心自己老年生活的质量，甚至不太愿意和子女同住在一起，以免影响自己的生活习惯和自由。很多老年人工作、生活一辈子，有房有积蓄，他们希望晚年生活能享受到专业的照护和服务，提高自己的生活质量。

2.3.2　老年公寓的性质与角色界定

早在20世纪80年代中期，我国学者在研究人口流动和家庭结构变化时就已经发现家庭养老的功能在逐渐弱化，于是提出了大力发展社会化养老的建议和措施。例如，建设敬老院、养老院和托老所等各种社会化的养老设施机构，这些养老机构也配备了一定的生活、文化娱乐与休闲设施。老年公寓虽然也属于机构养老的范畴，但它在功能、投资主体以及运作模式等方面又与其他机构养老载体有着很大的区别，具有不同于一般社会养老机构的性质。

从功能上看，老年公寓既有适老化的居住功能，又更注重实现专业化的养老服务需求。它的适应对象既包括生活完全能够自理的老人，也包括半自理和完全不能自理的老人。对于生活完全能够自理的老人，老年公寓主要提供健身设备、文化娱乐、休闲养生等相关设施和服务，对于完全不能自理或者半自理的老人，就着重于专业化的生活照料、康复疗养、心理咨询以及精神慰藉等服务。老年公寓是一种专供老人们集中居住的专业化养老机构，但它同时又采取居家养老与公寓社区服务相结合的模式。

从投资主体上看，老年公寓不同于传统意义上的敬老院和福利院等社会福利性的养老机构，它不是用来收养和照顾无经济来源的孤寡老人或者中低收入家庭送养的老年人的，也不属于国家或集体兴建和资助的社会福利养老机构，它是由社会力量投资创设或者由政府兴办的养老机构转制过来，按照市场化运营和管理的老年专用住宅。随着经济社会的发展和老年人养老观念的改变，很多有养老金、退休金和一定储蓄的老年人既有能力也有意愿去追求和消费更好的养老产品和服务，入住老年公寓的老年人可以根据自身经济条件选择相应的住房等级和服务档次。老年公寓是为适应养老市场需求而开发的商品住宅，虽然投资主体开发和建设老年公寓客观上带来了一定的社会福利性质，但其主要目的是盈利。

从运营模式来看，老年公寓有租赁和出售等几种运作模式，国外更多的是将老年公寓作为一种专业化商品住宅出售。而在国内，基于老年人的收入水平、社会保障以及养老观念等因素的制约，很多老年人仅有的积蓄不仅要防范健康疾病等情况，还要支持儿女们的家庭和事业发展，在缺乏银行信贷支持的前提下，他们很难拿出一大笔资金用于购买老年公寓，因而目前国内老年公寓的运营更多的是采用租赁模式。当然，也有一些经济条件较好或者有儿女们经济支持的老年人能够自主购房养老，但从现有的发展状态来看，这个比重仍然很低。租赁模式仍是老年公寓的主体市场运营模式。

综上所述，老年公寓是一种特殊类型的专门供老年人集中居住的养老机构。从住宅功能上看，它是按照老年人的特点进行设计的，拥有文娱康健、学习交流、卫生清洁、饮食营养以及医疗救助等综合化服务系统，与老年人心态体能特征相契合的具有综合养老功能的公寓式老年住宅。从运营形式上看，它是按照市场化原则进行运营和管理的养老机构，老年人入住老年公寓要按照市场价格进行交费，期间发生的一些增值服务也是有偿的。因此，区别老年公寓与其他一般住宅或养老机构主要是看它是否具备适老化、专门化、综合化和市场化的特征，而不是根据名字或名称来判断，也不是看产权归谁所有，而要看它的实质和服务对象。有些政府主办的养老院或敬老院在转制后以企业化模式进行运营和管理，在达到适老化和综合化等要求后，它已经是实质上的老年公寓了。然而，有些民间团体、政府部门或慈善机构主办的针对孤寡老人、残障老人等弱势群体的养老机构，虽然名字上叫老年公寓，但实质上却是福利院。

2.3.3 老年公寓的特征

根据老年公寓的概念和性质界定，我们可以大致归纳出老年公寓的几个基本特征。

（1）从资金来源角度上看，老年公寓有投入产出的市场循环。老年公寓与敬老院、养老院最本质的区别是它不属于福利救济的范畴，它不是以国家或集体供养作为经济来源，而是以个人缴费为主。老人们可以根据自己的需要和经济负担能力选择不同档次的老年公寓，但必须要用自己的养老金、退休金、其他收入或子女的赡养费来购买相应的产品和服务。

（2）从社会角度上看，老年公寓实现了老年人的集中化居住，适应了当前社会人口老龄化和家庭小型化的趋势，能够一定程度上满足老年人社会交往的需要，同时使针对老年人的照料服务资源更加有效和集中。

（3）从建设开发角度上看，老年公寓要针对老年人的生理特征和心理需要提供无障碍的居住设施、活动空间和居住环境，因而其局部要求比一般商品房住宅要更加严格，建筑成本和对施工的要求都会高于一般的商品住宅。

（4）从时间角度上看，入住老年公寓的老人的入住时间比较长。它不会像托老所、日间照料中心等养老机构那样具备很强的短暂性和流动性。虽然是否入住、住多长时间，都会根据老年人的情况自行决定，但入住者居住的时间一般都会比较长，而且相对稳定。

（5）从服务配套角度上看，老年公寓一般拥有较为完备的生活、保健、娱乐、医疗等服务。老年公寓首先要提供洗衣、做饭、卫生、购物等基本生活服务，其次就是要提供医疗保健服务，然后还要提供学习娱乐服务，最后就是要提供老年人参与社区的服务，避免老年人与周围社会隔离开来。

（6）从产权角度上看，经营管理老年公寓的组织和入住的老年人既可以拥有公寓的所有权，也可以拥有使用权。

（7）从运营管理角度上看，老年公寓不同于一般的商品住宅，出售和出租的不仅是公寓本身，还包括医疗、养生、教育、文化娱乐等一系列配套服务，这些服务才是老年人群对老年公寓的核心和关键需求，也是运营商的卖点所在。因此，老年公寓在销售或出租后还需要长期的运营管理，这关系着大量配套设施与服务能否良好运作，专业化的养老服务是老年公寓的核心特征。

2.3.4 发展老年公寓的意义

2.3.4.1 有助于完善我国老年保障体系

关注老年人的生活质量和居住环境是社会文明进步的必然和体现。一方面，在我们国家计划生育政策还在微调的阶段（主要指的是2013年底出台的“单独两孩”政策），“4—2—1”这种家庭结构已经大量出现，并且在今后很长一段时间将成为我国人口结构的主流，这将使得家庭养老功能逐步趋向弱化；另一方面，我们国家现有社会养老体系十分脆弱，社会化养老的覆盖率偏低，老年人居住的整体质量和水平不高。发展老年公寓养老也是我国养老保障体系的一部分，它在广度和深度上已经远远超过政府福利制度所能提供的保障，不仅使全社会福利水平得以提高，而且有益于养老保障体系更进一步发展和完善。

2.3.4.2 有助于提高老年人的居住生活水平

中国人历来重视居住条件和生活环境，从“上古穴居而野处”到“后世圣人易之以宫室”，居住条件和生活环境在民生中占据着特殊的地位。老年公寓的使用主体是老年人，随着年龄的老化，老年人对居住空间的特殊需求和依赖程度也相应提升。它不仅关系到老年人生存和享受的需求，也关系着他们和社会、家庭在时间和空间上的联系。因此，研究老年公寓的发展问题对提升老年人的居住生活水平具有切实的意义。

2.3.4.3 有助于缓解政府养老资金严重不足的难题

截至2012年年底，全国基本养老参保人数达到3.04亿人，当年养老保险基金支出达到15 562亿元。据中国社科院发布的《中国养老金发展报告（2012）》显示，中国城镇职工基本养老保险2011年收不抵支的省份有14个，收支缺口高达767亿元。与此同时，养老金个人账户一直在空账运行，目前账户空账额度更是高达2.22万亿元[①]。据世界银行的一项估算，从2001年到2075年，中国养老金缺口可能达到9万亿元人民币。2013年上半年中央公共财政收入增幅仅为1.5%，而中央和地方各级政府的债务却高达30多万亿元[②]。在这种现实背景下，中央和地方财政都很难满足社会化养老所需的巨额资金。各地具有公立性质的养老院、敬老院等福利养老机构成为社会供不应求的稀缺资源，人满为患，排队现象非常严重，有些甚至要排到一二十年以后才能入住。以北京市第一社会福利院为例，因为其优势的养老资源配套和低廉的入住费用（每月仅2 250元），出现了非常严重的排队现象。目前能够腾出来可供新的老人入住的床位不足100张，可是1万多老人都进行了入住登记，而且每天还有几个到十几个不等的速度在增长。按此情形推算，至少要等100年后才能入住[③]。虽然全国的情况没有北京这么严重，但各地公立养老院普遍出现入住难的现象却是不争的事实。因此，推动市场化的老年公寓发展，让社会资本健康有序的进入养老服务业，是解决当前政府养老财政瓶颈的一个有效方式和途径。

---

① 此数据的时间点为2012年12月17日。

② 数据来源于2013年4月6日财政部原部长项怀诚在博鳌亚洲论坛2013年年会上的演讲稿。

③ 案例和数据来源于新华网和北京青年报，http：//news.xinhuanet.com/politics，2013年10月13日。

2.3.4.4 有助于老年公寓产业的可持续健康发展

老年公寓既是住宅产业的一个重要组成部分，又是服务业的一个亮点和新的增长点。目前，国内的绝大多数地产项目主要针对的是中青年人的住房需求，很少关注老年人以及购房者步入老年后的特殊需求，缺乏"适老化"特征和功能，这个方面的市场空间还很大。同时，老年公寓涉及的医疗、护理、物业服务、人才培训等服务内容也有很大的产业发展空间。研究老年公寓的开发模式、经营管理模式、投资模式，规范老年公寓产业的发展，对满足日益增长的老年居住需求，从而带动经济的发展具有重大意义。

2.4 相关理论基础

养老选择的主体是老年人口，而提供哪些养老模式去适应日趋强烈的老龄化需求却是整个社会都在思考的问题。因此，有关老年公寓养老的问题，已经超越了社会保障的范畴。人口学、经济学、管理学、老年社会学等都为本研究提供了丰实的理论源泉。下面简单介绍几个相关性比较大的理论作为本研究的主要理论支撑。

2.4.1 需要层次理论

需要层次理论（Hierarchy of Needs）亦称"基本需求层次理论"，它由美国心理学家亚伯拉罕·马斯洛于1943年提出，他把人的基本需要分成五种：生理需要、安全需要、社交需要、尊重需要和自我实现的需要[①]。五种需要呈阶梯式发展，从低到高按层次逐级提升。当然，次序也不是完全固定的。一般来讲，当某一层次的需要相对满足了，人就会追求更高一层次的发展，这成为驱使行为的动力。马斯洛认为，一个国家中多数人的需要层次结构与这个国家的经济发展水平、社会文化导向、科技能力以及公众受教育的程度有非常高的正相关关系。在不发达国家，占据主导地位的需要是生理需要和安全需要，而高级需要占比较小，但在发达国家，这种情形刚好相反。在同一国家的不同时期，人们的需要层次也会随着经济社会发展水平的变化而变化。

马斯洛的这一理论在目前我国老年公寓发展中有着重要的启示意义，需要层次理论告知我们，即使是无法行走、卧病在床的老人，他们除了基本的生理需要和安全需要外，同样也有社交和情感归属的需要，有被尊重的需要甚至还有自我价值实现的需要（如图2－1）。因此，老年公寓的开发和管理中，要充分考虑这些因素的影响，不能只建一个冷冰冰的房子让老年人住进去就万事大吉。只重视硬件的建设，不注重软件的提升是不利于老年公寓的长远健康发展的。需要层次理论还告诉我们，人有低层次的需要，也有高层次的需要，养老方面也是如此。随着老年人的经济支付能力和文化素质的提高，加上养老观念的改变，普通的敬老院养老已经不能满足很多经济条件比较好的老年人的要求了，他们希望有更好的养老环境、居住条件，有更高的医疗保健水平和照护服务，这正是现在及未来老年公寓发展的市场定位，主要针对的是中高端的养老市场。

2.4.2　老年亚文化群理论

老年亚文化群理论最初由美国学者罗斯（Rose）提出，该理论旨在揭示老年群体的共同特征，并认为老年亚文化群是老人重新融入社会的

---

① （美）马斯洛著，方士华编译：《马斯洛精选集：人性能达到的境界》，燕山出版社2013年版。

追求个人兴趣，实现个人价值	自我实现需求	知识、理想、抱负等
使老有所为，发挥余热	受人尊敬需求	成就、权力、名誉等
保持与子女密切联系，邻里和谐	情感的需求	交往、归宿感、亲友之爱
独立卧室，不被打扰，防卫措施	安全需求	回避危险、恐惧、威胁等
居住面积，采光通风，出行方便，医疗服务	生理需求	饥饿、空气、性等

图2-1 马斯洛需要层次理论在老年公寓发展中的启示

最好方式。他认为只要同一领域成员之间的交往超过和其他领域成员的交往，就会形成一个亚文化群，老年人口群体正是符合这一特征的亚文化群体之一①。

老年亚文化群理论要求老年公寓既要有共性，也要考虑不同群体的个性化要求。应适当地为老年人兴建集聚性老年公寓和专门老年居住区。在这种环境中，老年人很容易形成一个老年亚文化群，既便于老人谈论共同感兴趣的话题，做同样感兴趣的事，形成一致的生活节奏，也便于社会将有限的养老资源集中起来，规模化地为老年亚文化群提供养老援助和服务。

2.4.3 福利多元化理论

福利多元化理论是20世纪70年代产生于欧洲国家社会政策领域新兴的一种理论范式，是政府在承担福利负担过重的背景下诞生的。它是社会政策领域在经历了解决工业革命早期“家庭失灵”问题，工业革命中期“市场失灵”问题以及后工业革命时期的“政府失灵”问题后，对福利制度和社会政策的理性反思②。迪特姆斯（Titmuss R.）认为福利由财

① Irving Rowsow：socialization to old age，Berkeley，University of California Press，1974：93.

② 黄叶青：“福利多元主义：理论逻辑的发展与三个类型福利国家的实践”，南开大学硕士学位论文，2007年。

政福利、社会福利和职业福利组成，应由多个体系相互配合。约翰逊（Johnson N.）则强调政府不应该是福利的唯一供给者，政府部门、社区居民及组织、家庭成员和亲属以及非营利机构和志愿者组织都可以供给不同层次和不同需求的社会福利，企业为职工提供的职业福利和政府购买的市场服务也属于社会福利的组成部分。

福利多元主义的核心思想是使福利供给的责任主体多元化，强调政府权力的分散化以及社会福利的民营化，其基础理念是分权和参与。所谓分权，就是指一方面福利服务的行政权由中央转移到地方政府，另一方面也指福利服务的行政权由地方政府向下传递到各个基层社区，或者是由公共部门转移至私人部门[①]。福利多元化理论主张政府不应充当福利的唯一提供者，由福利服务的提供者向购买者、规范者、福利物品的管理和仲裁者等角色转变，福利服务应该由公共部门、营利组织、非营利组织、家庭和社区等一起来承担。同时，该理论也强调非营利组织的积极参与可以抵制市场逐利组织的势力过度膨胀，来达成福利服务的整合，促进福利供给效率提高。

随着我国人口老龄化程度的不断加深以及家庭内部成员的养老支援功能逐渐弱化，家庭内部无法解决诸如老年人的护理和生活照料方面的问题，社会福利的需要呈现多元化、社会化的发展趋势。针对我国特有的养老文化和社会结构，福利多元主义主张我们要审视和平衡不同福利提供者的作用，避免国家在福利提供中充当过度保障的角色。结合这一理论，我们推进和发展养老机构，要求政府一方面要多投资兴办公办养老机构及其养老设施，做好民办养老机构的监督和管理工作，另一方面也要在政策和融资上引导、扶持民办养老机构的发展，尤其是财税方面的优惠和补贴政策要及时跟进，这样才能更好地满足老年人群体的消费需求[②]。

---

① 林闽钢、王章佩：“福利多元化视野中的非营利组织研究”，《社会科学研究》，2001(6)。

② 黄耀明、陈景亮、陈莹：《人口老龄化与机构养老模式》，吉林大学出版社 2012 年版。

2.4.4 生命周期假说

生命周期假说是由美国经济学家 F. 莫迪利安尼（Franco Modigliani）和 R. 布伦贝格（R. Brumberg）等人在 20 世纪 50 年代共同提出来的[①]。莫迪利安尼对理论的贡献尤为巨大，他因此获得了 1985 年的诺贝尔经济学奖。这一理论假定一个理性消费者在他采取某一特定消费行为时，不仅只是考虑这一消费项目决策安排的个人效用最大化，更重要的是要去追求其生命周期内一生效用的最大化，而其长期资本约束则是他的生命周期内消费与收入支出的均衡。个人一生的收入与财富，应当在其整个生命周期的不同阶段包括养老时期予以合理配置，以使资源达到帕累托最优状态，实现效用最大化。所以，生命周期假说又被称为储蓄与消费的生命周期假说。这一理论的基本出发点就是在个人的整个生命周期阶段中，一生的收入与消费支出两者是否达到了完全平衡的状态[②]。在一生的消费总现值不超过收入总现值的前提下，尽最大可能地把自己一生的全部收入在现期消费和延期消费之间做出最优分配，从而获得最大效用，实现家庭资源的合理配置和效用最大化的目标。

2.4.5 外部性理论

外部性理论是由福利经济学的代表人物庇古提出，经由马歇尔发展最终形成的。该理论认为，外部性可分为外部经济和外部不经济两个影响方向和结果。那些能为社会或个人带来收益或能降低成本支出的现象都称为外部经济；相反，那些导致收益减少或引起成本增加的现象就称为外部不经济[③]。福利经济学认为，外部性使得整体经济资源的配置不可

---

① F. 莫迪利安尼、R. 布伦贝格："效用分析与消费函数：统一解释的一个尝试"，《美国经济参考》，1963：55。

② Franco Modigliani, Albert Ardo: the life cycle Hypothesis of saving: Aggregate Implications and tests, American Economics Review, March 1963: 84.

③ 高鸿业：《西方经济学》，中国人民大学出版社 2001 年版。

能达到帕累托最优。

外部性理论为政府干预经济提供了指引和依据，为纠正外部性导致的资源配置不当问题，政府可以采取给予补贴和使用税收、合并企业以及规定财产权等手段进行解决。发展老年公寓会产生正的外部性，具有巨大的社会效益。它能改善老年群体的生活状况和质量，增强社会稳定和幸福指数，也能够缓解政府财政支出压力，使政府能够用节约下来的资金发展其他的民生事业，或者支持更多的老年人改善生活质量，从而产生了外部经济。

根据外部性理论，在完全竞争条件下，存在外部经济的时候，私人活动的水平常常会低于社会所要求的最优水平，也可能导致私人活动根本无法提供这类产品。因此，发展老年公寓要求政府提供政策性支持，以消弭外部性对收益和成本差别的影响，使私人收益和成本与相应的社会效益与社会成本相等，最终使资源配置实现帕累托最优。

2.4.6 产权分割与资产流动性理论

产权不等于所有权，所有权是产权的核心和基础，是最高支配权。而占用权、使用权、收益权、转让权、处置权是在所有权基础上派生出来的权能。制度经济学和产权学派的创始人科斯（Coase）和德姆塞茨（Demsetz）认为，产权是使自己或者他人受益或受损的一组权利①。产权束中的各项权利能够分解或转让，也可以和别的权利一起重组。这表明资产的产权是具有分割性的，适当的产权分割并交由不同的主体行权，会提升资产的整体效率。

资产能够发挥出作用的一个重要前提就是要有流动性。像住房这类不动产，其实体形态是不能移动的，但其价值形态却有很大的流动性。产权所有者可以根据自身的需要对使用权甚至所有权进行转让，也可购买其他的不动产，达成金融资产和实物资产之间的自由流动。最为典型

① 威廉姆·B. 布鲁格曼、杰弗瑞·D. 费雪：《房地产金融与投资》，东北财经大学出版社2004年版。

的资产流动方式有出售、出租和抵押贷款，出租是通过一定时期让渡使用权来获取租金收益，而出售是最为彻底的资产变现渠道，可以一次性收回货币。抵押贷款一般是以产权作为抵押进行贷款消费的，但对贷款者的年龄和收入都有门槛要求，一般老人很难达到。这三种资产流动方式各有劣势，但缺陷在于无法满足既能保持老人继续居住，又能提高房产流动性的需要，而住房反向抵押贷款这一流动形式的出现，较好地解决了这一对核心矛盾。产权分割与资产流动性理论应用在发展老年公寓养老问题上，是解决养老资金问题的一个重要理论基础和实践途径。

第3章

老年公寓发展的国际经验及借鉴

3.1 典型国家或地区的老年公寓发展概况

3.1.1 美国老年公寓发展概况[①]

美国在20世纪60年代末就已经跨入老龄化社会，到2000年时，美国65岁以上老年人口占总人口的比例为13%。据美国联邦人口调查局的推测，到2030年左右65岁及以上的老年人口比例将会飙升至25%。美

① 张恺悌、郭平：《美国养老》，中国社会出版社2010年版。

国的人口老龄化问题很早就受到政府的高度重视，在解决人口老龄化的道路上，美国已经积累了丰富的政策和实践经验，尤其在发展老年公寓和老年住宅方面颇有建树。

美国拥有较为完善的社会保障体系，社保制度虽然不属于福利国家模式，但在养老金给付与医保福利上，美国是世界上最有保障的国家之一。因而美国的老年人在养老观念上比较独立和个性化，“独立精神”对美国养老模式的形成也起到了极其重要的作用。独立精神使多数美国老人不愿意与子女同住，也多半不依赖于子女养老。很多老年人选择在退休后将自己的房子卖掉，然后住进老年公寓，用卖房所得来支付老年公寓的费用，因而老年公寓在美国十分普遍。美国老年公寓及护理业项目投资中心（NC）估计，美国老年公寓设施的年均增幅超过10%，目前，全美的老年公寓超过28 000个。美国老年公寓也有非营利性和营利性之分，前者一般是由教会兴办的，政府配套部分财政补贴，老人入住需要登记排队，后者则是私人资本投资创办的，同商品住房一样，在市场上可出租也可出售。

美国老年公寓的入住者一般为65岁以上的老人，公寓的住家设施和养老服务设施条件都比较好，收费标准采取差异化的定价模式，老人可根据自己的收入水平自行选择不同档次的公寓。大部分老年公寓都为独立建筑物，类型不同的老年公寓也是分开布局的，分布在不同功能的居住区。这使得服务对象的针对性比较强，能够用较小的投资达成规模经济效益，同时保持较浓的家居气氛。目前，美国的老年公寓主要有自住型、陪护型和特护型三种类型。

自住型老年公寓也称为普通型老年公寓，一般提供的养老服务比较少，也基本不提供专门的医疗康复协助。自住型老年公寓主要供自理或基本能自理的老人居住，公寓环境舒适、优美，生活配套设施非常齐全，不仅有餐厅、洗衣房、公共交通等设施，还有健身房、游泳池、图书馆等娱乐学习设施，有的公寓甚至还有高尔夫球场。自住型老年公寓一般由实力雄厚的地产投资开发公司独立建设和管理，可以购买产权，也可以采用租用的形式使用。例如，Woodcliff Lake，交通便利，旁边有托勒斯镇的百货中心（Mall），步行几分钟就可以到A&P购物中心；周围环绕着年久的苹果树，旁边还有一个日托幼儿园，适宜健康的老人居住，主要提供一些辅助性的综合服务。又如，Calusa Harbour 自住型老年公寓，也主要是为那些想保持丰富多彩、高生命质量并且不愿意为日常家居打扫、做饭所累的老年人提供。他们可以享受到充分的独立自由，选择富有个性化的服务。该老年公寓为集合式单元住宅，同时提供食堂似的就餐服务，应老人的要求，可以负责打扫房间，提供身体锻炼计划和身材保持计划，是那些精力充沛、乐意参加各种活动的老人的理想选择。建立在激发老年人自身潜能基础上的设施，将使老年人拥有一个健康愉悦的老年生活，同时可以使老人摆脱日常的家务。

陪护型老年公寓也称为服务型老年公寓。其主要接收的对象是不能完全自理或体质稍弱的老人，但这些老人并不需要全天候护理。除综合性的日常生活服务外，还要应老人们的需求提供个性化的服务和陪护，如帮老人穿衣、洗澡、提醒按时吃药等，目标就是通过精细化的陪护方案促进老人身体康复，使老人们尽可能享有自主而有尊严的生活。例如 Brighton Gardens 老年公寓，不仅交通便利、生活方便，而且可以提供尽可能与老年人生活经历大致相似的居住方式，有比较充分的公共活动空间。公寓能够提供吃饭、洗衣、用药提醒、购物服务等日常生活服务。Brighton Gardens 老年公寓还注重提高生命质量服务，对于记忆力衰退的一些老人会创造怀旧的环境和专门的训练服务，提供丰富多样的老年健身设施，鼓励老年人积极锻炼身体，同时组织各种老年亚文化群体，举办丰富多彩的兴趣活动，便于老人相互交流，通过创造老人的角色，满足老人的自我实现感。

与前两种公寓相比，特护型老年公寓最大的不同在于需要提供综合医疗和康复服务，包括护士服务、健康监控服务、手术后的康复护理和滋补调理服务，这种公寓有内科医生的即时坐诊服务、针对各种老年病的康复治疗等。此外，这种公寓还要求充足的公共活动空间，符合老年人需要的健身活动设施。例如，Deer Creek 特护型老年公寓就能够为老年人提供高质量的生活方式以及高标准的护理和医疗服务。

3.1.2 日本老年公寓发展概况

日本是全世界人口老龄化最为严重的国家之一，早在20世纪70年代，日本就已正式跨入了老年化国家的行列。据日本总务省公布的最新数据显示[①]，2013年日本全国1.26亿人口当中，65岁及其以上的老龄人口共有3 186万人，占总人口数的25%，同比2012年增加了112万人。在老龄人口当中，男性为1 369万人，女性为1 818万人。目前，日本男性的平均寿命已达79.94岁，女性则为86.41岁。由于人口老龄化及少子化的问题日益严重，日本国立社会保障和人口问题研究所警告称，到2100年的时候，日本人口将下降至4 959万人，与2010年相比减少超过61个百分点。该研究所还指出，出生率降低是人口年龄比例失衡的明显经济后果。在不久的将来，为老龄人口支付养老金和医疗保健费用的劳动人口将大幅度减少。日本厚生劳动省（Health, Labor and Welfare Ministry）职能部门——国立社会保障人口问题研究所（National Institute of Population and Social Security Research）在2012年提交的一份报告显示：50年后，日本65岁及其以上的老龄人口将会占到40%，老龄化人群比重在全世界国家中遥遥领先。就目前的情况来看，日本老龄人口比例为25%，是当之无愧的全球最高水平，远远超过了德国和意大利的20%和瑞典18%的水平。如果拿美国来做比较，问题可能会更加明了：日本目前的老龄人口比佛罗里达州的总人口还多，而佛罗里达州的老龄人口比例为美国各州之首——占总人口的17%[②]。

面对迅速老化的人口结构问题，在发展老年公寓和老年住宅上，日本政府结合本国的孝道文化和西方国家的成功经验，在养老实践中慢慢形成了一个门类齐全、结构完善的老年住宅体系，让老人们根据自身的情况选择相应的养老居住方式。近些年，日本政府尤为重视发展“服务

① 数据来源：《环球时报》，2013年9月29日。

② 《华尔街日报》，2012年2月3日。

型高龄者公寓”[①]，这种类型的老年公寓在建筑标准和服务配备上都有非常严格的规定，譬如公寓室内面积至少要达 25 平方米，应配备厨房、浴室、厕所，房间宽度要便于轮椅通过，还有要设置扶手，规定了地面不允许高低差等要求。服务上则要求白天必须有二级以上护理专业人员在公寓中值班巡查以确认老人的安全，在有需要时要倾听老人的生活烦恼。

日本的“服务型高龄者公寓”的房租一般比较合理，均价只有 62 828日元左右（约合 3 800 元人民币），7 万日元以下的占到 70% 左右（约合 4 200 元人民币）。日本全国租赁管理商业协会统计数据显示，日本全国“1LD K”（一室一厅一厨的单人小公寓）在 2014 年 3 月的平均租金大概为 46 286 日元（约 2 800 元人民币），“服务型高龄者公寓”的租金只比一般房屋的租金高 1.4 倍左右。因为其适中的价格和良好的品质，“服务型高龄者公寓”的平均入住率在 2013 年 7 月已经达到 78.2%[②]。截至 2014 年 3 月底，日本登记在册的“服务型高龄者公寓”共有 4 553 个，登记住户数为 146 476 户，主要分布在东京、大阪和北海道等人口众多且经济发达的地区，占比达到 22.6%。开发这种“服务型高龄者公寓”的绝大多数是民营资本公司，该类公司的占比达 83% 左右[③]。

日本的老年公寓发展经历了几个不同的时期，每个时期的发展任务和特征均有不同。

第一阶段始于 20 世纪 80 年代中后期，日本的公团住宅集团[④]推出了“银发房屋”，是一种带有公共租赁性质的老年公寓。

第二阶段始于 20 世纪 90 年代，老年住宅和老年公寓的数量开始激增，公寓内也增加了很多适老化的专门设施，比如配备了轮椅和紧急救助的按钮等设备。

---

① 日本国土交通省将“服务型高龄者公寓”定义为“与护理、医疗机构合作，给老年人提供安心服务的无障碍结构性公寓住房”。

② 数据来源于 2013 年日本“自费养老院 · 服务型高龄者公寓的实态调查研究报告”。

③ 数据来源于日本高龄者住宅研究所网站。

④ 日本的公团住宅是由政府出资建设的具有保障福利性质的住房，但不代表它的房屋质量、内部装修、房屋格局等就是草草交差的水准。恰恰相反，其房屋格局设计等方面的理念都超越了同时代的房屋，成为后来许多民间建设住宅竞相模仿的对象。现在，日本住宅设计的许多基本理念都是诞生于公团住宅。

第三阶段始于20世纪90年代后半期，老年公寓处于品质提升的重要阶段，日本政府也颁布了相应的《长寿社会对应住宅设计指南》，老年公寓的投资开发主体开始依据这个指南对老年公寓增加了大量适老化的设计，甚至在普通住宅中都设置了无障碍设施，这种理念后来慢慢推广至所有老年家具的设计当中。

第四个阶段是2000年之后，民营企业开始被授权可以进入老年公寓产业，老年人也可以自由选择是公办或私营的养老公寓。这个时期的老年公寓建设从开始就确定了“全面看护”的基本建设条件，许多私营的地产商开始着手把普通住宅改造成为老年公寓和老年住宅，并提供不同的看护服务和管理协助，每户25平方米左右每月仅需8万到10万日元就可入住。这个时期的养老服务水平得到了极大的提升。

第五个阶段是从2005年至今，老年公寓进入了完全的市场开放期，私营开发商建设老年公寓，政府部门帮助开发商建立许多小规模的养老服务基站，为附近公寓内的老年人提供看护服务和短期居家养老服务等。这个时期的老年公寓发展开始走向了居家养老模式。

日本的老年公寓开发主要有六种较为典型的模式和类型：第一种模式名为“老人之家”，能为老人提供24小时生活服务，有公共餐厅，不需要房租，但吃饭和护理服务需要缴费，可以从退休金中扣除，有一定福利性质；第二种模式名为“服务公寓”，有专职人员提供24小时服务，能提供餐饮、美容和保健按摩等专业服务，费用可以从退休金中扣除；第三种名为“集体老人之家”，可以为多名老人提供集体生活服务，需要缴纳房租、护理、餐食等费用可以从老人退休金当中直接扣除；第四种模式名为“特别护理公寓”，主要面向有生活障碍的老人提供服务，配备有医疗专业人员24小时护理，费用直接从老人退休金中扣除；第五种名为“高龄者住宅”，主要供有自理能力的高龄老人居住，有产权；第六种名为“65岁人群高龄者住宅”，顾名思义是为65岁以上的老人专用的住宅，有公用客厅和护理者专属房间，也可以拥有产权。

3.1.3 加拿大老年公寓发展概况[①]

加拿大是最早进入老龄化的西方国家之一，据统计数据显示[②]，2011年加拿大65岁以上人口占总人口的比例达到14.8%，而2007年这一比例为13.7%，人口老龄化的加速对加拿大的社会保障体系、劳动力市场以及养老方式等社会问题造成了深刻的影响。

加拿大政府兴建了许多为老人服务的养老机构，对老年公寓的开发和建设各地方政府机构也制定了一系列鼓励政策，如鼓励建设廉租老年公寓以供具有完全自理能力的老年人居住，鼓励老年人长期护疗中心的建设以供那些失去自理能力的老人居住。加拿大的老年公寓很注重服务的人性化，对老人人格格外尊重，维护老人养老的安静生活环境，尊重老人的隐私权和知情权。在老年公寓内，将各种养老政策和福利条款印成册子，或公布在告示栏以便让老人和家属随时翻阅，维护老人的合法权益。加拿大在养老观念上同样是一个具备“独立精神”的国家，老人们认为培养孩子是一种社会责任而不是自我“牺牲”，孩子的回报不是反哺父母，而是自己努力成才。到年老的时候，他们会把自己别墅式小楼房卖掉，然后用所卖房钱或进行反向抵押贷款入住老年公寓之类的养老机构。

在廉租老年公寓方面，曾经存在中央与城市、省与城市的合作项目，中央与省政府提供90%的财务支持，城市提供10%的财务支持以用于此类项目的建设。公寓运营方面的赤字则由市政承担主要部分，租金固定在老年人或者老年人夫妻收入的25%。至于老年人长期护疗中心的建设，这是省政府的责任，省政府自己建设或者提供财务支持由开发商建设。这方面最新实行的项目在安大略省，省政府为某些批准的项目提供长达20年的财政支持，每年为每套公寓提供3 780加元的赞助。这一支持计划只使用于新建的每套建筑成本在10万至12万加元的公寓大楼上。其他方

① 张秋霞、宋培军、郭平：《加拿大养老保障制度》，中国社会出版社2010年版。
② 数据来源于加拿大统计署网站。

面的开支，像护理、餐饮则由失去自理能力的客户负责。在加拿大曾经存在税务方面的优惠政策以鼓励老年公寓的建设，但这已经是 20 年之前的事了，而且存在的时间也很短。

加拿大的老年公寓与一般住房有较大差别。老年公寓一般分为三类①：

第一类是为具有自理能力的老年人建设的公寓。这是与一般住房最接近的建筑，但也有两个最大的区别：首先，老年公寓一般有大面积的公共区域，包括接待室、行政与市场营销办公室、前厅、厨房与餐饮区、休息室、娱乐室等。其次，老年公寓必须便于出入与使用：较多的电源插头、没用门槛、如同拐杖柄的门手、便于清理的地面、便于老年人使用的厕所与浴室等。

第二类是为具有半自理能力的老年人建设的公寓。为具有半自理能力的老年人建设的公寓的面积会相对小一些，这类公寓，往往不需要完整的厨房，但通常情况下，提供小冰箱与可供食用的柜台。

第三类是为失去自理能力的老年人建设的公寓或者长期护疗中心。这种建筑非常特别，因为这属于医疗机构，需要满足安全与运营方面的严格标准。在加拿大，这类建筑，需要满足国家的 B－2 建筑标准以及一些省制定的有关面积、楼层与服务空间的标准。

大多数情况下，加拿大的老年公寓一般用于租赁，用于出售的老年公寓是很少见的，租赁只针对那些完全有自理能力的老年人，房租因不同地区、不同居住条件而各异。另外，加拿大的营利性与非营利性老年公寓的租赁价格差别很大。营利性老年公寓的目标客户是富有的退休人员，他们只占老年人口的 33%。在魁北克，为具有自理能力的老年人建设的有一间卧室面积在 600 平方英尺的房间，其月租金在 1 250 加元左右，同样的房间在安大略与比诗省其月租金则在 2 500～3 500 加元。如果老人到了不能自理的阶段，那就要住进护理院（Nursing House）接受长期照护，这时加拿大“杀富济贫”的养老观念和方式就体现出来了，

① 刘美霞、娄乃琳、李俊峰：《老年住宅开发和经营模式》，中国建筑工业出版社 2008 年版。

对于名下有资产（如房产）的，就得先把资产卖了或进行抵押处理，等这笔钱用完了，政府再继续提高入院的费用，没有用完，余款则自己处理。对于名下无资产或存款的，经政府特定机构评估排队进护理院，政府付费，不管公立还是私营的机构，只要有床位就可以进去，每月政府还会提供少量的费用用来购买私人物品之类的。

3.1.4 新加坡老年公寓发展概况①

新加坡是东南亚人口老龄化最严重的国家之一，截至2011年底，新加坡总人口518万，60岁以上的人口11.73万人，占总人口的23%。预计到2030年，60岁以上老人的占比会上升至29.4%，老年人口赡养率将上升至43.9%。但新加坡的总人口并不多，而且经济形势增强劲，2010年上半年新加坡经济增长率就高达18.1%，超过中国、巴西和印度，成为全球经济最热国家。11.4%的新加坡家庭拥有资产超过100万美元，富人比例非常之高，强劲经济增长保证了社会保障方面的投入，因而其养老压力相对比较缓和。老年人在新加坡被称为“乐龄人士”，老年人所住的公寓被称为“乐龄公寓”。新加坡政府重视培养全民家庭观念，在舆论导向上不遗余力地灌输儒家思想，宣传孝道。新加坡大多数老年公寓和住宅是“建屋管理局”开发和建设的。受传统家庭文化的影响，新加坡政府采用了“组屋”形态，在有些组屋中涵括了单体老年公寓，强调与家庭成员的居住连接和养老关怀。政府通过建设组屋鼓励子女与老年父母合住或者合居，这种制度设计对解决新加坡老龄化问题起到了很大的作用。其老年住宅和老年公寓主要有三种模式：多代家庭组屋办法、合选组屋办法以及与父母邻居补助办法。

多代家庭组屋办法（Multi – Tier Family Housing Scheme）延续了多代同堂的养老文化传统，对于愿意和老人同住的家庭将有申请政府公屋的优先权。这种组屋分为主体房和单房公寓两户，起居室之间互相连通，这种既分又合的组屋形态让两代能够互不干涉，又能让老人得到及时的

---

① 张恺悌、罗晓晖：《新加坡养老》，中国社会出版社2010年版。

养老照顾。政府对那些经过严格审核、可以购买组屋的家庭经批准后可享受一系列优惠政策，比如贷款额度最高可达九成以及较长的偿还期、减少需缴纳的订金额度等。合选组屋办法（Joint Selection Scheme）则需要已婚子女与兄弟姐妹和父母分别申请一起参加组屋抽签，保证两家人能够住在隔壁或邻近的地方，政府也会提供组屋售价九成的贷款额度等优惠政策。而与父母邻居补助办法（Housing Grant for Family - Staying Near Parents/Married Child）则主要针对第一次购买组屋，并和父母或已婚子女在同一区域（或2 000米范围内）购置二手组屋时可以享受补助。

新加坡政府也针对部分老年人的养老需求投资设立了单独供老年人居住的“银发乐龄公寓”。在全国共有六大乐龄公寓区，分别命名为金松、金棕、金柳、金香、金栎和金莲。它们一般建在成熟社区当中，公共交通便利，各种设施完备。乐龄公寓一般为12～14层的精装板式高层小型公寓，户型主要有35平方米和45平方米两种，价格在5万新元到7万新元之间，非常适合老年人居住。这种乐龄公寓因为其合理的价位和精致的设计深得很多老年人喜欢。到目前为止兴建的这类“小型乐龄公寓”超过了2 400套，建屋管理局每年还要新增几百套。乐龄公寓的产权期限一般只有30年，最多也只有40年的产权，不可以转卖，只能由建屋管理局赎买。乐龄公寓的申请者有严格的资格限制，必须是本国55周岁以上的组屋主人，夫妇、单身、离异或丧偶者都可以申请购买。

在乐龄公寓的开发建设上，政府作为投资主体提供90%左右的建设经费。对乐龄公寓的各项服务运作成本也会提供相应的津补贴。新加坡政府还允许“国家福利理事会”认可的乐龄公寓机构面向社会进行募捐并实行“双倍退税”的鼓励政策。一般，乐龄公寓的各项支出的60%左右来自政府拨款，20%左右来自社会募捐，20%左右来自老人交费。

与此同时，新加坡为解决老年人的养老问题，还把乐龄公寓和老年大学的概念结合起来，于2004年专门成立了老年大学，首次招生是在2005年2月，建立老年寄宿学校，将老年人的居住问题和精神问题统筹解决。1978年新加坡成立乐龄俱乐部。经常举办卫生保健讲座、三代同堂舞蹈、集体晨运、生日派对、茶会、退休者座谈会等，活动形式多样，异彩纷呈。在乐龄公寓里老人们既可以学到知识又可以修身养性，让老年人的生活充满活力和乐趣。

3.1.5　中国香港老年公寓发展概况[①]

我国香港特别行政区是东亚人口老龄化较高的地区，截至2012年，我国香港65岁及其以上的老年人口数量达到98万，占其总人口的14%之多。根据最新的推算，到2041年，我国香港的老年人口数量将大幅增至256万，占总人口的比例也提升至30%。老年抚养比由20世纪80年代初的10名适龄劳动者（即15岁至64岁）供养1个老人，降至今天的5人供养1个老人，而到20年后，更会减至2人供养1人，老龄化给中国香港社会各方面带来了严峻挑战[②]。

由于我国香港的经济一直以来都在蓬勃发展，加上英国社会福利制度的部分移植，这些因素都使得我国香港在老龄化问题上，尤其是老年人的居住问题上具有较为成熟的经验。为了应对我国香港人口老龄化以及老年人口急剧上升的状况，为老年人解决住房问题，中国香港政府针对性地推出了"长者安居乐住屋计划"，该计划在2003年由香港房屋协会首次推出。该住屋计划的特点就是不仅仅提供了居住的硬件载体，在软件服务上也比之前实施的三个"公屋计划"[③] 有很大突破，它可以为入住老人提供较好的社区康乐设施和医疗护理服务，具备明显的专业化老年公寓的特征。不过，这种老年公寓是自己付费，不享受政府的财政补贴。对希望加入的老年人有经济条件上的准入门槛，不针对低收入或无收入的老年人。房屋协会认为不能只考虑目前的公寓租金问题，还得考虑入住后很长时间内老人的医疗护理等方面的复杂问题，因而它主要面向经济收入较好的中国香港社会中高收入阶层的老年人。入住这种老年公寓，经济收入是一个重要的审核条件。比如，房屋协会要求60～69岁

① 刘芳、叶晓恬、罗晓晖：《香港养老》，中国社会出版社2010年版。

② 数据来源于中国香港特别行政区政府统计处网站。

③ 中国香港的公屋是指政府给老年人提供租住的公共房屋，具有社会福利性。公屋计划主要包括"高龄单身人士"优先配屋计划、"共享颐年"优先配屋计划和"天伦乐"优先配屋计划三类。

的单身老人的资产和收入要达到150万~330万港元，70岁以上的单身老人要达到225万~495万港元，两人家庭要达到150万~495万港元。

目前，房屋协会在中国香港推出了“彩颐居”和“乐颐居”两个老年公寓项目，大致有将近600个大小不一的居住单位，目标定位于中等收入的老年人，享受地价全免的优惠政策，但定价受政府限制。另外，房屋协会还正在筹建天水围和中丹拿山两个高端养老项目，地价优惠，但可以自主定价，目标定位于资产在1 000万港元以上的高端老年客户。这些老年公寓在建筑设计上充分考虑到了适老化的要求，室内布置与配置也可以按照老年人的需求进行个性化设计。在公寓社区中还设有休闲间、兴趣间、阅读间、健身间、护理安老部、长者康复及保健中心等文娱康乐设施，同时，老年公寓与附近的医院和保健院建立紧密联系，较大的医疗和保健服务直接转由他们提供，老人不出社区就可享受专业化的医疗和护理服务。在公寓的物业管理方面，目前委托有丰富老人物业服务和管理经验的民间组织——基督教灵实协会来进行管理，提供物业管理、社交及康乐活动组织以及日常健康护理等一站式贴心服务，使入住的老者安度晚年。

老年公寓采取租住的模式，入住的老年人可以购买其终身租住权，获得长期居住的保障。如果老人离开人世或者自愿终止，老人的子女或者亲属是没有继承权的，由房屋协会收回公寓再安排给下一轮登记申请入住的老人。

3.2 国外老年公寓发展的经验及借鉴

国外很多国家尤其是欧美等西方国家很早就跨入了老龄化的门槛，面对老年居住的问题，这些国家各自都探索出了一条适合本国国情的老年公寓发展道路，在经过长时间的探索和发展之后，各国在解决老年居住问题上基本形成了具有自己特色的老年居住体系。对于已经加速进入人口老龄化的我国来说，老年公寓才刚刚开始发展，尚存诸多问题和薄弱环节，有必要研究和借鉴国外有关老年公寓建设的先进经验和成果，帮助我们在解决老年居住的问题方面开拓思路，少走弯路，尽早建立起适合我国国情的老年公寓体系，促进老年公寓市场的健康发展，为我国城乡老年人的养老提供良好的居住环境和服务供给。

3.2.1 完善的养老法律法规体系

国外在进入老龄化社会后都比较注重完善社会保障体系，通过立法来解决养老问题，而这些法律法规制度的制定和完善都对老年公寓等养老机构的发展起到了至关重要的作用。比如，日本的《国民年金法（1959 年颁布）》《老人福利法（1962 年颁布）》《老人保健法（1982 年颁布）》就从经济收入、社会福利、医疗保健三个关键方面对老年人的基本权益提供了相关保障。2000 年开始实施的《护理保险法》更是将保险金融完整地引入到老年公寓产业发展中。2011 年颁布的《确保高龄者安定居住有关修正法案》对包括老年人的入住申请资格、入住老年公寓的资金借贷等相关问题进行了详细解释和规范。其他的诸如养老企业资质审批、养老企业从业资格认证等方面的法规体系更是非常完备。其他欧美西方国家在养老法律法规上也是立法先行，严格执法。比如，美国早在 20 世纪 60 年代中期就制定了《美国老人法》，同时还有非常规范的多支柱养老保险法律，即通过政府强制性养老金计划、雇主养老金计划以及个人储蓄养老金计划三个支柱来圈定受益群体的范围、养老金的来源和企业的养老保险责任。德国也通过社会基本养老保障、私人养老金计划、个人储蓄以及援助计划这四大支柱保证老年人的养老权益。英国在 1969 年颁布了由住房建设部制定的《老年居住建筑分类标准》。以上说明这些国家对人口老龄化以及由此产生的老年人居住问题有足够的重视，并积极制定法律法规政策和采取不同措施予以解决。我国应该借鉴这些国家在养老居住问题和养老保障问题上的重视程度和前瞻性，尽早把关注水平提升到法的程度，及早将相关法律法规政策引入老年公寓的发展之中。

3.2.2 多元化、适老化和人性化的产品和服务

国外的老年公寓发展得较早，无论在建筑设计还是在服务理念上，都为我们打开了一本可供借鉴的参考教材。开发者们越来越认识到，对老年人养老需求的认识、护理的个性化，家庭、朋友和社会的关怀与介入，都有助于减缓老人们衰老的进程。美、日、欧等国的很多老年公寓都有较为独特的产品设计，使公寓项目呈现出区别于一般养老机构的特色，在产品细节上体现出精致性和个性化，充分考虑到了老年人的生理和心理需求。通过高比例的公共空间设计，拓宽了各个年龄段的老人交流场所，避免老人在居室内呆过长的时间。在老年公寓的功能设计方面，通过便利性的适老化公共设施设置，在老年公寓内营造出一个完整齐备的生活圈。在建筑设计方面，则营造出家庭环境式的布局。同时，以小户型的居住公寓配备丰富的公共养老服务设施以促进入住老人们的互相交流，让老年人多接触社会和群体，减少老人因孤独寂寞而产生的心理忧郁。老年公寓的产品开发强调保持活力和健康，提倡活跃老化的养老理念，近年的设计还加入了游泳池、健身房以及供步行锻炼的步道和小径等，公寓的管理方也帮助老人设计各种营养配餐和锻炼计划。

有些国家的老年公寓开发，比如美国就要根据不同的 TCG（目标客户群）调整思路，进行针对性的产品和服务设计。考虑到不同老年人的健康状况、安全需要、体能等情况提供自理型、陪护型、特护型等不同类别和等级的老年公寓满足不同老年人的养老需求。有的老年社区不仅提供专门面向老年人的公寓，也为老人子女提供适合的户型，让不同年龄阶层的人混合居住，减弱老年人的“夕阳心态”，两代家庭相邻而居，方便养老照护和关怀，使老年人在居家养老中获得满足。还有的老年公寓社区为老年人提供了多样化的活动内容，让老年人参与到公寓居民自行设计和运营的活动项目中，使老有所乐成为可能。有的老年公寓社区还通过与周边知名大学建立相互合作的关系，租用大学空闲的教学设施和资源，大学也为老年人提供了终身学习的项目，吸引大批有知识、有

文化底蕴和有需求的老年人加入其中，实现老有所学。还有些老年公寓与幼儿园毗邻而居，老人们可以帮着照看小孩的学习和娱乐活动，实现老有所为。

我国在发展老年公寓进程中，应该考虑老年公寓的分级化发展模式，避免严重的同质化现象。很多民营老年公寓自身实力不够，但大家服务对象都一致，功能雷同，服务也趋同，从自理到重度护理都提供，这样很难实现服务的专业化标准。可以考虑让不同功能和类型的老年公寓朝更加专业化的方向发展，避免资源的浪费，也为老年人提供了更好的有针对性的养老选择。同时，在开发老年公寓的过程中，应注意与其他社会资源的结合，如大学、医院、幼儿园等机构，使老年人自身的利益和社会效益最大化。

3.2.3 成熟的运营管理模式

老年公寓物质载体形成之后，运营管理才是最为核心的内容，涉及的也是关乎老年公寓发展存续的问题。一个成熟的运营管理模式尤其反映在盈利模式、商业模式和资金来源等方面。比如美国等国家的老年公寓运营模式就采用净出租模式、委托经营模式以及“租赁 + 经营”模式。净出租模式，指的是老年公寓的持有者以获取固定租金的方式将物业租赁给运营商，承租的一方负担老年公寓运行所产生的一切运营费用、保险费和税费。委托经营模式，指老年公寓持有者将物业交给运营商管理，运营商在不承担经营风险前提下按比例收取一定管理费。“租赁 + 经营”模式，指老年公寓持有者与专业运营商签订委托管理协议，将老年公寓物业部分权益转给运营商，运营商获得管理收益和部分经营收益。如美国的太阳城就是以其成熟的商业化运营管理模式著称；而日本的老年公寓以民间资本建设为主，政府出资征用后再租给老年人居住并给予房租补贴。日本老年公寓大多不采用出售产权的经营模式，出租是其主导经营模式。老年公寓在运营中，开发商通过向入住的老年人收取一次性的押金回笼一大部分成本，再通过以后每个月收取的管理费和服务费维持老年公寓的日常运营并回收其他投资成本。

在商业模式上，通过整合各类型与老年公寓地产产业链相关的股东，共同投资成立老年公寓地产运营管理机构，降低老年公寓地产的经营风险和成本。比如将保险、公寓地产和养老产业融合在一起的商业模式，保险资金进入老年公寓地产领域，通过买断公寓的居住权，采取酒店式管理方式收取会员管理费实现资金回笼，同时还可吸纳高端养老保险客户。通过股东整合，依靠股东的强大背景和实力，降低开发成本，减少开发风险。另外，诸如将老年公寓与健康、娱乐、休闲、教育等产业整合的商业模式也值得借鉴，这种商业模式能更好地提升老年公寓的资产价值和吸引力，促进产业链的整合和延伸。“以房养老”是目前西方国家出现的一种新型养老方式，老人将自己的产权房抵押给银行或者保险公司等金融机构，就可以定期获取一定的养老金，享受老年公寓的养老服务。等房主离世后该房产就可以出售用于归还贷款。这种反向抵押贷款方式在一定程度上解决了养老资金的难题，也分担了政府福利养老的压力，还可为银行或保险公司等金融机构获得多种收益，对解决老龄化和老年公寓市场发展问题起到了积极作用。

3.2.4 规范的、完善的融资服务与供给体系

从全球范围来看，国外老年公寓的发展已进入产业化阶段，从各国老年公寓产业的国际投融资经验来看，通过构建多元化的融资渠道，完善相关的融资服务和保障体系，是促进老年公寓产业健康发展的重要途径。发达国家在老年公寓的市场融资方面有许多值得借鉴的经验供我们参考。

第一，发达国家对老年公寓发展的财政投资行为比较规范。财政投资的范围界定得非常明确，仅针对那些市场融资解决不了的老年公寓项目的资金问题。第二，政府利用财税政策引导，鼓励大量的社会资本以直接或间接的形式进入老年公寓产业，投融资的渠道形式呈现多元化的发展趋势，这是发达国家老年公寓产业融资的先进经验，也是我国未来老年公寓产业化发展可以借鉴的经验。第三，融资服务系统化、专业化。发达国家的老年公寓融资服务机构规范成熟，如果发现项目确有投资价

值，社会咨询服务机构会主动与老年公寓投资开发者沟通，给投资和开发企业提供系统、专业的信息、法律、会计等服务，此外还可以提供担保、审计、保荐等多方面的支持服务。第四，融资制度与政策具体化、透明化和公平化。像美国、日本、德国等发达国家基本都以法律制度等形式规范了老年公寓产业的准入门槛，避免了无序竞争。考虑到很多老年公寓企业实现了较好的社会效益，有一定正外部性。因而，通过政策来补偿老年公寓企业，纠正市场失灵现象也是发达国家的普遍性选择，诸如通过贷款财政贴息、税收减免与优惠、财政直接补贴等财税政策鼓励民营资本进军老年公寓市场，这些都是我们发展老年公寓市场可以进行借鉴的成功经验。

3.2.5 适度、有效的政府监管与支持

老年公寓在很多国家已经发展成为一个产业，除了富裕老年人的经济实力以及市场经济充分发展营造的良好养老文化和社会环境外，政府的引导、监督和政策支持也是其重要原因。比如美国在法律上就有很有效的一套监督机制来保障老年公寓的高质量服务，包括动态、完整的评估体系和相对独立的监察员体制。政府每年会将养老保险金和医疗补助发放到老年公寓，要想得到政府的补贴，就必须符合政策规定并在年度质量评估中达标。同时，政府会定期派遣监察员到各老年公寓机构与老人直接访谈，监督改善老年公寓的服务质量，保护入住公寓的老年人的合法权益。如果老人对服务质量不满意，在老年公寓内部不能寻求解决的情况下，可向监察员投诉解决。

在引导和支持老年公寓发展上，国外非常注重引导社会力量在老年公寓发展中发挥更重要的作用，鼓励更多民间资本进入老年公寓产业。比如日本就运用财政、金融和税收等手段，对社会力量兴办老年公寓提供申请特殊的财政补贴、低息贷款和税收优惠，对入住老年人提供租金方面的补贴，鼓励个人和公司出资兴办老年公寓。日本政府规定，凡国民建造或购买的公寓或住房在国家规定标准内，都可以向住宅金融公库申请低息贷款，利率一般比商业银行贷款低30%左右，贴息部分由财政

承担。财政提供的融资资金主要来源于邮政储蓄归集资金、各种退休金、保险费以及政府债券三个部分。对于居民购建符合国有政策及技术规范要求的公寓住宅，不仅可申请低息贷款，还可以补助建筑建设费的10%和修缮费的33%①。另外，在还贷期内的数额可在个人所得中扣除，对公寓取得的定期收益免征所得税，同时还对公寓交易过程中产生的印花税、登记税、法人税、不动产取得税、固定资产税、都市规划税等给予一定程度的税收减免优惠。

我国在发展老年公寓项目中，应转变原来一切包干的传统观念，鼓励社会资本和多种主体参与老年公寓开发和建设。政府应积极引导和支持社会力量以承包、投资、托管、租赁以及股份制等多种形式参与老年公寓的开发和发展，让投资主体多元化。政府应对老年公寓机构进行有效的政策引导，出台相应的政策支持措施，将老年公寓发展纳入产业规划体系当中，规范市场准入标准和监督管理机制。财政部门对那些规模较大、市场需求旺盛的老年公寓项目要给予必要的贴息贷款和信用担保。

3.2.6 专业化、职业化的养老服务队伍培养机制

老年公寓的核心特征就是服务，其服务内容和形式非常广泛，诸如生活照料、健康护理、精神慰藉、心理调适、康复训练等，不同的服务需要有不同的专业服务人员配备，比如医生、护士、护工和社会工作者等，这需要一个完善的专业化和职业化的人才培养机制。国外养老院和老年公寓以及日间照料中心等养老机构的护理人员，基本上都经过了较为严格的培训和学习。比如，在美国，护工必须在入职之前学习新的护理理念和方法，达到一定要求以后才能到老年公寓上岗，这样才能保证照顾好老人。老年公寓机构除了对护工进行基本的岗前培训，还要进行一系列专业的在职培训，每所老年公寓必须配备1名以上的专业社会工作者。在荷兰，也有一套统一的教育培训机制，他们把护士分成5个等级，把护理人员分成4个等级，培训合格后，毕业证在欧盟各个国家都

① 《南方都市报》，2014年6月8日。

得到承认[①]。在澳大利亚，老年公寓等养老机构都要求雇员要持证上岗，并且还需要经过严格培训。可见，国外对养老服务人才队伍培养有非常严格的规定和要求。

目前，我国老年公寓机构发展的一个明显短板就是养老专业人才，特别是专业的护工非常缺乏，这样使得老年公寓的养老服务水平和质量很难满足老年人的需求，因而严格规范的职业培训制度是必须迈过的门槛，应当尽快培养和培训专业的护工人才、医护人才和社会工作者队伍，建立养老服务人才职业资格认证制度。

① 陈丽娜、赵桂英："借鉴国外经验构建中国养老模式"，《衡水学院学报》，2011 年第 3 期。

第4章

人口老龄化背景下我国老年公寓市场发展分析

人口老龄化是人类社会生活中的一次深刻剧变，在经济和社会等诸多领域都给我们带来了巨大影响。在经济领域，人口老龄化对投资、储蓄和消费，对劳动力市场供给和需求、对经济增长方式的转型与嬗变、对养老资金和税收以及世代间转接有着强烈的冲击。在社会领域，人口老龄化对医疗、康复和保健，对家庭的住房选择与迁徙，对养老介护以及家庭生活安排都产生了极其重要的影响。这些影响直接或间接地作用在我国老年公寓市场的发展中，影响着市场的供给与需求、消费的偏好与选择和未来老年公寓市场的发展与定位。人口老龄化不是老年公寓市场发展的充要条件，但一定是必要条件。

4.1 我国人口老龄化的现状与趋势分析

4.1.1 我国人口老龄化的现状分析

4.1.1.1 人口基数大，老年人口数量多，人口红利[①]期接近尾声

我国是世界上人口最多的国家，也是老年人口最多的国家[②]。2010年第六次全国人口普查数据显示我国60岁及以上人口数量为1.78亿，占总人口比重的13.26%，其中65岁及以上人口数量为1.19亿，占总人口比重的8.87%。据最新的官方数据统计，截至2012年底，我国60周岁以上老年人口数量已达1.94亿，占总人口比重的14.30%，该比重比六普时多了1.04个百分点。2013年底我国60周岁以上老年人口数量已突破至2.02亿，占总人口比重的14.9%[③]。预计2020年，我国60周岁以上老年人将达到2.43亿人，到2025年将突破3亿人[④]，这个规模与今天的美国全国人口总量相当。

与此同时，我们可以看到，我国的人口老龄化加速状态与人口红利转折并行发展（见表4－1）。根据2013年1月国家统计局公布的数据显

① 人口红利，是指一个国家的劳动年龄人口占总人口的比重比较大，在老年人口比例达到较高水平之前，形成一个劳动力资源相对丰富而同时抚养率又比较低，能为经济快速发展创造有利的人口供给条件的“黄金时期”，使得整个国家的经济呈现高增长、高储蓄和高投资的态势，这种现象被人口经济学家定义为“人口红利”。

② 截至2012年底，我国总人口为13.54亿，60岁以上老年人口为1.94亿，均列为世界第一。

③ 数据来源：民政部发布的《2013年社会服务发展统计公报》，2014年6月17日。

④ 数据来源：民政部官方网站，http：//www.mca.gov.cn。

示，我国2012年15~59岁劳动年龄人口在持续维持人口红利的时期里首先出现了绝对下降的情况，比2011年减少了345万人，这意味着人口红利出现了转折点，未来我国人口红利将逐步趋于下降直至消失，导致未来中国经济将不得不进入一个“减速通道”。虽然我国已进入人口红利的转折期，但我们也不必过度悲观，目前与世界上很多发达国家相比，我国的人口老龄化还只是处于初期的发展的阶段，从2005年和2015年的城镇人口构成和演变来看，现在仍然是两头小中间大的良好人口结构，适龄的劳动人口还处于一个绝对数量比较大的区间段（见表4－1和图4－1），这样的时间段结合我国目前健康良性的社会经济发展现状，可以给我们解决人口老龄化提供相对有利的时机。

表4－1　　新中国成立以来我国人口构成的演变情况

时间	总人口数（万人）	0~14岁（%）	15~64岁（%）	65岁及以上（%）	老年人口数（万人）	老年人口占总人口比例（%）
1953年	58 260	36.28	59.31	4.41	4 154	7.13
1964年	69 458	40.69	55.75	3.56	4 225	6.08
1982年	100 391	33.59	61.50	4.91	7 664	7.63
1990年	113 368	27.69	66.74	5.57	9 697	8.56
2000年	126 583	22.89	70.15	6.96	12 998	10.27
2010年	133 972	16.60	74.53	8.87	17 765	13.26
2011年	134 735	16.50	74.40	9.10	18 499	13.70
2012年	135 404	16.50	74.10	9.40	19 390	14.30

数据来源：根据六次人口普查资料和国家统计局网站公布的数据经个人计算整理得出。

4.1.1.2　人口老龄化速度快，伴随着严重的少子化[①]现象

若与世界其他发达国家横向比较，我国人口老龄化的程度在世界范围内并不算严重，但若纵向看，在人口老龄化的发展进程中，我国人口

① 根据人口学统计标准，一个社会0至14岁人口占总人口的比例在15%以下，属于超少子化；15%~18%为严重少子化；18%~20%为少子化。

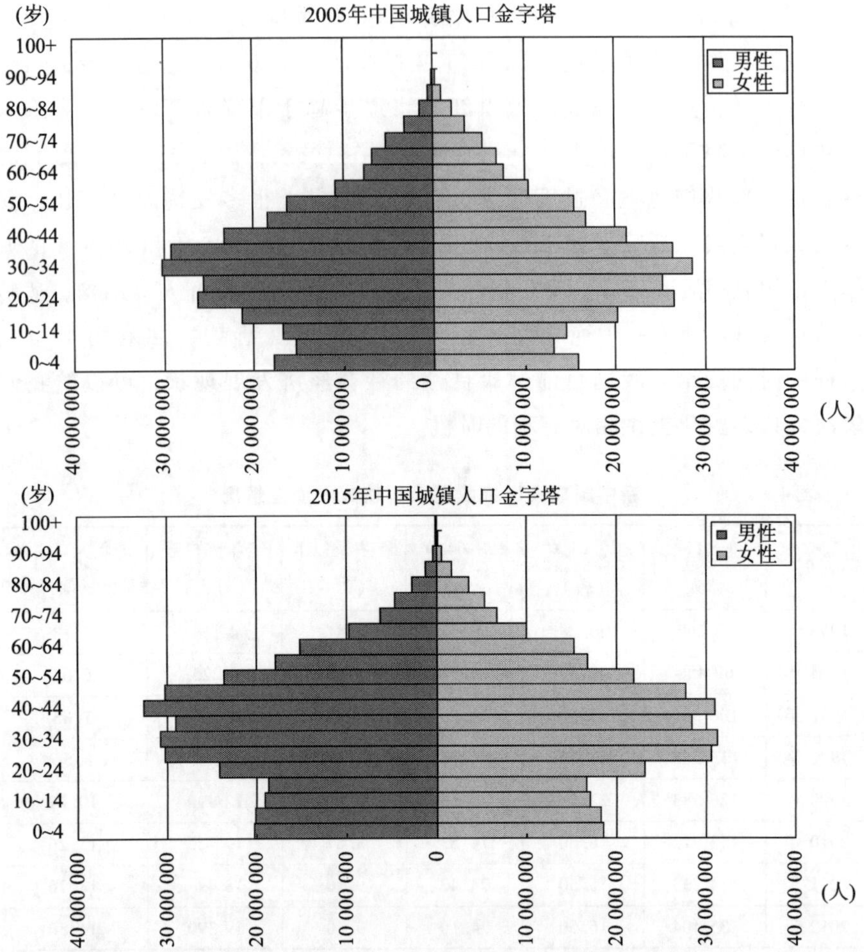

图 4 –1　2005 ~ 2015 年我国城镇人口的构成和演变

数据来源：《中国人口统计年鉴（2005）》及《中国人口和就业统计年鉴（2015）》。

老龄化速度不仅快，而且伴随着少子化的趋势。一方面中国人口老龄化的速度大大快于世界上其他国家，65 岁及以上人口比重从 7% 上升到 11.7%，法国用了 85 年（1865 ~ 1950），瑞典用了 65 年（1890 ~ 1955），美国用了 35 年（1945 ~ 1980），日本则用了 20 年（1970 ~ 1990）。而我国 65 岁以上人口由 7% 上升到 14% 所需的时间预计只有 26 ~ 27 年。另一方面，我国在人口老龄化过程中已经显现出少子化和老龄化同时并存的局面。据2011年世界人口数据表显示，当前中国的生育率位居世界低水平的前列：既低于发达国家的平均水平（1.7），也低于生育率最低的欧洲（1.6）。在全球十个人口大国中，中国的生育率仅仅略高于日本（1.4）。如此低的生育率表明，未来中国每代人口将比上一代缩减25%。在六普数据中我们可以看到，我国青少年占比在我国各省份均达不到30%，在20%以上的也仅有10个省份，而18个省份的青少年占比在10%~20%，另外甚至有3个省份不到10%。按此标准，中国目前有21个省份都属于少子化范围，11个省份甚至属于超少子化范围。其中，北京、上海的青少年人口比重在全国最低，均不到10%。老龄化进程的少子化现象是一个不容忽视的严重问题，它不仅会使未来的劳动力大量减少，而且社会的总抚养比和老龄人口抚养比①也会发生很大的变化，这会给目前养老制度的设计带来很大的冲击。

4.1.1.3 人口老龄化在经济社会矛盾中发展

从世界人口老龄化发展趋势来看，发达国家人口老龄化是伴随工业化、城市化、现代化和经济逐步增长的过程发展起来的，它们在人口老龄化程度不高时，经济已达到较高的水平。而我国人口老龄化是在经济尚不发达的同时结合了强有力的人口计划生育政策推行出现的。中国的人口老龄化在相当程度上是社会政策推动的直接结果。因此，相比于西方发达国家，我国的人口老龄化是在经济相对落后的情况下出现的，即所谓的“未富先老”。西方发达国家在老龄化到来的阶段，他们已有一个较为完善的社会保障和福利制度体系。而我国目前还未做好这方面的准备，公共养老制度还很不完善，而市场化的养老体系还处于刚刚萌芽的阶段，绝大多数老年人只能依靠家庭养老或自我养老来应对。“未富先老”将使年轻一代面临沉重的养老负担和压力，这将给我国的经济和社会发展带来冲击和严峻考验。当然，我们纵观世界各国的人口老龄化，西方发达国家尽管经历了百年的时间完成了资本的积累，目前也一样面

① 总抚养比（赡养率）=（老龄人口+未成年人口）/劳动力人口=老龄人口抚养比+未成年人口抚养比。抚养比越高，说明社会中工作的劳动力人口的抚养负担就越重。

临着人口老龄化带来的种种危机。而我国的经济在世界经济体系中的崛起与腾飞客观上为中国的人口老龄化提供了潜在的经济发展支撑。可以说，现阶段我国既面临着人口快速老龄化给社会经济发展带来的压力，同时也为社会经济的发展提供了一个相对有利的时机，二者是在矛盾中相互交织而不断发展的。

4.1.1.4 人口老龄化呈现出明显的二元结构

中国特有的户籍制度造就了中国特色的城乡二元结构。因此，中国的人口老龄化带有明显的城乡二元印痕。由于市场经济的发展和资源禀赋的差异，大量农村人口向城镇迁徙流动，而迁移人口中绝大部分又是青壮年人口，他们的流动轨迹使得农村老人比例高于城镇水平，家庭养老功能进一步弱化和降低。人口流动已经填补了城乡在老龄化程度上的差异：乡村年龄在 65 岁及其以上的人口比例已经达到 8.1%，高于镇 6.0% 和城市 6.7% 的水平①。

此外，人口老龄化在欠发达地区和东部沿海发达地区之间也发生了逆转性的变化。对比 2000 年“五普”时的数据，老龄人口比重最高的五个地区是上海、浙江、江苏、北京和天津，都属于东部发达地区。而 2010 年“六普”时这五个地区变为了重庆、四川、江苏、辽宁和安徽。其中，老龄化程度最高的重庆是 11.56%。除江苏是经济发达地区外，其他都为欠发达地区。而北京、天津、广东和福建等发达省份，一跃从老龄化严重地区转变为低于全国平均水平的区域。

4.1.1.5 “空巢老人②”日趋增多，家庭养老模式面临日益严峻的挑战

所谓“空巢老人”，一般是指子女离家后的中老年夫妇。随着社会老龄化程度的加深，空巢老人越来越多，已经成为一个不容忽视的社会问题。当子女由于工作、学习、结婚等原因而离家后，独守“空巢”的中老年夫妇容易因此产生心理问题。1987 年，在老人的家庭中，“空巢家

---

① 数据来源于北京美延老年公寓项目调研报告。

② 空巢老人指的是独居老人和仅仅与配偶居住在一起的老年人群。

庭"所占比例只有16.7%，而2000年上升到26%。2010年11月，民政部披露我国目前城乡空巢家庭超过50%，部分大中城市的空巢家庭甚至达到70%。"空巢老人"数量之多并且呈现低龄化趋势，加上我国的人口老龄化及高龄化进程加速，给传统的家庭养老模式提出了严峻的挑战，但实际上这个过程的同时也为社会养老与机构养老提供了极为有利的发展空间。

4.1.2 我国人口老龄化的发展趋势分析

人口老龄化以何种态势和速度发展取决于总和生育率[①]和经济社会发展水平。在20世纪70年代初期，我国的出生率为27.93‰，总和生育率大概在5.8左右[②]。随后，我国实施了控制人口增长的计划生育国策，这一控制生育的政策在降低人口增长速度和生育水平的同时，也加速了人口转变的进程，人口出生率从1973年的27.93‰降至2000年的14.03‰，几乎使出生率下降了一半，而且这种下降趋势一直持续至今仍未改变。根据我国第五次人口普查和第六次人口普查的数据显示，我国总和生育率分别为1.22和1.18。按照人口学的规律，全国总和生育率需要保持在2.1这个正常的人口更替水平时，人口总数才会稳定不变。一旦总和生育率低于2.1，人口数量就会下降。因此，可以肯定的是，我国的生育率已经降至更替水平以下，进入了人口慢速增长区间。西方发达国家实现人口高增长向低增长的态势转变花了将近百年的时间，而我国仅花了将近30年就走完了这样一个过程，这也是我国人口生育率转变的"压缩"与"滞后"[③]的结果。联合国经济和社会事务部人口司根据中国生育率和死亡率推算了我国1970~2100年的人口老龄化和少子化趋势，预测结果见

---

① 总和生育率（Total Fertility Rate）是衡量人口增长最重要的指标之一，指的是一个妇女一生平均生育的子女数目。

② 国家计生委课题组："中国未来人口发展与生育政策研究"，《人口研究》，2000（3）。

③ 人口压缩的概念来源于联合国开发署经济环境专家D. O. Conner"压缩型工业化"的提法，指的是通过实行严格的计划生育政策，在短期内快速降低人口出生率。滞后的提法源于人口学家安斯利．寇尔（Ansley . J . Coale），他曾指出战后发展中国家人口变化的一个重要特征就是生育率的变化要比死亡率的变化反应滞后，这种态势的最后结果是加剧人口规模的快速膨胀。

表 4 – 2。

表 4 – 2　　　　中国 1970 ~ 2100 年人口发展趋势预测

年份	0 ~ 14 岁人口数（千人）	占比（%）	60 岁及以上人口（千人）	占比（%）	65 岁及以上人口（千人）	占比（%）	80 岁及以上人口（千人）	占比（%）	少儿抚养比（%）	老年赡养比（%）	总抚养比（%）
1970	322 326	39. 6	53 763	6. 6	32 787	4. 0	2 364	0. 3	70	7	79
1980	349 066	35. 5	78 237	8. 0	50 677	5. 2	5 816	0. 6	60	9	69
1990	320 862	28. 0	101 862	8. 9	68 050	5. 9	9 850	0. 9	42	9	51
2000	323 411	25. 5	129 706	10. 2	88 912	7. 0	13 620	1. 1	38	10	48
2010	260 958	19. 5	165 151	12. 3	109 845	8. 2	18 211	1. 4	27	11	38
2020	232 433	16. 7	240 995	17. 4	166 420	12. 0	26 291	1. 9	24	17	41
2030	203 548	14. 6	340 022	24. 4	229 446	16. 5	39 073	2. 8	21	24	45
2040	185 256	13. 6	400 116	29. 4	317 093	23. 3	64 901	4. 8	22	37	59
2050	174 389	13. 5	439 206	33. 9	331 204	25. 6	98 339	7. 6	22	42	64
2060	164 869	13. 6	442 866	36. 6	357 090	29. 5	106 701	8. 8	24	52	76
2070	158 495	14. 1	413 925	36. 8	340 484	30. 2	121 377	10. 8	25	54	80
2080	154 463	14. 7	381 520	36. 4	315 280	30. 1	122 639	11. 7	27	55	82
2090	151 664	15. 4	345 424	35. 1	286 714	29. 1	110 887	11. 3	28	52	80
2100	149 811	15. 9	321 204	34. 1	265 577	28. 2	107 074	11. 4	29	51	80

数据来源：根据联合国经济和社会事务部人口司《世界人口预测：2010》计算整理而得。

从预测的数据来看，我国的人口老龄化程度在 21 世纪里将出现稳定增长的态势，到 2040 年，60 岁及以上的老年人口数量将突破 4 亿大关，占总人口比重的 30% 左右。我国的老年人口并非是长期增长的，到 2060 年左右老年人口总量将达到峰值，此后开始进入缓慢减少的阶段。但直到 2100 年仍将有 3 亿以上的老年人口，60 岁和 65 岁以上的人口比例也都在 30% 的区间附近，这意味着我国在 21 世纪仍将一直拥有全世界最为庞大的老年人口群。我国未来人口老龄化的趋势具体总结如下。

4. 1. 2. 1　我国人口老龄化将贯穿 21 世纪始终

自 2000 年我国正式宣告进入老龄化社会开始，老年人口数量不断增加，老龄化的水平从10%一直递增至30%左右，老龄化程度处于持续加深的态势。在整个21世纪中，我国人口将继续二十世纪八九十年代的老龄化和高龄化态势，并且呈现出动态加速发展趋势。到2100年，我国60岁及以上的老年人口总量仍有3.21亿的高存量水平，占总人口的比例为34.1%，这说明整个21世纪人口老龄化长期显性存在。

4.1.2.2 老龄化、高龄化和少子化并行存在

从2000年我国老年人口占比突破10%以来，老龄化程度就一直加深，直到增长到36%才略有下降，80岁以上高龄人口规模在21世纪中叶达到1亿人左右，高龄化水平上升至10%以上，重度老龄化和高龄化问题将越来越明显。另外，少子化现象也伴随着老龄化和高龄化凸显出来。21世纪，0～14岁的少儿人口总量从3.2亿骤降至1.5亿，占比也从26%降至16%。

4.1.2.3 2000～2030年为我国的“人口红利窗口”

从2000年我国进入老龄化社会后，老龄人口的数量和老年赡养比不断攀升。但是2030年以前，由于少儿抚养比下降，人口老龄化的速度要慢于并且晚于人口出生率的下降速度，总抚养比一致保持在50%以下的水平。2030年以后，由于少儿人口比开始稳定在15%左右的水平，少儿抚养比基本上保持稳定态势，而同时期的老年赡养比不断上升，故造成总抚养比不断上升，这意味着“人口红利窗口”进入了结束阶段。

4.1.2.4 2030～2060年是我国人口老龄化最为严重的阶段

在这一时间段中，老龄化水平将到达高峰阶段。在2060年左右，60岁以上和65岁以上的老年人口将冲至数量顶峰，与此同时，在2030年以后，人口总抚养比将快速攀升至50%的超高位水平，有利于经济发展的“人口红利期”窗口将在2033年左右最终关闭。从整体上看，2030～2060年这30年时间，我国人口总抚养比以及老年人口赡养比将分别超过50%和70%的水平线，是人口老龄化最为严重的时期。

4.2 老年公寓市场需求状况分析

4.2.1 影响老年公寓市场需求潜力的因素

4.2.1.1 老年公寓市场的人口基础

一个需求市场的形成至少要包含三个要素，即人口、购买力和购买意向，只有当三个要素同时具备时，这个市场才是充满活力的显性市场，否则就是受限制的隐形市场。在这三个要素中，人口要素又是需求市场形成和发展的前提和基础。如果一个市场人口数量有限，无论需求者多么具有购买力和购买欲望，有限的消费群体很快就会导致其市场饱和，终究难以形成规模，也不可能发展成为一个成熟的产业。

根据民政部公布的最新统计数据显示，2013 年底我国 60 岁及以上的老年人口数量已突破 2 亿关口，占总人口的比重达到 14.9%。预计我国 60 岁及以上的老年人口数量到 2020 年将达到 2.43 亿，到 2025 年将超过 3 亿，到 2033 年前后这一数量将翻番至 4 亿之巨，21 世纪中叶将达到峰值 4.87 亿，占总人口的比重将升至 2053 年的 34.8%。平均每年将增加 1 000 万人，最多的年份将增加 1 400 多万人。而中国社科院在 2013 年 12 月发布的《2014 年中国社会形势分析与预测》蓝皮书则显示，在 2 亿老年人口当中还包括 3 750 多万生活不能自理的“失能老人”。《中国老龄事业发展报告（2013）》数据显示，我国空巢老年人口数量不断上升，2012 年为 0.99 亿人，2013 年已突破 1 亿关口。由于新中国成立后出生的那一代人已经陆续开始进入老年化阶段，再加上子女风险事故的发生等不可预见的因素，没有子女的老年人的规模越来越大。统计显示，2012

年我国至少有100万个以上失独家庭，且每年还在以约7.6万个的增量持续增加，这些特殊群体对老年公寓的需求将更加强烈。与此同时，15～59岁的适龄劳动力人口从2011年开始逐年下降，抚养比从2013年底开始由下降转变为逐年上升，人口红利即将进入逐渐收缩时期。

从目前来看，我们就已经有了现实的2亿老年人口，再往后20年，老年人口数量就将增加到了4亿。面对如此庞大的市场和人口基础，我们很容易清晰地看到我国老年公寓市场的巨大发展潜力。如果按照欧美等西方发达国家5%的老年公寓入住率进行推算，现在我们就有1 000万张床位的潜在需求量，20年之后就达到2 000万左右的床位需求了。若按照“十一五”期间我国政府部门推广的“9073”养老格局[①]来推算，目前至少也会产生600万左右的机构养老需求量，20年之后将达到1 200万人的需求当量。当然，老年公寓只是机构养老需求中的一个部分，这些养老需求还有一部分要分流至各种不同类型、不同性质、不同档次的养老院、敬老院、福利院以及社区日间照料机构等机构，但老年公寓在机构养老中属于发展较为成熟的重要板块，其需求总量已足够形成一个庞大的老年公寓养老服务市场体系。

4.2.1.2 消费者购买力的增加

我国人口老龄化的现状和趋势已经表明，推动老年公寓市场发展的人口基础已经具备，但人口老龄化并不能成为老年公寓市场发展的充分条件，人口老龄化所处的时代背景以及各个宏微观条件糅合在一起形成的现状才是导致老年公寓市场形成和发展的原因和驱动力，尤其是有购买能力的需求市场的形成是老年公寓发展的关键要素。购买力是指消费者取得某种商品或服务的购买能力，它反映着一个社会的市场容量的大小。购买力和消费者的收入成高度正相关关系，收入高的消费者其购买力就强，对所需商品和服务的价格敏感性就小，购买力是形成市场的重要因素。现在我们国家的老年人与20世纪靠“养儿防老”的老年人已经

① “9073”的养老格局是指90%的老人由家庭自我照顾，7%享受社区居家养老服务，3%享受机构养老服务。

有了很大的不同，那个时代我们国家整体经济比较落后，很多老年人基本上是没有工作的，加上工资率不高，家中需要抚养的孩子又比较多，能够留着储蓄的钱是很少的，甚至是不够的，因而购买力就很低，而现在老年人的购买力已经出现了很大改观。

一是现在的老年人口中，年轻时就业率就比较高，妇女的就业率也相比于上一代女性也有了极大的提升。尤其是在城镇当中，绝大多数家庭都是双职工，因而无论是在职时的家庭收入水平还是退休后的养老金收入水平都比之前有很大的提高，女性就业率的提高对提升整个家庭购买力的贡献很大。

二是经历了改革开放和市场经济发展的这一代老年人，工资水平上升很快，老年人手中的积蓄越来越多。再加上改革开放 30 多年来，社会阶层的不断分化，中产阶层已经逐步形成，这个阶层不仅包括很多老人们本身，也包含他们的子女，他们的收入水平高，生活追求层次高，购买潜力很强。从表 4 – 3 就可以看出，我国城镇居民家庭的人均总收入在 2012 年达到了 26 959 元，人均可支配收入从 1978 年的 343 元增长到 2012 年的 24 565 元，增长了 72 倍。城镇居民在人均现金消费支出上也从 1978 年的 311 元增长到 2012 年的 16 674 元，增长了 54 倍。这些可支配的收入和现金支出的增长都能够转变为现实的购买力，成为改善和寻求更好的养老居住条件的基础，为老年公寓市场的培植提供了良好的经济支撑。

表 4 – 3　改革开放后我国城镇居民收入增长与支出变化　单位：元

指标＼时间	2012 年	2008 年	2004 年	2000 年	1996 年	1992 年	1988 年	1984 年	1978 年
城镇居民人均总收入	26 959	17 068	10 129	6 296	4 845	2 032	1 192	660	—
城镇居民人均工资性收入	17 336	11 299	7 153	4 481	—	—	—	—	—
城镇居民人均经营净收入	2 548	1 454	494	246	—	—	—	—	—
城镇居民人均财产性收入	707	387	161	128	—	—	—	—	—
城镇居民人均转移性收入	6 368	3 928	2 321	1 441	—	—	—	—	—
城镇居民人均可支配收入	24 564	15 781	9 422	6 280	4 839	2 027	1 180	652	343
城镇居民人均现金消费支出	16 674	11 243	7 182	4 998	3 920	1 672	1 104	559	311

数据来源：根据《中国统计年鉴（2013）》整理而得（空白部分为缺失数据）。

三是现在老年人的收入构成趋于多元化，消费理念逐渐开放。随着经济发展和生活水平的提高，高消费能力的老年群体也在逐渐增多。当前我国城市老年人当中有42.8%的老年人拥有储蓄存款，绝大部分城市老年人还有退休金。据有关专家预测，到2020年，我国老年人退休金总额将高达28 145亿元，2030年将升至73 219亿元。随着收入结构的多元化，未来老年人的收入已经不再是过去单一的退休金，投资和保险等收益也将成为老年人收入的重要构成要素，而且有一大部分刚刚退休的老年人还会继续工作，增加额外收入。2010年我国老年人口的总体消费规模就已超过了1.4万亿元，可见，未来老年公寓产品消费是有较好的消费能力支撑的。

四是住房制度改革后，住宅成为老龄人口家庭最主要的资产，其价值和市场变现能力稳定上升，形成了潜在的购买力。1994年，国务院实施住房制度改革，让住房实现了商品化和社会化。通过对住房存量和增量的改革，公房和商品房都进行了市场化和货币化，这使得我国城镇居民的住房自有化率大幅提升。据国家统计局的调研报告显示，截至2010年底，我国城镇居民家庭自有住房率达到89.3%，其中，拥有原有私房的城镇居民家庭占11.2%，拥有商品房的家庭占38.0%，拥有房改房的家庭占40.1%，拥有独栋住宅、三居室、四居室的城镇居民家庭比例分别为4.5%、32.7%和4.3%。这些自有住房中很大一部分就是老年人持有，除去商品房中有一部分是中青年人购买持有外，原有私房和房改房的持有者可以说几乎都是老年人，可见老年人的住房资产总量非常可观。

因为商品化的住房兼有资本性和消费性，通过住房制度改革，大多数房主都拥有了完全意义上的产权。如果房主只是为了满足基本的个人生存空间的需要，那住房仅仅只是一个消费品。但如果用于出租或者转让、抵押等活动，那住房就有了资本性的特征。住房的市场变现能力和价值属性为老年人形成了潜在的老年公寓购买力，同时也为发展住房反向抵押贷款提供了法律上和制度上可行性。

4.2.1.3 消费者购买意愿的增强

购买意向是一种动机、愿望和需求。在具备人口和购买力两个要素之后，购买意向就是把潜在购买力转变为实际购买行为的重要因素。现在我国的老年人正经历着三个重要的转变：一是养儿防老的观念有所转变；二是经济购买力有很大提升；三是生活方式有很大转变。以前很多老年人不愿意住进老年公寓，一个重要的原因就是他们脑海深处根深蒂固的养儿防老观念。他们认为，老年公寓就是以前的养老院、敬老院，只有鳏寡孤独的老人才会到那里去，自己有儿有女而去住老年公寓是很丢人的事，别人会认为自己的儿女不孝。这种传统的老观念使得很多老年人把老年公寓拒之门外，没有购买意向，自然无法推动老年公寓市场的发展。

随着社会的开放度、包容度越来越高，人们在养老选择上也越来越倾向于自由，不再把传统观念强加到现实之上。再加上媒体、政府和企业组织等广泛宣传和正确引导，传统的养老观念正在逐渐发生变化，现实的境况也正在不断冲刷和撞击传统养老观念的藩篱，很多老年人正从思想上和现实上慢慢接受了社会养老。养老观念的转变正在悄然催生着庞大的老年公寓市场。2014 年初，国家统计局北京调查总队的报告显示，到 2012 年底，北京市养老机构（含老年公寓）床位仍有 5 万 ~10 万张的巨大缺口。同济大学建筑城规学院的统计显示，上海市 2010 年老年公寓入住人数达到 7.25 万人，需大约老年公寓 3.62 万套，总建筑面积约 200 万平方米，市辖区的需求量在 150 万平方米以上。在老年公寓的潜在需求对象中，月收入中等以上、有较高知识文化水平、生活基本能够自理的较为健康的老年人将老年公寓视为安度晚年的理想之所。此外，由于我国从 20 世纪 70 年代推行的计划生育政策，第一批独生子女已进入婚嫁期，职场压力和家庭事务让很多年轻夫妇无论在经济上还是精力上都感到力不从心，赡养老人的意识在现实的冲击和压力下已陷入一种矛盾之中，家庭养老的功能越来越走向弱化。老人们再把养老过度地寄希望在儿女身上也越来越不现实，因此，很多父母在迈入老年阶段后，不得不借助社会化养老力量，老年公寓将会迎来越来越多的现实顾客。

随着老年人养老观念的转变，老年人在老年公寓的消费观念上也随之发生了变化。越来越多的老年人开始重视住宅的消费品质和住家的感受。还有很多老年人开始意识到购买老年公寓也是一种市场投资方式，既实现了资产的保值增值，也可以作为不动产留给子女继承，他们中一部分产生了较为浓厚投资老年公寓的意向。根据老龄科研中心的调查数据显示，在具备中高经济收入基础的老年人当中，期望以购买公寓产权入住的老年人占51%，期望以租赁公寓使用权入住的占24%，期望以购买产权式酒店方式入住的占16%，期望采取其他形式的约占9%。通过以上分析我们可以知道，我国老年公寓市场的人口、购买力和购买意向三个要素都已具备较好的市场条件，我们对老年公寓养老的良好市场潜力应该抱有极大的信心。相信这种养老方式会越来越被广大老年人所接受，未来也会有越来越多的老年人在老年公寓里安度晚年。

4.2.2 老年公寓市场需求方形成的条件分析

从选题的背景和意义中我们可以看到，老年公寓市场需求的形成有很多宏观和微观的要素和条件，比如老龄人口达到一定数量比例、老龄化趋势加剧、家庭结构的变化、养老观念更新变化等因素外，还包括经济发展要达到一定水平、社会保障体系要相对完善、相关政策法律体系要规范化以及政府政策要大力支持等必要条件，所有这些老龄化背景下的宏微观因素合在一起就是老年公寓市场需求形成的总体条件。

如果从不同发展阶段看，老年公寓的需求市场又有其阶段条件特征。按照老年公寓发展的国际经验和惯例，在市场发展阶段，需求市场形成的条件包括：第一，60岁以上老年人口占总人口比重10%以上，即已进入老龄社会；第二，人均GDP达到2 000美元以上；第三，社会福利水平达到一定标准，社保投资占GDP的比重达10%以上；第四，政府对发展老年公寓有较完善的政策支持体系；第五，社会大环境中老年人传统居住文化已经开始突破，独居观念已经形成。而在市场成熟阶段，需求方的形成所表现出来的条件又有不同。第一，60岁以上老年人口比例达20%以上，以保证老年公寓市场的稳定需求；第二，人均GDP达5 000美元以上，社保投资占GDP的20%以上；第三，老年人口入住老年公寓比例至少在5%以上；第四，相关养老服务和政策法律体系相对成熟；第五，养老地产开发运营的政策支持和行业经验已有一定积累；第六，相关老年公寓项目数量已有一定规模，质量已有一定标准要求；第七，社会环境中多元化养老方式观念的接受度较高。

4.2.3 制约老年公寓市场需求的因素分析

我国老年公寓发展起步比较晚，从1986年6月诞生在安徽安庆的第一所由社会集资兴建的老年公寓算起，我们的发展历程还不足30年。直到20世纪90年代中期，老年公寓在北京、上海、天津和浙江等发达地区的发展才开始逐步提速，此时兴建了一批规模较大的老年公寓。但从全国范围来看，老年公寓的发展过程还有很多问题和需要完善的地方。从目前现状来看，老年公寓还远未达到社会广泛认知和接受的阶段，特别是当前很多人还因为对老年公寓的概念缺少清晰的界定，对老年公寓的类型缺乏系统认知，在社会上已产生了诸如敬老院就是老年公寓，福利中心等同于老年公寓等误解和混乱。因此，老年公寓需要加快市场培育和开发的进程，尽快推出一批有代表性的示范项目，纠正社会中已经存在的思想和理念上的偏差，尽快拓展和激发老年公寓的市场需求。

4.2.3.1 消费者对老年公寓有支付能力的现实需求仍然不足

“银发浪潮”的到来以及家庭结构和养老观念的变迁从理论上和现实上来讲应该都会有大量的老年公寓养老需要，但需要并不等于需求，老年公寓虽然商机无限，老年消费者的潜在购买力也正在增强，但整体上看，老年消费者对老年公寓有支付能力的现实需求仍然不足。

我国目前的老年公寓发展还处于初期萌芽阶段，诸多社会经济发展指标仍处于发展中国家水平阶段，像人均GDP、城市人口与总人口比例、人均住房面积、养老金覆盖比例等重要相关性指标连世界平均水平都不到，但老龄化比率却接近14%，产生的直接结果就是对老年公寓有支付能力的需求不足。也就是说，很多老年人还停留在仅有需求意愿，还缺乏购买能力的阶段。这对于老年公寓的投资和开发有着很重要的宏观影响。我国老年人的收入很大一部分来源于退休工资和原来的积蓄，有些老年人会有儿女们的赡养费以及一些商业养老保险金，但也不会太丰厚。

人的年龄越大，危机意识越强，即使有些老年人有储蓄也要考虑以后的生病住院问题。有些老年人有能力支付老年公寓的押金和首付款，有的甚至可以一次性付清，但很多老年人还没有做好将一生的钱投入到老年公寓中的心理准备。入住老年公寓对他们来说是一笔投资巨大但享受年限未知的大宗消费，这不得不让他们采取非常谨慎的态度。在实地调查中，许多老年公寓的管理人员介绍，平日过来咨询或实地考察的老年人还是很多，但真正确定要入住老年公寓养老的比例却很低，除了有传统养老观念上的阻碍外，老年公寓的入住费用才是最为核心的原因。很多中等收入家庭的老年人本想到老年公寓来入住，但最终还是由于房租价格过于高昂而不得不放弃原来的想法。入住老年公寓的费用问题，是社会化养老的瓶颈，也是老年公寓能不能实现产业化、能不能健康快速发展所必须考虑的首要问题。

4.2.3.2 选址布局不太合理，没有纳入城市总体规划

很多老年公寓的规划和建设并没有纳入各个城市的总体规划，有些老年公寓虽然环境不错，硬件设施也很好，但公寓所在地远离家人，远离社会，交通不便，像一个孤单的“老人集中营”，更容易造成老年的孤独寂寞心理。有的老年公寓虽在闹市区，但设在高层塔楼顶端几层，而且密度也较高，活动空间很狭窄，这些都给入住老年公寓的老年人带来生活和社会活动上的不便，这也是制约老年人对老年公寓需求的一个因素。老年人大多喜欢朴素、宁静的生活，同时又害怕孤独，因而要根据其生理和心理特征，选好老年公寓的布局地址，最好在环境清雅、空气清新、交通便利的城郊交界处布局。

4.2.3.3 开发品质层次较低，运营管理水平不高

有些地区的老年公寓名不副实的现象颇为常见，有些只是冠以“某某老年公寓”的名号进行销售，但其选址、规划和户型设计到相关养老服务设施的标准与真实意义上的老年公寓相差甚远。有些老年公寓并未考虑老年人的生理和心理特征，小区规模很小、居住空间和活动空间都很狭窄，养老服务配套设施也不齐全。有些还是原来的老旧小区住房，

没经过太多的适老化改造就直接作为老年公寓用房，开发品质层次很低。尤其是一些规模较小的民营老年公寓，养老服务设施非常简陋，管理服务人员的素质也比较低，服务质量水平很低，不能很好地满足老年人的需求，有的老年公寓功能如同医院，有的功能如同小旅馆似的，有的又像监狱一样，难以吸引那些追求生活品质的老人入住。

有些专为老年人开发的老年公寓在销售或租赁完毕以后，剩下的很重要的一块工作就是专业化物业管理和养老服务。老年公寓与一般房地产开发的商品房是有差异的，它更需要体贴入微的服务态度和理念。而大多数老年公寓的开发商或物业服务单位对其管理却是片面化和泛化的，往往流于形式，没有进行深入的专业化管理。专业化物业管理和养老服务是必须“以老人为中心”来提供爱心服务，并树立自己的品牌和信誉，这是老年公寓市场进入良性循环的关键要素。但目前来看，老年公寓整体的专业化的养老服务和管理水平参差不齐，普遍比较低，这是制约老年公寓市场需求的一个要素。

4.2.3.4 养老服务专业人才短缺，没有形成完善的服务体系

虽然养老需求正在不断增加，老年公寓的开发和建设也在加速，但服务供给不足的情况并没有引起足够的重视，服务供给不足的程度比床位不足的程度更深。服务供给不足的主要原因是从业人员的不足，具备养老护理及服务专业技能的人才更是奇缺。目前，全国所有养老机构的护理人员只有20余万人，而其中拿到了护理证的仅仅只有2万多人。

老年公寓行业对从业人员的要求也缺乏行业标准，普遍雇用的是一些知识文化水平不高的农村妇女或是一些城市下岗女工，还有一些是从家政服务行业转型过来的。这些从业者普遍缺乏专业的护理技能，即使经过一定的培训，因为年龄和受教育程度的限制，也难以完全胜任养老医护服务，只能做一些简单的日常照料。她们有些像完成任务般地给老人喂饭喂水，并未过多地考虑老人对亲情和爱的渴望和需要，她们内心缺乏一种人文情怀，没有把护理当作事业的心态。再加上工资待遇不高和社会地位低下等原因，这些养老服务机构还存在着招不进也留不住的问题。笔者在调研重庆老年公寓市场发展现状时，重庆医科大学附属第

一医院青杠老年护养中心护理员刘女士就感慨颇多，她在护养中心工作了一年多，每月工资待遇只有区区2 000多元，而她还是重庆市第一届养老护理专业的本科生。她介绍说，班上100人毕业，毕业时只有不到20人从事了与养老护理行业相关的工作，毕业半年后减少到8人，1年后就只剩下她一个人了[①]。这份调研数据是很沉重的，反映了当下养老护理行业的窘境，从业者待遇和社会地位都比较低，政府和社会对此重视程度都有待提高。

人才培养难，留住就更难。没有大量的专业人才储备和熟练的专业人才供应，老年公寓的发展前景是不会光明的。光想着如何投资，如何建设是不够的。从很多的案例可以显见，养老服务专业人才的短缺，使得老年公寓的服务质量饱受诟病，这也是投诉最多的一块，已成为制约我国老年公寓市场需求和健康发展的重要因素。

4.3 老年公寓市场供给状况分析

4.3.1 老年公寓市场供给的基本现状

西方发达国家的老年公寓发展一般是在政府机构养老充分发展之后形成的，其功能定位和运营管理模式区分得非常清晰。而我国的老年公寓发展历史非常短暂，受制于市场经济发展阶段和社会保障水平等诸多条件的约束，许多老年公寓还是源于政府的机构养老设施，再经过市场化转制而形成的。在管理模式和功能定位上还存在交叉混淆、定位模糊的情况。有些地方民政部门办的养老院几乎具备了老年公寓的功能，而

① 来源于本调研组2014年1月8日重庆医科大学附属第一医院青杠老年护养中心访谈记录。

有些企事业单位办的老年公寓又跟养老院没什么太大区别。西方发达国家在老年公寓市场发展方面已经经历了市场的磨砺和挑选，在经营理念、商业模式和行业规范等方面已有较为成熟的模式和经验，而我国还处于市场发展孕育期，目前还不太成熟和规范，政府和市场在具体发展路径中还存在利益博弈的情形。老年公寓在市场发展中仍面临着诸多因素的制约，在资金来源渠道、人才队伍的建设和培育、土地供应的稳定性等方面所受的制约尤其严重，政府和市场力量在老年公寓发展中的职能和角色分工上还存在着许多模糊的区域。这些因素都是直接影响老年公寓市场供给的重要因素。从1995年以来，全国各地开始陆续兴建和经营了一大批设施比较好、功能比较齐全的老年公寓，但因为对老年公寓的概念认知并不是特别统一和清晰，全国各地对老年公寓的称谓也是五花八门，诸如颐养院、颐乐院、老年康乐中心、老年服务中心等。从中国养老机构信息平台提供的数据可以看到，截至2014年6月，全国已注册入网登记的城镇养老机构总数是22 963家，其中包括2 402家老年公寓（见表4－4）。

表4－4　全国城镇养老机构的区域分布及数量　单位：家

区域	老年公寓	敬老院	福利院	其他
全国	2 402	13 309	2 350	3 288
广东	13	637	126	221
江苏	222	1 073	114	308
山东	248	923	111	179
浙江	133	704	137	400
河南	117	632	79	96
河北	159	482	26	205
辽宁	184	491	67	322
四川	30	262	74	42
湖北	66	37	560	49
湖南	45	477	98	42
上海	35	577	73	86

续表

区域	老年公寓	敬老院	福利院	其他
福建	33	350	82	121
北京	114	373	15	155
安徽	158	1 332	88	100
内蒙古	18	265	46	29
陕西	51	212	39	42
黑龙江	154	674	49	70
广西	18	195	91	35
江西	73	1 601	125	117
天津	41	143	5	110
山西	60	282	22	69
吉林	250	311	46	272
重庆	46	582	35	52
云南	31	233	51	16
新疆	28	98	40	14
贵州	27	127	41	21
甘肃	15	252	43	40
海南	27	32	4	14
宁夏	5	29	7	1
青海	1	46	8	6
西藏	0	47	44	2

数据来源：根据中国养老机构信息平台提供的数据进行统计整理得出。“其他”是指颐养院、度假公寓、老年服务中心、老年护理院、老年康乐中心、老年疗养中心等养老机构。

4.3.2 老年公寓市场供给方形成的条件分析

一个市场的形成和产生光有需求方是不够的，还必须要有供给方提供符合需求的产品和服务。老年公寓市场的供给方形成受制于很多条件，当条件不成熟或不具备时，供给方的形成和发展就会非常缓慢且不成气候。因为需求和供给是互相影响的，所以我们着重分析一下影响供给方形成的自身条件。

第一，供给方的资金实力。老年公寓市场的开发、建设和运营需要很强的资金实力，而且后期运营成本也很高，需大量沉淀资金。加上建设周期长和持续运营的要求，短期回现的压力很大，需要供给方有较强的资金周转能力。

第二，供给方的议价能力。这主要包括争取落实财税、土地、信贷等各类优惠政策的能力，与政府和其他相关公益机构的关系资源，还有产品和服务在市场中的竞争力、品牌效应以及对行业和市场的影响力。议价能力的强弱决定着供给方盈利能力的大小和在市场中的生存空间。

第三，综合开发和运营能力。这主要表现在供给方对公寓项目开发各个环节的资源整合能力、投融资及资本合作等资本运作能力，对养老地产及老年公寓市场需求的研究和判断能力、对老年公寓的产品研发能力以及后期专业化运营管理的能力。综合开发和运营能力是老年公寓市场供给方最为重要的核心竞争力。

4.3.3　老年公寓市场供给的主体

一般来说，我们分析老年公寓的供给首先要明晰的是谁来提供这种产品和服务。不同的供给主体表现在运营管理模式、资金来源、政策支持以及产品和服务层次等方面都有很大的差异。目前，我国老年公寓的供给主体可以简单地分为两种，一种是政府供给的老年公寓，另一种是市场供给的老年公寓。

4.3.3.1　政府供给的老年公寓

老年公寓在性质上不属于纯公共产品，它不同于敬老院、福利院这些福利性养老机构，政府可以供给老年公寓这种产品，但是采取的是“福利性事业、市场化运营、企业化管理”的模式，走的是市场化和福利性有机结合的发展道路。在供给形式上一般采取的“公办民营”和“公建民营”两种形态。

1. 公办民营

公办民营，是指政府委托社会力量来运营管理自己已经兴办的公有制性质的养老机构，按照市场经济的规则和要求进行改制、重组和创新，实现与政府机构部门脱钩，转由社会组织或个人去运营和管理，实现多种运营和服务模式并存，为老年产业发展注入新的创新和活力。

随着市场经济的不断深入发展，很多养老院、敬老院等有些由政府和乡镇等集体事业单位兴办的福利性养老机构在经过适当的适老化改造后，开始逐渐转制转型，发展成老年公寓的形式。虽然在名称上仍然还是带有“福利”字样，但收住的对象不再只限于困难的五保户、鳏寡孤独等需要扶助的群体，开始也向社会上需要入住的自费老人开放。这些“养老院”“福利院”逐步采用市场化的经营机制和方式，用收取的入院租金和服务费用等资金更新养老服务设施和设备，对养老环境进行修缮、整治和改造。改制后的某些老年公寓的条件非常好，比如北京三和老年公寓、广州市老人院、秦皇岛市老年公寓等都是这种成功转型的典型代表。

三和老年公寓是北京市第一家由政府兴办、企业经营、公办民营的养老机构，建筑面积总共2 600平方米，有床位80张。政府先后投资500万元进行公寓的修缮和养老设施设备的添置，目前，供老人学习娱乐的文娱室、阅览室、书画室、体疗室等设施一应俱全。老年公寓内环境清雅，生活设备齐全。托管企业负责老年公寓所有运营管理事务，包括入住老人的体检、签约、服务和安全、专业服务人员的招聘和培训、老人每日的营养餐搭配、公寓环境维护和绿化、公寓设备的日常使用及安全、公寓内部设施的维护等。政府从入住老年公寓所缴的费用中支付给运营企业一定的托管费用，同时定期或不定期地检查托管企业的运营管理工作，督促改进运营管理水平，提高老年公寓的服务质量。

2. 公建民营

公建民营，是指在政府在新建老年公寓机构时，不再采取过去那种包办包管又低效高耗的运营管理机制，按照“管建分离”的理念，由政府出资，同时采取公开招标的方式，由中标的社会团体、民间组织、企业或个人按照标准和要求进行老年公寓的基本建设，建成后由这些专业的团体或个人运营和管理，政府不再参与具体操作的事务，只负起监督检查、规范和管理的责任。公建民营与公办民营的主要区别在于公办民营是在盘活存量领域，对已经存在的国有养老机构进行改制，建立适应市场经济要求的运行和管理机制。而公建民营则主要体现在发展增量领域，主要是针对政府提供老年公寓的供给和服务时，通过转变出资方式实现公共服务职能。老年公寓的产品和服务将不再由政府直接去建设去管理，而是选择市场当中高效专业的社会力量实现。比如，2014 年 5 月，浙江省通过招投标方式将全省 13 家公办养老机构实现市场化运营[①]，交由民营企业管理，涉及床位 5 601 张。公开招投标的 13 家公办养老机构中，有 1986 年就已建成的杭州下城区老人公寓，也有 2013 年 12 月刚刚建成的磐安社会福利中心。通过公建民营的市场竞争和社会参与方式，让老年公寓的服务品质得到了较快提升，让入住的老人享受到了更好的养老服务。对于参与招投标的社会力量来说，因为土地包括建设的成本大部分由政府来负责，降低了他们的投资成本和投资风险。

4.3.3.2 市场供给的老年公寓

市场是未来供给老年公寓的重要力量，根据福利多元理论，应该鼓励“社会福利社会化”，鼓励社会力量担当更多的角色参与老年公寓市场的供给。我们通常把由市场供给的老年公寓称之为“民办老年公寓”。它更具有市场灵活性，能借自由竞争和监督机制更有效地提高养老设施和服务资源的使用效率，更好地满足老年人对老年生活质量的诉求。现在全国各地越来越多的养老机构的设施和居住条件日益提高，服务比较人性化的老年公寓大多是民营企业所开办的，如北京太阳城就是民办老年公寓的典型代表。

北京太阳城占地总面积 42 万平方米，建筑面积 30 万平方米，其中住宅式公寓和租住式、安养式银龄公寓共 23 万平方米，商业配套设施 7 万平方米。太阳城内绿化率超过 50%，不仅建有住宅式公寓、别墅、租住

① 《人民日报（海外版·北京）》，2014 年 6 月 6 日。

式公寓，还建设了所有相关配套设施，包括具备基本的急救、医疗、健康维护和养生四大功能的一级甲等综合性医保定点北京太阳城医院；开办“一站式”服务、可电话购物、送货上门的购物中心；设备先进、功能完善、环境雅致，可开办各类培训班、开展学术研讨会以及各类文化交流活动和会议的文化教育中心；集医疗养生、休闲度假、健身娱乐、温泉洗浴、餐饮购物于一体的阳光水世界；设有物业管理中心，配有邮局、洗衣店等，可满足老年人晚年生活的一切需求。

4.3.4 制约老年公寓市场供给的因素分析

4.3.4.1 取得土地的难度较大，土地成本高昂

目前，我国老年公寓市场的发展受到土地供应问题的制约，老年公寓的开发和建设面临拿地难以及土地优惠政策缺失等问题。政府在制定养老产业的用地政策时一方面要鼓励社会资本进入养老行业，另一方面又要预防民营企业以养老的幌子拿地却又搞商业地产，因而顾虑颇多。我国的土地资源非常有限，城市中的土地更是寸土寸金，加上拆迁难度不断增大，开发商取得土地的成本越来越高。土地资源的稀缺性对老年公寓市场的开发影响非常大，在“招拍挂”竞买方式中，老年公寓的开发商取得土地的竞争力要比普通房地产的竞争力小得多。

同时，由于近些年中国房地产市场的迅猛发展，土地价格的涨幅惊人，而城市规划领域又缺失“养老产业用地”这一土地用途，多数老年公寓项目的土地也只允许以“招拍挂”方式获得，导致前期开发中土地成本过高。最近深圳土地房产交易中心挂牌出让了两块养老服务设施用地，最后成交价分别是4亿元和2.8亿元，溢价了6倍和7倍[①]，可见土地成本之高昂。同时，老年公寓的开发所占的土地空间也比一般商品房要大，再加上定价还不能太高，直接导致其经营压力不断加大，因而社会资本在进入老年公寓市场前都会谨慎考虑，对于开发老年公寓的积极

---

① 《法制日报》，2014年5月4日。

性不太高。

4.3.4.2 开发和建造复杂，功能性设施成本高

老年公寓的开发和建设比一般房地产项目要复杂得多，它不仅包括老年公寓本身的开发，还包括相关养老服务设施和设备的配套，所以老年公寓的开发和建设需要较长时间的市场培育期。

第一，老年公寓的硬件建设要求高。一般老年公寓通常要求对公寓内外进行特别无障碍和适老化处理，诸如卫生间、淋浴间、过道和楼梯等地。老年公寓的建设也比一般商品住宅更为复杂，其细部要求非常严格，因而建筑施工要求和成本都将高于其他普通住宅。有专家称老年公寓的造价要比普通住宅开发高将近一倍。

第二，老年公寓开发的功能性配套设施成本较高。老年公寓的开发和建设除了基础的居住设施之外，还要求包括文化娱乐、休闲学习、健身康复、生活服务、医疗护理等相关养老配套设施设备和室外活动空间。虽然有些功能性设施和设备可以通过和特定服务机构建立关联的形式来达成，但必须付出服务成本。

4.3.4.3 资金回收期长，投资风险大

绝大多数老年公寓采用的是租赁方式收回投资，对比其巨额的一次性投入，这种收回投资的方式占用时间太长，效益也不显著，而且限制了资金的流动性。在房地产开发领域，现金的流动性程度对企业生死攸关，资金回收期太长会给老年公寓的开发商带来很大的不确定性投资风险。普通商品住宅的开发投资，不仅占用的自有资金少，而且还有预售制度为其做好部分资金的铺垫。一个中等规模的商业地产项目，长则三五年，快则一两年就可以竣工完成，很快就能实现利润回报，而且通过出售形式，马上就可以进入下一个投资项目。而老年公寓不太可能像普通商品房开发那样通过预售制度筹集一定比例的建设资金，同时需要的资金量还很大，持续投入的时间长，因而投资风险较大。

4.3.4.4 政策支持力度不够，优惠政策难以落地

一般来讲，政府给投资者提供政策上的优惠主要体现在税费减免、土地获得和贷款政策等方面。但目前各级地方政府出台的优惠政策都是针对非营利性养老机构的，对由市场力量提供的老年公寓还没有任何具体政策可以享受优惠。比如，在用地政策上，只有非营利性的养老机构可以采取划拨或协议出让的方式拿地，而对于带有营利性质的养老机构用地，我国则还是将其等同于商业地产来对待。政策的限制是老年公寓市场开发一大瓶颈，老年公寓开发商需要土地、税收和贷款等方面的优惠政策支持，在规划、建设、税费减免、医疗配套、水电气等多个领域也需要政府多部门的协助支持。虽然政府在宏观层面已经出台了一些关于养老产业的优惠政策，但在执行层面，地方政府的财政制约让这些政策又打了不少折扣，甚至难以真实兑现和落地。因而，国内近些年由社会力量开发的老年公寓项目成功的并不多，很多开发商最终都被迫转型到商业房地产。因此，老年公寓的开发商们非常希望能够得到一些扎实的优惠政策来激活市场。

4.3.4.5 金融机构存在融资限制，金融服务配套未跟上

老年公寓的开发和建设，尤其是大量养老服务配套设施的配备需要巨额的资金投入，而且需要追加投资的时间线也比较长，如果没有金融机构的融资支持，光靠自身的资本投入，很容易导致资金链断裂。但由于老年公寓开发的特征和利润回报的有限性，很多金融机构认为老年公寓的市场前景不明朗，资金回收存在困难，不太愿意贷款给老年公寓的开发商。对于从事老年公寓项目开发的投资者而言，在目前法律法规框架下，采用哪些手段融资以保证现金流的稳定以及提高抵抗资金风险的能力是一个必须面对的问题。目前，金融机构在银行利率、贷款额度和贷款条件等方面能否给予老年公寓建设和支持还有待观察。同时，金融服务配套也没完全跟上，银行、保险公司等金融机构还没深度切入进去，比如目前银行和保险公司很少涉及住房反向抵押贷款这个领域。

4.4 老年公寓市场供求关系分析

4.4.1 供求双方在床位数量和结构上的矛盾

在欧美等西方发达国家中，入住老年公寓和其他类型养老机构的老年人数量约占其人口总量的5%左右，从国际经验来看，市场经济发达国家的老年公寓和其他养老机构拥有的床位数在每千人50～70张。我国2013年时60岁及以上的老年人口就已达到2.02亿，若按照我国“十一五”期间提出的“9073”养老服务格局，那么机构养老所需的床位数至少需要606万张。截至目前，我国城乡养老机构发展到42 475个，养老床位达493.7万张，至少还存在112万张床位的缺口。平均算下来，每千名老人只拥有24.4张床位[①]，这与国际上的差距还非常大。以我国重庆市为例，据当地民政部门统计，截至2012年底，全市有城乡养老机构[②] 1 376所，床位12.8万张，平均每千名老人拥有养老机构床位22张，略高于2012年的每千人21张的全国平均水平。而目前重庆全市60岁以上老年人口达538.9万，需要老年公寓等社会养老机构提供服务的老人数量约有25万，床位缺口将达十余万张。据预测，到2015年全市老年人口将达637万，届时需要养老机构服务的老人将会更多。

与此同时，老年公寓的市场供求还出现了另外一种矛盾景象。一方面，公办老年公寓异常火爆，众多老人排队等待入住；另一方面，民营老年公寓吃不饱，高空床率无法持续良性运营。这种“一床难求”与

① 数据来源：民政部《2013年社会服务发展统计公报》，www.gov.cn，2014年6月17日。
② 城乡养老机构包含了城镇福利院、社会福利中心、农村敬老院、老年公寓等机构。

“门可罗雀”的现象在全国各地普遍存在，折射出老年公寓养老服务在结构发展上的不均衡，整体上供不应求，但局部又严重失衡。以重庆市为例，目前重庆公办老年公寓的床位普遍紧张，像重庆市民政局直属的第一、第二、第三社会福利院共有1 500～1 600张养老床位，但排队等候的超过了2 000人。而民办老年公寓则普遍“吃不饱”，桂湖老年公寓等一些位于市区而且条件稍好的除外，民办老年公寓的70%都处于亏损状态。截至2013年底，全市共有201家民办老年公寓，有床位2.7万张，但入住率还不到50%。

4.4.2 供求双方在服务项目和质量上的矛盾

老年公寓供给与需求双方在养老服务项目、服务意识和服务质量等方面也存在着矛盾，主要体现在以下两个方面。

第一，养老服务项目较为单一，层次不高。政府办的老年公寓往往设施比较齐全，居住环境、服务质量相对比较有保证，但由于要求入住的老人比较多，往往供不应求。随着“福利社会化”政策的实施，一些合办的或者社会力量自办的老年公寓也开始发展起来，但由于没有统一的标准，这些老年公寓的规模往往大小不等，有些规模大一点的老年公寓设施比较齐全，但对于大部分中小规模的老年公寓来说，他们的服务设施还不完善，在满足老人生活、娱乐、休闲、健身、学习、医疗等方面的条件还不齐全，服务项目比较单一，层次不高。

第二，服务人员素质较低，服务水平不高。我国的老年公寓由于起步较晚，还没有形成一个完善的体系，大多数老年公寓的工作人员和管理人员缺乏相关的专业培训，整体知识水平比较低。由于工资水平较低，很多民办老年公寓的护理服务人员多为下岗职工，学历不高。在专业人员配套上，大多数老年公寓没有配备或没有意识到要配备具有专业护理、老年心理学、社会工作方面的专业人士的重要性，无法满足老年人多方面的需求，服务质量、管理水平也难上更高的档次。

4.4.3 供求双方在入住价格上的矛盾

从经济学角度来说，正常定价是合理的市场行为，不同层次的价格有它不同的客户群体对象。但在“未富先老”的今天，老年公寓作为一种“福利性事业，市场化经营”的尝试，加之社会保障水平和收入水平的约束，很多老年人还不太容易接受过于“高端”的养老消费。加之在目前的发展阶段，老年公寓领域投资开发的市场主体是有很强的利益冲动来走高端路线的，有些地方甚至出现了一窝蜂上马“豪华养老”的现象。老年公寓的开发者缺乏对现有客户的摸底调查，没有对客户进行系统的准确定位，其价格也没有根据当地的整体经济水平和市场容量进行调研。要么高、中、低各层次全面覆盖，要么全走高端豪华路线，没有把福利和市场优化结合起来。在老年公寓发展过程中，必须有科学的市场调研和规划，根据经济发展的水平和老年人的需求结构以及财务供给能力合理投资开发，才能实现投入和产出的良性循环。

有的老年公寓环境非常优美，养老设施齐全，服务细致周到，但是公寓租售价位较高，有的月租价就高达六七千元，低一点也要两三千元，很多老年人只好望“房”兴叹。还有的老年公寓的入住押金动辄十万到数百万元，如北京太阳城银龄老年公寓的单人间入住押金最低需要交15万元，将府庄园的押金标准是单人间20万元，夫妻间30万元，而太申祥和山庄的押金则需要交120万元左右，标准间须交70万~80万元。入住将府庄园，那么一个完全自理的老人每月入住费用最低6 200元，护理费还要另行收取，每月还要2 100~5 100元不等。这里的居家型三居室，价格在300多万元。而2014年苏州一家老年公寓在向市场推出的100套公寓房的入住价格更为畸高，一居室每月租金是9 800元，两居室是1.4万元，三居室是1.9万元，水电煤气费和餐饮还需要另算。长期入住的老人还需每人提供30万元医疗保证金，用于处理老年人生病住院等突发状况。高端养老本身没有什么问题，市场会做出相应的回应。但如果老年公寓整体的市场价位和档次都趋高的话，对于想要入住的中等经济能力的潜在顾客来说，就无形中制约了其消费需求。

4.5 实证分析——基于重庆市老年公寓需求意愿的市场调查

4.5.1 调研样本基本概况

本次市场调研选取了重庆市12个区县作为目标区域，包括主城9个区和3个近郊区县的县城，分别是渝中区、江北区、渝北区、沙坪坝区、南岸区、九龙坡区、大渡口区、北碚区、巴南区、璧山县、江津区、永川区。考虑到老年公寓的发展态势和市场接受程度，本次调研没有涉及农村区县，总共调研了336名50～80岁及其以上在城镇生活的老年人。因为50～59岁年龄组的人群大多还没有进入退休和养老的阶段，但考虑到他们属于近期潜在的老年公寓消费群体，因而也纳入了调研年龄组。本次调研着重于重庆城市老人对于老年公寓的需求意愿以及相关的一些背景情况。

4.5.1.1 调研区域及对象基本特征

336名被调查的老年人分布在重庆市主城9区及近郊3个区县县城。其中，重庆市主城区包括渝中区17人，占比5.06%；江北区34人，占比10.12%；渝北区59人，占比17.56%；沙坪坝区21人，占比6.25%；南岸区63人，占比18.75；九龙坡区34人，占比10.12%；大渡口区14人，占比4.17%；北碚区32人，占比9.52%；巴南区13人，占比3.87%；重庆市的近郊区县城包括璧山县26人，占比7.74%；江津区6人，占比1.79%；永川区17人，占比5.06%。其中，男性163名，占48.51%；女性173名，占51.49%。在调研对象年龄组中，50～59岁的有78人，占比23.21%；60～69岁的有130人，占比38.69%；70～79

岁的有 99 人，占比 29.46%；80 岁以上的有 29 人，占比 8.63%。

4.5.1.2 文化程度

表 4-5 为调研样本人群的文化程度构成情况。被调研的老年人群的文化程度以初中及以下为主，所占比例约为 76.5%，其中，初中文化占 25.89%，小学文化的占 30.36%，不识字的占 20.24%；其次为高中或中专学历，占比 13.99%，受过高等教育的大专和本科及上所占比例分别为 4.76% 和 4.17%。

表 4-5 样本人群学历构成情况

学历	数量（人）	百分比（%）
不识字或识字很少	68	20.24
小学	102	30.36
初中	87	25.89
高中或中专	47	13.99
大专	16	4.76
本科及以上	14	4.17
缺省	2	0.6
总计	336	100.0

4.5.1.3 职业类型

本选项调研的是样本人群的职业类型，为避免所产生的歧义，此处所指的职业包含老年人在退休前所从事的职业，如果还未退休，则为目前所从事的职业。通过表 4-6 可以看到，被调研的老人绝大多数为家务劳动者和无业人员，占比几近三分之一。其次就是个体经营，所占比例为 16.96%；接下来就是普通职员和教师，占比分别为 9.23% 和 8.63%。再接下来就是企事业单位管理人员、党政机关公务员和医务人员，占比分别为 3.87%、3.57% 和 2.98%（见表 4-6）。

表 4-6 样本人群的职业类型

职业	数量（人）	百分比（%）
个体经营	57	16.96
党政机关公务员	12	3.57
教师	29	8.63
医务人员	10	2.98
管理人员	13	3.87
职员	31	9.23
无业、家务劳动人员	100	29.76
其他	81	24.11
缺省	3	0.89
总计	336	100

4.5.1.4 家庭人口情况

从样本的家庭人口情况来看，主体家庭结构是4人，所在比例为28.57%；5人和6人以上的次之，所占比例分别为25%和20.83%；然后就是3人家庭，占比18.45%；1人和2人的家庭所占比例较少，分别为1.79%和4.46%；从代数上看，3代家庭占绝大多数，为69.05%，2代和4代均为14.29%；1代的鳏寡孤独老人家庭只占1.49%（见表4-7）。

表 4-7 样本人群的家庭人口数和代数

家庭人口数	数量（家）	百分比（%）	代数	数量（家）	百分比（%）
1人	6	1.79	1代	5	1.49
2人	15	4.46	2代	48	14.29
3人	62	18.45	3代	232	69.05
4人	96	28.57	4代	48	14.29
5人	84	25	缺省	3	0.89
6人及以上	70	20.83			
缺省	3	0.89			
总计	336	100	总计	336	100

4.5.1.5 生活自理情况

从老人们的生活自理情况来看（见表4-8），绝大部分处于能够完全自理的状态，占比48.51%，大部分能够自理的占比达34.82%，半自理的占比为15.18%，完全不能自理的较少，只有0.89%。可以看出，大部分被调研群体的生活自理状态还是比较乐观的。

表4-8　　样本人群的生活自理情况

自理程度	数量（人）	百分比（%）
完全自理	163	48.51
大部分自理	117	34.82
半自理	51	15.18
完全不能自理	3	0.89
缺省	2	0.6
总计	336	100

4.5.1.6 经济状况

从被调研群体的收入情况来看，高收入群体的比例不高，只占到1.79%，中高收入者所占的比例加起来也只有三成左右，2 000～4 000元月收入的老年人比重为26.19%，4 000～6 000元月收入的占比为4.46%，800～2 000元月收入是42.86%，800元以下月收入的也有23.51%（见表4-9）。当然，收入情况的调查不见得一定是真实的，涉及老年人的个人隐私，可能有低报和隐瞒的情形，还有些老人选择不回答这个选项。

表4-9　　样本人群的经济收入情况

月收入区间	数量（人）	百分比（%）
800元以下	79	23.51
800～2 000元	144	42.86
2 000～4 000元	88	26.19

续表

月收入区间	数量（人）	百分比（%）
4 000 ~6 000 元	15	4.46
6 000 元以上	6	1.79
缺省	4	1.19
总计	336	100

4.5.1.7 家庭住房状况

由表4－10可以看到，被调研群体已购公房的占到23.51%，主要分布在公务员、教师、医生和企事业单位管理人员等群体当中。租住在公房的这部分群体主要是指租住在公租房、廉住房等公共住房的老年人群，大部分来自农村到城市打工或随子女一同到城市来生活的这一部分群体，这一比例占到8.63%，已经买了商品房的比例是38.1%，还有20.24%的拥有自建房，这主要来源于3个近郊区县的老人群体。租房住的老年人只占到3.57%，没有房产的老人所占比例较少。

表4－10 样本人群的家庭住房现状

住房情况	数量（人）	百分比（%）
已购公房	79	23.51
租住公房	29	8.63
商品房	128	38.1
自建房	68	20.24
租住私房	12	3.57
其他	19	5.65
缺省	1	0.3
总计	336	100

4.5.1.8 主要经济来源

本调研选项是多项选择，主要调查老年人的日常生活经济来源的构成部分。绝大部分老人选择了工资或退休金（55.95%）、以前的储蓄

(36.31%)和子女的资助(39.58%)作为主要经济来源。而投资收入、亲友资助以及社会救助所占比例都较低，分别为7.44%、3.27%和7.14%(见表4-11)。

表4-11　　样本人群日常生活主要经济来源(多选)

主要来源	数量(人)	百分比(%)
工资或退休金	188	55.95
以前的储蓄	122	36.31
投资收入(租房、股票等)	25	7.44
劳动收入	66	19.64
企业养老补贴	24	7.14
子女资助	133	39.58
亲友资助	11	3.27
社会救助	24	7.14
其他	22	6.55
缺省	2	0.6
总计	336	100

4.5.2 调研样本的老年公寓养老服务需求

4.5.2.1 对老年公寓的了解情况

表4-12显示出绝大多数老年人对老年公寓不是非常了解，甚至根本不知道有这样的一个新兴事物。了解很少的占到40.18%，完全不知道占到23.51%，有近六成多的老年人对老年公寓的了解情况不佳。非常了解的只占到3.27%，有一点点了解，也就是听说过但没有接触过老年公寓的人群占到30.95%。

4.5.2.2 入住老年公寓的意愿

在入住老年公寓的意愿这个重要选项上，不打算入住的是主流选择，

表 4-12　　样本人群对老年公寓的了解程度

了解程度	数量（人）	百分比（%）
非常了解	11	3.27
比较了解	104	30.95
了解很少	135	40.18
完全不了解	79	23.51
缺省	7	2.08
总计	336	100

占比 38.69%，有入住需求意愿的老年人所占比例为 10.71%（见表 4-13）。从理论和现实上来看，这对于老年公寓开发商来讲已算是一个较好的结果了。还有部分老年人处在模棱两可当中，可住可不住，需求意愿一般，这部分比例也不在少数，占到了 25.6%。根本就未考虑去老年公寓养老的占到 24.7%，经过权衡考虑再三不打算入住的和根本就不考虑入住的这两个群体加起来占比达到 63%，再加上模棱两可，犹豫不决的那部分老年人，老年公寓的市场需求发展还将需要一个较长的市场培育期。

表 4-13　　样本人群对老年公寓的入住意愿

入住意愿	数量（人）	百分比（%）
有入住的需求	36	10.71
一般	86	25.6
不打算入住	130	38.69
未考虑	83	24.7
缺省	1	0.3
总计	336	100

4.5.2.3　入住老年公寓与否的原因

在分析是否入住老年公寓的原因上，我们同时调查了愿意入住的主要原因和不愿意入住的主要原因。因为涉及反向选择，所以两道题分别标注了“有入住意愿的做”和“无入住意愿的做”，以便对原因进行针对性的调查。从结果显示来看，愿意入住老年公寓的主要原因是“减轻子女负担”，占到21.43%，其次为“能享受专业的养老护理和人性化照顾”和“老年公寓同龄人多，更容易沟通，又有健身娱乐场地，精神上充实”，分别占到9.23%和8.93%（见表4-14）。而不愿意入住老年公寓的老年群体认为最主要的原因是“经济上承担不起”“怕对子女有不好的影响（只有无子女的才需要住老年公寓）”以及“老年公寓条件不如家里好”，分别占到13.99%、22%和13.1%（见表4-15），可见，经济收入条件限制和传统观念的阻碍是影响老年公寓需求意愿的重要因素。

表4-14　入住老年公寓的原因

入住原因	数量（人）	百分比（%）
在家没人照顾	17	5.06
减少子女负担	72	21.43
能享受专业的养老护理和人性化照顾	31	9.23
老年公寓同龄人多，更容易沟通，又有健身娱乐场地，精神上充实	30	8.93
缺省	186	55.36
总计	336	100

表4-15　不入住老年公寓的原因

不入住原因	数量（人）	百分比（%）
不自由	16	4.76
经济上承担不起	47	13.99
怕对子女有不好的影响	44	13.1
子女反对	22	6.55
只有无子女的才需要住老年公寓	30	8.93
老年公寓条件不如家里好	44	13.1
服务不好	13	3.87
其他	14	4.17
缺省	106	31.55
总计	336	100

4.5.2.4 期望得到的老年公寓服务

愿意入住老年公寓进行养老的老年人期望得到的养老服务最主要的是“日常生活照料”“医疗服务”和“文娱康健活动”，所占比例分别为25.89%、24.7%和24.11%；而对于康复训练、临终关怀和健康教育这些选项都没有超过10%（见表4-16）。可见，医疗和生活护理对于老年人来讲是最为核心的养老需求。

表4-16 期望得到的老年公寓服务

服务类型	数量（人）	百分比（%）
日常生活照料	87	25.89
医疗服务	83	24.7
组织文娱健身主题活动	81	24.11
健康体检	53	15.77
健康教育	30	8.93
心理咨询/精神慰藉	51	15.18
康复训练	17	5.06
临终关怀	23	6.85
缺省	190	56.55
总计	336	100

4.5.2.5 希望老年公寓所在的区域

在老年公寓的选址上，绝大部分有入住意愿的老人希望老年公寓建在家附近（12.8%）或者自家小区里设立老年公寓（11.61%），再就是环境和空气好的城郊地带（5.38%）。对于太热闹的广场或超市（1.19%）和非常安静的旅游景区（1.19%）选择意愿都非常微弱，旅游养老的接受程度还很低。当然，还有一个乡村养老也是老人们比较希望的选择，占到8.04%，这可能与很多老年人的乡土情结有些关系（见表4-17）。可见，老年公寓选址不能离家太远，老人们比较倾向于能够在宅养老，或者离家比较近一点能够照顾或者方便家庭成员互相往来。

表 4-17　　期望老年公寓所处区域

所处区域	数量（人）	百分比（%）
自家小区内，提供社区服务	39	11.61
家附近	43	12.8
大型超市或广场附近	4	1.19
空气好的城郊	18	5.36
环境优美、安静的乡村	27	8.04
交通便利，离市中心不远	11	3.27
旅游风景区内或者附近	4	1.19
缺省	190	56.55
总计	336	100

4.5.2.6　入住老年公寓能够接受的月租费用

在老年公寓的消费能力上，有入住意愿的老人绝大部分希望老年公寓的月租金在 2 000～3 000 元左右，占比 18.15%，还有 16.96% 的老年人希望月租金在 1 000～2 000 元左右。老年公寓超过 3 000 元月租金以上的，需求意愿直线下降。而 5 000 元月租金以上的比例就只有 0.3% 左右了。可见，老年公寓的定价不超过 3 000 元还是有一定市场需求空间的（见表 4-18）。

表 4-18　　能够接受的月租费用

月租区间	数量（人）	百分比（%）
1 000～2 000 元	57	16.96
2 000～3 000 元	61	18.15
3 000～4 000 元	16	4.76
4 000～5 000 元	4	1.19
5 000～6 000 元	1	0.3
6 000～8 000 元	2	0.6
8 000 元以上	1	0.3
缺省	194	57.74
总计	336	100

4.5.2.7 以房养老理念的接受情况

对于“以房养老”这种新兴养老事物，在有入住需求意愿的群体中能够接受这种方式换取养老资金的只有5.56%，认可程度比较低。还有4.17%的老年人对于“以房养老”的市场发展和政策稳定性比较担心，虽然有这个考虑和想法，但绝大部分不会真正去采用这种方式养老。而在有入住意愿的老年群体中不知道“以房养老”的占到10.71%，绝大部分老年人都希望用遗产的方式将房子留给子孙后代，这个比重占到15.48%（见表4-19）。“以房养老”的发展障碍颇多，但仍有一定市场空间，如何有效解决这个问题值得我们思考。

表4-19 以房养老理念的接受情况

接受情况	数量（人）	百分比（%）
不知道“以房养老”是什么	36	10.71
知道“以房养老”，但不会考虑，房子要留给儿孙后代	52	15.48
不会考虑，还不如卖了直接拿现金去买养老服务	23	6.85
会考虑，拿房子去换专业的养老服务，很适合我这种没有多少储蓄的老人养老	19	5.65
会考虑，但对“以房养老”政策的稳定性有些担心	14	4.17
缺省	192	57.14
总计	336	100

4.5.3 影响老年公寓需求意愿因素的实证分析

4.5.3.1 模型、变量与数据

1. 模型的设定

使用一个完善的实证策略对构建有解释力度的实证模型十分重要，本部分借鉴Ozcan等对养老机构技术效率影响因素分析的实证策略，选取了大量具有理论基础的控制变量，并分别构建了二值logit模型、二值

probit 模型、多值 logit 模型以及排序模型，以此检验重庆市老年公寓需求意愿的影响因素。具体估计时，选取控制性别、年龄、职业、家庭人数和收入的变量进入方程，而涵盖所有控制变量的模型见式（4-1）：

$$will_i = \beta_0 + \beta_1 gender_i + \beta_2 fifty_i + \beta_3 sixty_i + \beta_4 seventy_i + \beta_5 education_i + \beta_6 family\_size_i + \beta_7 generations_i + \beta_8 children_i + \beta_9 self\_condition_i + \sum_{j=1}^{7}\gamma_j occupation_{ij} + \sum_{j=1}^{4}\delta_j salary_{ij} + \varepsilon_i \quad 式（4-1）$$

式（4-1）中下标 i 代表被调查的个体；will 代表个体 i 的老年公寓需求意愿；虚拟变量 gender 为个体 i 的性别；虚拟变量 fifty、sixty 和 seventy 分别表示个体 i 是否属于 50～59 岁、60～69 岁或 70～79 岁的年龄层，属于则取 1，不属于则取 0，若均为 0 则表示个体 i 属于 80 岁及以上；education 控制个体 i 的受教育程度；family_ size 代表个体 i 的家庭人数；generations 控制个体 i 家庭共有几代人；children 作为个体 i 与子女居住意愿的代理变量；self_ condition 控制个体 i 的生活自理情况；虚拟变量集 occupation 控制不同职业对老年公寓需求意愿的影响；虚拟变量集 salary 控制不同平均月收入水平对老年公寓需求意愿的影响；ε 为随机干扰项。

2. 变量与数据阐释

（1）被解释变量为个体 i 的老年公寓需求意愿 will。在二值模型中，will 取 1 表示个体 i 的老年公寓需求意愿为“有入住的需求”或者“一般”，取 0 表示个体 i 的意愿为“不打算入住”或者“未考虑”；在多值模型中，will 取 1 表示个体 i 的意愿为“不打算入住”，取 2 表示“未考虑”，取 3 和 4 则分别表示“一般”和“有入住的需求”。will 的原始数据来源于本研究《老年公寓需求意愿调查问卷》的子项目“您对现在或者将来入住老年公寓养老的意愿是”，其他解释变量的原始数据也均出自《老年公寓需求意愿调查问卷》的子项目。

（2）解释变量 gender 代表个体 i 的性别。gender 取值为 1，即个体 i 为男性；gender 取值为 0，即个体 i 为女性。已有的许多文献均分析了性别差异对消费意愿的影响（Wilsnack，2000；Kayisoglu，2014；Lyu，Jiyoung，2014），因此，可以假设性别差异会对个体 i 入住老年公寓的意愿产生影响。

（3）解释变量 fifty、sixty 和 seventy 为虚拟变量，它们均代表个体 i 是否属于某个年龄层。前述的文献大都用计数变量来控制年龄对意愿的影响，以这种方式计入变量，无疑强行假定了意愿随年龄变化的趋势，并且无法捕捉各个年龄层的异质性，在本部分中将采用虚拟变量控制不同年龄层对意愿的影响。

（4）解释变量 education 控制个体 i 的受教育程度。变量 education 的取值为 1～6 的整数，分别代表个体 i 的受教育程度为：不识字或识字很少、小学、初中高中或中专、大专、本科及以上。

（5）解释变量 family_ size 和 generations 分别控制了个体 i 的家庭人数和家庭共有几代人。

（6）解释变量 children 为个体 i 与子女居住意愿的代理变量。变量 children 取 1，则表示个体 i 不愿意和子女居住；取值为 2，则表示个体 i 不太愿意和子女居住；取值为 3，则表示个体 i 对于是否和子女居住无所谓；取值为 4，则表示个体 i 愿意和子女居住。

（7）解释变量 self_ condition 控制个体 i 的生活自理情况。self_ condition 取值 1－4 依次对应个体 i 的 4 种生活自理情况：完全不能自理、半自理、大部分自理和完全自理。

（8）解释变量集 occupation 包括 7 个虚拟变量 occupation1－occupation7，它们分别定义个体 i 可能属于的 7 个职业范围，依次为个体经营、党政机关公务员、教师、医务人员、管理人员、职员、无业或家务劳动人员。若 7 个虚拟变量全部取 0，则所对应的职业范围为其他。

（9）解释变量集 salary 包括 4 个虚拟变量 salary1－salary4，其中 salary1 表示个体 i 的个人平均月收入是否在 800 元以下，取 1 则表示是，取 0 则不然。salary2－salary4 则分别定义了 800～2 000 元、2 000～4 000 元和 4 000～6 000 元的平均月收入区间，取值规则同 salary1。若 salary1－salary4 全部取值为 0，则表示个体 i 的平均月收入在 6 000 元以上。

4.5.3.2 计量结果与分析

基于《老年公寓需求意愿调查问卷》提供的 323 个调查样本（剔除

数据不全的个体），分别运用二值 logit 模型、二值 probit 模型以及使用稳健标准误的 logit 及 probit 模型对简化的式（4－1）进行估计，结果见表 4－20。其中模型（1）为二值 logit 模型，模型（2）为二值 probit 模型，模型（3）和模型（4）为使用异方差稳健标准误进行估计的二值 probit 模型和二值 logit 模型。上述 4 个模型的系数联合检验所对应的 p 值均为 0.00，故 4 个模型的所有系数的联合显著性很高。对比表 4－20 中模型（1）和模型（4）以及模型（2）和模型（3），可以发现异方差稳健标准误与普通标准误非常接近，故基本不必担心模型设定问题。标准的 probit 和 logit 模型均假设扰动项为同方差，在模型估计完毕后进行似然比检验，似然比检验的 p 值为 0.1233，故不能拒绝“同方差”的原假设。

表 4－20　　老年公寓需求意愿影响因素的二值选择模型

	(1)	(2)	(3)	(4)
	Logit	Probit	Probit_ r	Logit_ r
60～69 岁	0.4543 *	0.2119 *	0.4019 *	0.4241 *
	(0.2971)	(0.1732)	(0.1932)	(0.3176)
性别	0.3666 *	0.2214 *	0.2214 *	0.3666 *
	(0.2449)	(0.1493)	(0.1487)	(0.2440)
个体经营	0.5677 *	0.3472 *	0.3472 *	0.5677 *
	(0.3245)	(0.1990)	(0.2024)	(0.3317)
医务人员	0.9162	0.5445	0.5445	0.9162
	(0.7180)	(0.4536)	(0.4106)	(0.6348)
管理人员	0.5341 *	0.3119 *	0.3119 *	0.5341 *
	(0.3030)	(0.1824)	(0.1847)	(0.3067)
家庭人数	－0.2334 **	－0.1409 **	－0.1409 **	－0.2334 **
	(0.1004)	(0.0610)	(0.0613)	(0.1013)
子女居住意愿	－0.2656 *	－0.1630 *	－0.1630 *	－0.2656 *
	(0.1384)	(0.0849)	(0.0843)	(0.1369)
收入 4 000～6 000 元	0.6538 *	0.4732 *	0.4327 **	0.7765 **
	(0.3245)	(0.1990)	(0.2024)	(0.3317)

续表

	(1)	(2)	(3)	(4)
	Logit	Probit	Probit _ r	Logit _ r
收入 800 元以下	-0.7926 **	-0.4600 **	-0.4600 **	-0.7926 **
	(0.2301)	(0.3142)	(0.1876)	(0.2371)
截距项	1.0232 *	0.6218 *	0.6218 *	1.0232 *
	(0.6143)	(0.3772)	(0.3720)	(0.6032)
样本数	323	323	323	323

括号中数值为标准误

* 表示 p 值 <0.1， ** 表示 p 值 <0.05， *** 表示 p 值 <0.01

从表 4-20 中模型（1）~（4）的估计结果来看，变量 60~69 岁的估计系数为正，且均在 10% 的水平上显著，这表明 60~69 岁的年龄层的老人对老年公寓有较强的入住需求。变量性别的估计系数为正，且于 10% 的水平显著，这表明男性比女性更加倾向入住老年公寓。变量个体经营和管理职业的估计系数为正，且均在 10% 的水平显著，这反映了职业为个体经营、管理职业和老年公寓需求意愿具有正向关系：个体经营、管理职业在现在或者将来入住老年公寓养老的意愿比其他职业更加强烈。变量家庭人数的估计系数为负，且于模型（1）~（4）中在 5% 的水平上显著，这一计量结果说明家庭人数和老年公寓需求意愿具有负向关系，即家庭人数越少的老人，其入住老年公寓养老的意愿越强烈。变量与子女居住意愿的估计系数为负，且于模型（1）~（4）中在 10% 的水平上显著，表明与子女居住意愿与老年公寓需求意愿具有负向关系，不愿与子女共同居住的老人更倾向于选择老年公寓。变量收入 800 元以下的估计系数为负，且于模型（1）~（4）中在 5% 的水平上显著，这一计量结果与预期的结果相同，表明平均月收入不足 800 元个人不太可能选择老年公寓作为其养老的归宿。与此形成对照的是变量收入 4 000~6 000 的估计系数为正，并且在 10% 的水平显著，这部分说明了个体收入越高，其入住老年公寓的意愿越强烈。变量医务人员虽然系数显著性较差，但符号与预期基本一致。

由于各个解释变量的最小变化量均至少为一单位，为了便于更加精确地解释回归结果，在表 4-21 用概率比而非系数来表示。表 4-21 显示，在其他变量给定的情况下，职业为个体经营和管理职业的个体选择入住老年公寓的概率比是其他职业的 1.7 倍，即高出 70%；老人的家庭人数每增加一人，选择入住老年公寓的概率比就会减少 21%；老人与子女的关系越融洽，入住老年公寓的概率比越小，按照问卷中量化的四层老人与子女的关系，每上升一层老人与子女居住的意愿越强，而入住老年公寓的概率比就减少 23%。下面计算 logit 和 probit 模型准确预测的比率：（31+182）/323=65.94%，具体结果见表 4-22 和表 4-23。

表 4-21　老年公寓需求意愿影响因素 logit 模型的概率比结果

入住意愿	概率比	标准误	p 值
性别	1.442886	0.3533948	0.063
个体经营	1.764168	0.5724028	0.08
医务人员	2.499713	1.794872	0.202
管理人员	1.705953	0.5168939	0.078
家庭人数	0.791827	0.0795266	0.02
子女居住意愿	0.7667787	0.1061443	0.055
收入 800 以下	0.452655	0.1498884	0.017
截距项	2.781988	1.709036	0.096

表 4-22　老年公寓需求意愿影响因素的 logit 模型正确预测比率

分类	D	~D	总数
+	31	21	52
-	89	182	271
总数	120	203	323
正确预测比率	65.94%		

为了保证计量结果的稳健性，对变量老年公寓需求意愿进行细分，由原来的二值变成四项，即由取 1 表示个体 i 的老年公寓需求意愿为“有入住的需求”或者“一般”，取 0 表示个体 i 的意愿为“不打算入住”或

者“未考虑”；重新定义为取 1 表示个体 i 的意愿为“不打算入住”，取 2

表 4－23　老年公寓需求意愿影响因素的 probit 模型正确预测比率

分类	D	~D	总数
+	31	21	52
–	89	182	271
总数	120	203	323
正确预测比率	65.94%		

表示“未考虑”，取 3 和 4 则分别表示“一般”和“有入住的需求”。考虑到老年公寓需求意愿有着天然的排序，如果仅使用多值 logit，将忽视这种数据内在的排序，故最后使用排序模型进行对照。

在表 4－24 展示多值 logit 的结果，选取观测值最多的方案（即不打算入住老年公寓）为参照方案。表 4－24 显示，在 5% 的显著水平上，平均月收入在 800 元以下的老人比处于其他平均月收入的老人更加不可能选择“有入住的需求”或者“一般”，这一结果与前文的结果相互佐证；在 10% 的显著水平上，管理职业相较其他职业者更加不可能选择“未考虑”，这表明管理人员相较其他职业，他们对是否选择入住老年公寓有更清晰的意愿。由于 IIA 假定是多值 logit 模型适用的条件，故在估计完成后进行豪斯曼检验来检验 IIA 假定是否满足，结果显示去掉三个非参照方案中的任意一个方案，均不能拒绝 IIA 的原假设。排序模型的结果见表 4－25，家庭人数与老年公寓需求意愿的强弱在 10% 的显著水平下呈现负向关系，即家庭人数越多，老人越希望在家中养老；平均月收入在 800 元以下与老年公寓需求意愿的强弱在 1% 的显著水平下呈现负向关系，即平均月收入在 800 元以下的老人相较其他收入水平的老人，他们入住老年公寓的意愿更弱。上述敏感性分析表明，在改变模型设定和变量设定的情况下，家庭人数和平均月收入低于 800 元对老年公寓需求意愿有消极影响——这一结论是稳健的。

表 4-24　老年公寓需求意愿影响因素的多值 logit 模型

多值 logit 模型			样本数	=	323	
LR chi2 (21)	=	38.51	Prob > chi2	=	0.0112	
Log likelihood =	-402.3698		Pseudo R2	=	0.0457	
入住意愿	系数	标准误	z 估计量	p 值	[95% Conf. Interval]	
1. 不打算入住	(对照方案)					
2. 未考虑						
性别	-0.4688433	0.3026552	-1.55	0.121	-1.062037	0.1243499
个体经营	-0.4601678	0.4404949	-1.04	0.296	-1.323522	0.4031864
医务人员	-1.384654	1.144858	-1.21	0.226	-3.628535	0.8592263
管理职业	-0.667676	0.3643048	-1.83	0.067	-1.3817	0.0463484
家庭人数	0.0834487	0.1268668	0.66	0.511	-0.1652057	0.3321031
子女意愿	0.1842247	0.1829556	1.01	0.314	-0.1743617	0.5428112
收入 800 以下	-0.3762304	0.3582293	-1.05	0.294	-1.078347	0.3258862
截距项	-0.8645973	0.8354218	-1.03	0.301	-2.501994	0.7727993
3. 一般						
性别	0.1222424	0.295547	0.41	0.679	-0.457019	0.7015039
个体经营	0.4335488	0.392533	1.10	0.269	-0.3358017	1.202899
医务人员	0.7734654	0.7652755	1.01	0.312	-0.7264469	2.273378
管理职业	0.2748164	0.361541	0.76	0.447	-0.4337909	0.9834237
家庭人数	-0.1875246	0.1210283	-1.55	0.121	-0.4247358	0.0496866
子女意愿	-0.1420968	0.1680243	-0.85	0.398	-0.4714183	0.1872246
收入 800 元以下	-0.8245561	0.384122	-2.15	0.032	-1.577421	-0.0716908
截距项	0.7956158	0.7428453	1.07	0.284	-0.6603342	2.251566
4. 有入住需求						
性别	0.354711	0.4020407	0.88	0.378	-0.4332742	1.142696
个体经营	0.2877982	0.5107871	0.56	0.573	-0.713326	1.288922
医务人员	-11.91822	0.4669305	-0.03	0.980	-927.0852	903.2488
管理职业	0.3183808	0.4833319	0.66	0.510	-0.6289324	1.265694
家庭人数	-0.2385193	0.1580331	-1.51	0.131	-0.5482584	0.0712199
子女意愿	-0.3246675	0.2132057	-1.52	0.128	-0.7425429	0.0932079
收入 800 元以下	-1.185419	0.5986196	-1.98	0.048	-2.358692	-0.0121461
截距项	0.69705	0.9273195	0.75	0.452	-1.120463	2.514563

表 4-25　　老年公寓需求意愿影响因素的排序模型

	(1)	(2)
	排序 logit	排序 probit
性别	0.1597	0.0949
(0.2087)	(0.1252)	
个体经营	0.3208	0.1661
(0.2859)	(0.1690)	
医务人员	0.1234	0.0073
(0.6212)	(0.3861)	
管理职业	0.2051	0.1083
(0.2567)	(0.1521)	
家庭人数	-0.1475 *	-0.0895 *
(0.0847)	(0.0509)	
子女居住意愿	-0.1819	-0.1080
(0.1204)	(0.0717)	
收入 800 元以下	-0.7083 ***	-0.4241 ***
(0.2679)	(0.1602)	
样本数	323	323

括号中数值为标准误

* $p<0.1$，** $p<0.05$，*** $p<0.01$

4.5.3.3　模型分析的经济含义及建议

基于实证模型的结论分析，其经济含义及建议如下：

第一，模型结论中家庭人数越少的老人，其入住老年公寓养老的意愿就越强烈，不愿与子女共同居住的老人也更倾向于选择老年公寓养老。这说明在人口结构更替的时期，我国家庭养老所依托的人口基础正在弱化，老年人的养老意识也在发生异化，越来越多的老年人对自己的老年生活的质量更加看重，因而老年公寓养老在未来存在着较大的发展空间。虽然现阶段老年人对老年公寓的需求意愿还不是很强烈，但应该未雨绸缪，逐步加大老年公寓的市场供给，引导老年人合理选择老年公寓。政府和老年公寓机构需要加大对这一新兴养老事物的宣传，在养老观念上营造社会认可和支持的氛围，增强老年人对老年公寓的认知，引导老年人及子女转变传统养老观念，消除对老年公寓的偏见，倡导老年人根据自身需要合理选择老年公寓。

第二，模型结论中表明个体收入越高，其入住老年公寓的意愿就越强烈，收入越低就越不可能选择市场化运营的老年公寓养老。说明老年人的收入水平是制约其消费老年公寓养老服务至关重要的因素。目前，大多数市场化运营的老年公寓收费标准远高于中低收入老年人的消费能力，中低收入的老年人若得不到经济上的补贴和扶持，则难以享受到老年公寓专业化的养老服务。作为政府，对养老服务有着天然的责任，但也有其职责边界，对于高端养老应该放手市场去解决，财税政策应该着眼于中低收入者入住老年公寓的需求，给予其一定比例的财政补贴，也就是采取“补人头”的形式，提升老年人的经济支付能力。

第三，在模型结论当中可以看到，管理人员相较其他职业人员，对入住老年公寓的意愿更加清晰。这可能包含了多方面的原因。一是管理职业者的收入和储蓄都处于较高水平，有支付老年公寓专业化养老的经济能力，二是管理职业者的社会保障比较稳定，其养老金替代率与在职时差异不大。三是管理职业者的医疗保险缴费比例和总额相较于其他职业更有优势，这使他们选择老年公寓养老没有太多后顾之忧。虽然最终反映的都是经济支付能力的问题，但与经济收入不同的是，这里更多反映在社会保障方面。因此，政府要改革和完善社会保障制度，不断扩大社会保障的覆盖面，提高社会保障基金的运行水平，完善职工基本养老保险制度，健全城镇职工基本医疗保险和失业、工伤、生育保险制度。

第四，从模型结论和调研数据分析中我们可以看到，在老年公寓的消费能力上，希望老年公寓的月租金在 1 000 ~ 3 000 元区间的占到八成左右，可见，老年公寓的定价问题是制约其市场空间的关键因素之一。受制于多种现实条件的制约，目前老年公寓市场有强烈的往高端豪华方向走的冲动，符合大多数老年人经济消费能力水平的老年公寓供给还很不够，未来需要更加关注对大众化老年公寓的市场供给，加大对普通老年公寓的财税政策扶持力度，探索并形成稳定的长效投入机制，通过完善立法和政策体系，鼓励和吸引更多的社会力量参与老年公寓的投资、开发和运营。在老年公寓的开发和建设方面，应根据老年人的生理和心理特点，考量大部分的经济支付能力，不能盲目追求豪华和高档。考虑到建设老年公寓的高成本，应该倡导整合社会闲置资源兴办老年公寓，提高现有资源的利用效率。

第5章

老年公寓的开发与经营模式

前摩根士丹利银行家阿尔伯蒂在对话《华尔街日报》记者时说过一句令我们不得不沉思的话："中国有大量满足尽孝道义务的资金，但没有产品。"这说明我们国家还处于养老产品和服务供给比较初始的阶段。虽然我国目前的养老方式还是以家庭养老为基础，以居家养老为主体，但与日俱增的人口流动性以及转型期人们生活方式的变化，已经让家庭养老模式正面临着进退两难的矛盾。不断攀升的房价、越来越小的居住空间以及生活方式的差异，使在身边照顾老人成为很多人不可能达成的"痛点"。因此，以老年公寓为主要代表的机构养老方式就在现实压力和市场驱动的合力下走上了养老舞台。老年公寓是一种新兴发展起来的综合性老年住宅，它虽缺失一些居家养老的家庭氛围，但它却拥有居家养老所没有的各类养老保障设施和服务项目，不仅有利于老年人的身心健康，也使老年人的整体生活质量得以大大提升，同时也减轻了正在工作的子女们的养老负担。

我国目前还缺乏较为成熟的老年公寓养老住宅和相应的养老服务体系，因此，搞好老年公寓项目的建设和开发，完善运营管理体系，既是在我国当前人口老龄化不可逆转的特殊情势下不得不做出的政策考量，也是提高整体社会效益和民生幸福指数，促进社会经济的发展和跃迁，使中国社会经济实现包容性增长①的一个重要方面。本章我们将探索老年公寓的开发和经营问题，主要是厘清我国老年公寓的开发和经营理念，探讨我国老年公寓可行的开发模式和运营模式，并思考提升老年公寓开发和运营成效的一些相应的举措和路径选择。

5.1 我国老年公寓的开发与经营理念

5.1.1 活跃老化理念契合老年公寓开发

1991 年 12 月 16 日召开的联合国大会通过的“联合国老人政策纲领”，倡导照顾老年人的五项基本原则，即独立、照顾、参与、自我实现与尊严。为了实现这个目标，世界卫生组织（World Health Organization）于 2002 年提出了“活跃老化”的理念。该理念认为，老年人在不断老化的过程中，应该保有良好的生活质量，持续拥有健康、社会参与和社会安全。“活跃”所代表的含义不只是有能力参与生产劳作和体育活动，还应该包括不间断地参加经济、社会、文化以及公共管理事务等多方面的工作。

未来，我国老年公寓的需求将会进入一个爆发期，越来越多的老人

① “包容性增长”的概念最早是 2007 年由亚洲开发银行提出的，它的原始意义在于“有效的包容性增长战略需集中于能创造出生产性就业岗位的高增长、能确保机遇平等的社会包容性以及能减少风险，并能给最弱势群体带来缓冲的社会安全网”。最终目的是把经济发展成果最大限度地让普通民众来受益。

会逐渐接受去专业养老机构度过自己老年生活的方式。目前我国老年公寓的开发和建设基本上处于萌芽和无序的初期发展阶段，国家层面除了对老年公寓有一些细枝末节式的支持和优惠政策外，对于如何建设和开发老年公寓还没有一个完整和清晰的产业指导标准。老年公寓的开发应该基于创造一种让老年人积极参与活动的居住环境和氛围，避免加剧其老化状态。要在设计和开发时考虑打造适合老年人互相交流与沟通的人性化空间，强化老年人的价值存在感，帮助老年人通过适度的非强制性角色保持一种良好的精神状态，重新认识自我。诸如在老年公寓开发时配备老年娱乐会所和老年大学、在老年公寓社区内或者公寓附近配置幼儿园等都是有效地促进活跃老化的方式。同时，在设计时要考虑到适应老年人的年龄、身体和体能特征，对不同身体健康状态，不同年龄段的老人要进行设计区隔，不能完全混在一起，这不利于活跃老化的实现。另外，相应的适老化和无障碍的开发和设计要尽早出台相关的产业标准，对老年疾病和失能风险的预防、老年生理健康照护和精神健康提升等方面也需要有足够的物质载体和专业团队配备。

具体来说，活跃老化视角[①]下的老年公寓开发应该达成和遵循以下几个基本原则。

第一个原则应该是尊严。要根据老人的经济状况和身体状况、个人经历和价值、性别和年龄、家庭状况、社会地位以及个人意愿，在设计产品和服务时要尊重其隐私，在提供服务中要尊重其意愿，谨慎地使用限制手段（如身体和药物等）。

第二个原则是能够最大限度地保证老年人的自立。比如鼓励自我照料，以增强老年人的生活自信心和价值感。在国家层面制定养老服务规范时，多采用鼓励、帮助和协助此类的概念，这对于强化老年人最大限度的自立有良好的促进作用。在服务管理的过程中，若非完全不能自理，都要尽力为老年人创造尽可能多的自立和独立的机会，弱化老年人的“自我老化”意识，满足他们在生理、心理和精神上的多重需求。

第三个原则是安全。根据马斯洛的需要层次理论，安全是老年人特

① 周鹏飞：“活跃老化的意涵及政策借鉴——以台湾为例”，《西北人口》，2013（7）。

别关注和看重的一种需要，安全也是老年人保持自立的根本。比如经济上的安全，有稳定的收入来源和资金支持可以保证老人日常生活的支出和在老年公寓的其他增值消费，这是老年人生存的基础和享受的前提。其他像身体健康程度、居住空间的安全、自我保护意识以及与家人和朋友的交往沟通等也属于安全需要的理念范畴。在开发和建设老年公寓时，要尽可能地构建一个由“公寓医院服务+社区医疗中心服务+居家上门服务”组成的三级健康服务体系，为老年客户提供完善的健康管理服务，构建老年人最为担心的医疗安全服务网。此外，在老年公寓内显眼位置应该挂有安全手册。安全手册应包括出现紧急情况时的撤离方式和示范图示、公寓内相关设备的检查频率以及员工责任和详细分工等。在开发和设计老年公寓时对这些方面的诉求应该及时关注。

第四个原则就是参与。要鼓励入住公寓的老人们不要中断与社会的联系，要积极参与经济、社会和政治等方面的活动，参与公寓社区的相关服务。比如开展志愿服务活动能够使他们的余热得到最大限度的发挥，体现自身价值。这种老人们之间的互帮互助的志愿活动不仅使需要照料的老人得到及时照顾，也能使提供照料的老人获得自信和成就感。在老年公寓的基本规范里应该考虑对老年人或老年协会组织如何参与老年公寓的管理和服务做出详细规定。

“活跃老化”倡导的“健康、安全、参与”的理念应该尽快尽早地融入我国老年公寓的开发和建设中，住建部、民政部以及人力资源和社会保障部等相关国家部委应该联手制定我国老年公寓开发和建设的产业标准，指导社会组织高起点规划、高标准建设、高水平管理，促使建设和开发的老年公寓能够符合健康、安全和社会参与的活跃老化特征，实现老人们在整个生命过程中都能发挥生理、心理的潜能。

5.1.2 中端有市场，高端有供给

老年公寓从诞生开始就带有强烈的市场化运营色彩，它跟公办的养老院、敬老院虽然在服务内容和形式上具有一定的相似性，但它不属于完全由政府财政兜底的纯福利性事业。根据中国国情老年人口数量大、

保障水平低的特点，我国的老年公寓的开发和建设适合走政府和社会共同参与供给和管理的发展路线，以满足不同层次需求的养老需要。政府主要做好保障低端的“兜底线”的工作，敬老院、养老院等福利性养老机构重点做好为无收入、无劳动能力、无赡养人和抚养人、失能半失能等生活困难老年人提供无偿或低收费的服务等，保障我国老年人享有基本养老服务的权利。社会投资从资金规模、开发项目、开发商和管理商数量等方面应该远远大于政府投资，建设商业化的老年公寓会形成相对主导的地位。因此，社会力量主导开发建设的老年公寓应该主要定位于中高端的市场消费群体，在初期开发阶段，主体仍然是瞄准中端市场，不能一窝蜂地去开发豪华养生的高端老年公寓产品和服务，应该切合目前的市场需求状态，按照“双轨制”供应理念，围绕老年公寓的商品、不动产、金融品、资本品等属性，实施“中端有市场，高端有供给”的分层分类开发，使老年公寓这种养老产品和服务的市场供需趋于平衡，价格和结构在合理的区间内运行。

5.1.3 硬件配备是前提，软件服务是核心

房屋只是老年社区的载体，但老年公寓最本质的不是公寓本身，而是公寓所能提供的特殊的适老化温馨服务。从开发和建设的角度来看，市场需要提供优质、完善、人性化的硬件体系的承载，否则老年公寓的软件服务将难以发挥作用，无法实现以老人为本。老年公寓的硬件基础开发建设应该考虑在区位环境（空气新鲜、环境优美、交通便利、安静）、单体设计（空间结构、室内配套、建筑造型等）、配套设施（独立医院、娱乐空间和休闲设施等）和室外环境（无障碍设计、住宅区道路系统、社区安全等）四个方面进行提升。软件基础的开发和建设应该着重在专业服务（培训康复、保健、心理咨询等方面的专业人员）和物业管理（能及时应对医疗救护、意外事故、求助等）两个方面。所以，老年公寓的硬件和软件是相辅相成，不可或缺的统一体。从未来老年公寓，尤其是营利性老年公寓发展的视角去看，其开发和运营方向将会朝以下几个方面发展。

第一，规模化发展。随着我国老龄化人口规模效用的显现以及人们养老观念的开放，越来越多的价格适中、质量良好的大中型老年公寓社区将会逐步走向市场，老年公寓产品和服务将会呈现规模化发展态势。

第二，郊区化发展。为了满足老年客户对养老环境的品质要求，同时也为了降低入住老年公寓的成本和门槛，越来越多的老年公寓将不会选择布局在城市中心地带，而会考虑向交通较为便捷，能够方便家人和朋友探访，风景和空气又比较好的城郊地带发展。郊区和城市的开发新区将会成为老年公寓开发的首选之地。

第三，建筑多样化发展。随着老年公寓市场的日趋成熟，老年公寓产品将会不断地推陈出新，公寓建筑呈现多样化特色。在建筑设计上，将会综合考虑公寓住宅的健康性、公寓使用的多功能性以及增强邻里和社区沟通等功能的拓展，这也是未来老年公寓产品的竞争焦点，目的是要实现老年公寓的多元化和现代的复合居住功能。

第四，智能化和安全化发展。未来老年公寓开发将朝着为老年人提供更精细化的照顾以及智能化的应用方向发展，带给老年人更方便、更安全的全方位保障。配备完善的、可应对紧急情况的医疗服务功能系统，营造方便学习交流、跟上时代要求的环境和设施。

第五，健康化和个性化发展。未来老年公寓将会拥有更丰富的、满足不同需求的康复运动和娱乐配套功能，能够不断推出具有不同复合精神与价值诉求的产品和服务，满足老年人自我价值的实现。比如把老年公寓与幼儿园、图书馆等复合开发，满足老人们多元化的发展需要，减少他们的孤独寂寞感。在个性化方面，可以根据老年人的不同需求开发不同服务类型的老年公寓。如开发和提供旅游度假、乡土生活、娱乐交流、艺术欣赏、学习发展以及运动休闲等多种类别的老年公寓服务，满足精力充沛、热爱生活的老年人对于享受生活和自我发展的养老需要。与当地大学合作，让对知识渴求的老年人能够到大学自修学习，让学富五车、满腹经纶的老年人为高校学生开设公开课或各类讲座，实现老年人、高校、社会和学生等多群体的效益最大化。针对那些临时旅游度假型养老、候鸟型养老和居家养老等不同的养老诉求，对他们分别设计集约式或分散化的服务内容。根据老年人经济能力的差异以及对产权诉求的偏好不同，可推出产权型、分时度假型和酒店型等多种形式的老年公寓产品。

5.1.4 资金筹措社会化，引入社会资本投资

目前来看，我国整体养老服务和产品都处于供给不足的状态，尤其是老年公寓市场发育尤为不健全，床位数量供不应求、资金回收期过长、融资渠道狭窄、城乡分布不均、入住价格高昂、服务水平参差不齐等问题仍非常明显。要使老年公寓走上养老服务的前台，必须发挥市场机制的作用，充分地释放市场在养老资源配置中的基础性作用，推动社会资本成为老年公寓产业的“主角”，促进相关产业的专业化人才的培养和就业的落地。只有这样才能使广大老年人安享老有所养、老有所医、老有所乐的晚年生活，促进社会和谐，推进经济社会持续健康发展。

老年公寓的开发和建设，关键的问题就是资金的来源，单靠个人、企业或者政府，都很难满足其庞大的资金需求，必须改革资金来源的单一渠道，多渠道筹措资金，使资金来源多样化、多元化。诸如采取房地产投资信托基金（REITs）等证券化的产业投资基金使老年公寓的投资主体多元化，为众多投资者提供新的投资渠道，也为老年公寓的开发商提供规模扩张的启动资金。通过发行 REITs，使开发老年公寓的公司能够迅速实现资金的回笼，依次循环，最终实现迅速、良性、健康、规模地扩张。

5.2 我国老年公寓开发模式选择

关于老年公寓的开发模式，国内外有很多学者都有相关的论述和文献资料，但相对比较零散。开发模式涉及老年公寓发展的方方面面，诸

如业态形成、需求主体、融资方案、运营管理、盈利模式以及竞争优势等。开发模式不同，老年公寓的客户群体和产生的溢出效用自然也不会相同。为便于研究分析，我们在借鉴国内学者的前期理论和实践研究的基础上，将我国老年公寓的可行性开发模式进行归类说明和SWOT分析。

5.2.1 规模性综合养老社区开发模式

规模性综合养老社区开发模式，是指实施规模性的大盘项目来切入养老社区的开发，通过建立完善以及良好的养老服务保障体系来带动整个养老社区的持续发展。在养老社区内不仅包含老年公寓，还包含其他类型的老年住宅和多种养老设施。除了为老人提供居住空间外，还建有医疗服务中心甚至大型医院、老年活动中心、老年大学、康体中心等各类养老配套设施。

这种综合型养老社区的开发和设计应考虑老人在居住过程中会不断老化这一重要因素——老人最初入住时可能身体还比较健康，但随着年龄的增长，老人会逐渐产生护理方面的需求。因此，在开发建设时，应设计出相应形式的居住产品和服务，以匹配和满足老人从完全自理到完全不能自理各阶段的动态性养老需求。比如，当老人能够自理时，可以居住在一般的老年住宅中，当老人需要较为全面的护理时就可以选择入住陪护型或护理型老年公寓。同时，综合型养老社区会受制于城市土地资源的约束，一般会选在城市近郊或郊外。在开发和设计时，根据老年亚文化群理论，要注意将不同类型的老年居住产品进行合理的分区，保证不同类型老年人的相对独立性，避免相互干扰。在开发这种规模较大的综合型养老社区时，如有资金或人力方面的条件约束，可考虑分期开发和建设。比如先建设自理型老年公寓和部分服务设施，预留出一定发展用地，等到未来合适的时间，再进行陪护型或护理型老年公寓及其配套设施的建设。

综合型养老社区开发模式的运营方式一般比较灵活，常采用综合性的盈利模式，通过产业化发展的模式来满足老年人的养老需求，对配套设施的完善度要求非常高，因而需要资金实力和资本运作能力较强，同时有物业管理经验的大型公司来进行开发。这种开发模式一般常见于养老地产发展成熟期，行业标准体系已经非常完善，开发商和管理商的品牌成为行业和消费的主导。目前，我国还处于老年公寓市场萌芽期，因此这种大型的综合性养老社区在数量上非常少，也不是当前的主流养老产品，但会是未来发展的趋势，主要代表为东方太阳城等。表 5-1 分析了规模性综合型养老社区开发模式的市场优势、劣势、机遇和威胁。

表 5-1　　规模性综合养老社区开发模式 SWOT 分析

	优势（S）	劣势（W）
内部条件	1. 项目成规模经营、整体风险把控度好； 2. 规模大，功能多，配套设施完善，能满足老年人多样化的需求； 3. 提升所在区域的价值； 4. 创造新的社区化的养老生活模式	1. 项目周期长，投入成本高，资金压力大； 2. 项目占地面积大，易受土地调控政策的影响； 3. 老年人置业成本较高
	机遇（O）	威胁（T）
外部环境	1. 房地产行业竞争加剧，开发企业必然逐步走向集中，形成资本实力雄厚、市场掌控力强的大型企业； 2. 老年人对生活品质要求越来越高，对郊区大盘越来越青睐； 3. 中高端养老地产市场潜力大	1. 如何保持社会效益、生态效益、经济效益的统一； 2. 如何定位来满足城市发展与区域需求； 3. 开发进度的把控； 4. 项目的宣传推广

5.2.2　专项开发老年公寓模式

专项开发老年公寓模式，是指专门为老年人开发建造的生活设施齐全、配套设施完善、具有时代气息的城市老年人社区。这种老年公寓社区没有限定的开发主体，既可以由民营企业主导开发，也可以由政府投资建设，还可以由多种主体合作开发。

专项开发老年公寓模式主要针对的是具有一定购买能力的老人，或者是经济能力较好的老人子女。目前，其服务对象主要是城市高知文化、行政管理领导和富裕商人或白领的父母等老龄人士。这些人容易接受新鲜事物，具有较丰富的人生阅历，善于交往，易于成群，便于形成一个活跃的老年群体，这对于专项老年公寓项目的成功起到了重要作用。

这种开发模式是专项开发，相比于在普通小区配建老年公寓这类开发模式的成本投入要高得多，对资金量的要求比较高，开发商可以选择与其他机构进行合作开发。一般比较适合那些社会资源较丰富，资源整合能力较强的房地产开发公司和老年公寓开发商。这种开发模式一般常见于行业标准体系逐步完善的市场成长时期，主要代表为建屋乐龄公寓等。表5－2分析了专项开发老年公寓模式的市场优势、劣势、机遇和威胁。

表5－2　专项开发老年公寓模式 SWOT 分析

	优势（S）	劣势（W）
内部条件	1. 服务专门化、无障碍化、系统化，老年人生活质量有了很大提高； 2. 老年服务容易产生规模效益和共享性，老年人住区服务成本较低； 3. 环境优美、清静，适合老年人生活	1. 建设投入成本高，面临的风险大； 2. 居住区人口单一，老年公寓内缺乏生气； 3. 远离城市生活区，交通不大方便，削弱了与子女的联系； 4. 配套设施不齐全
	机会（O）	威胁（T）
外部环境	1. 政府对老年公寓开发的政策支持； 2. 目前市场上还欠缺比较成熟的专门老年公寓，竞争压力较小	1. 消除诸如老年公寓等同养老院、敬老院等错误观念； 2. 老年公寓概念较新，要得到社会的接受和认可还需要一定时间； 3. 建设内容较住宅区中配建老年公寓复杂

5.2.3　普通住宅小区中配建老年公寓开发模式

普通住宅小区中配建老年公寓开发模式，是指普通的住宅小区里混合开发建设专为老人设计的小户型公寓以及老年人专用的配套服务设施，比如老年活动中心等，以满足老年人的基本养老生活需求，这也是老年公寓市场发展初期较为常见的形态。这种老年公寓模式有利于那些身体较为健康的老人辅助子女照顾下一代，但又不至于住在一起因为生活习惯差异而产生各种矛盾。因此，普通住宅小区中配建一些适合老年人居住的老年公寓，能够满足老人和子女们在同一个社区就近居住的需求。这种老年公寓的开发占整体住宅小区的比例不大，一般位于周边配套设施较为完善、地段较好的地区，老年人与子女生活较近，既能保持独立生活，又能相互照顾。这种居住理念比较适合我国现阶段国情，也是社会当中比较受欢迎的一种养老方式。

普通住宅小区中配建的老年公寓主要是指将小区中部分楼房进行适老化设计，比如增加扶手、进行防滑处理、通道无障碍设计以及满足轮椅通行等。开发设计时老年公寓的户型面积一般不会太大，以不超过50~60平方米的一居室或两居室为主。这种配建的老年公寓可租可售，其经营方式比较灵活自由，入住的老人既可以是自理老人，也可以是需要护理照顾的老人。在进行开发和设计时，建议将这类老年公寓靠近住宅小区的出入口或小区的边沿布局，这样一方面可以方便人员和车辆（如救护车）出入，另一方面老年公寓的底层可规划成商业或公共设施，兼顾对外经营，同时也便于对老年公寓进行单独的专业化管理。在普住宅小区中配建老年公寓模式，一般出现在老年公寓市场发展初期，也比较适合那些有志于开拓老年公寓市场但欠缺相关管理和服务经验的房地产开发公司，开发商在这阶段的主要目标是树立品牌和占领市场，主要代表为万科、幸福汇等。表5-3分析了普通住宅小区中配建老年公寓模式的市场优势、劣势、机遇和威胁。

5.2.4 大型社区中配建老年公寓组团开发模式

大型社区中配建老年公寓组团开发模式以构建“全龄化”大型社区为目标，在建设传统大型社区的过程中植入养老理念，配建一定规模的老年公寓社区，在满足高品质社区的基础上重点强调对老年人的关注。这种开发模式可以说是普通住宅小区中配建老年公寓模式的升级版，但它所处的市场发展阶段、对开发者资金实力、运营能力方面的要求以及

表 5-3　　普通住宅小区中配建老年公寓模式 SWOT 分析

	优势（S）	劣势（W）
内部条件	1. 相对于专项开发老年公寓投入少，资金压力小； 2. 为项目增加一个很好的卖点； 3. 利于开发商积累老年公寓方面的经验； 4. 交通较便捷，配套设施完善； 5. 与其他年龄段群体住在一起，可以让老年人摆脱孤独感	1. 针对老人的额外设计和设施配置，老年人置业成本较高，经济能力弱的老人难以承担； 2. 居住环境较吵闹； 3. 不同年龄群体之间生活习惯不同，容易产生冲突，增加协调成本； 4. 难以形成规模效应，针对老人的服务项目有限
	机遇（O）	威胁（T）
外部环境	1. 政府对老年公寓的政策支持； 2. 符合未来居家养老的发展方向； 3. 与子女生活较近，受老年人群体的欢迎	1. 项目前期如何进行规划布局； 2. 后期运营中协调不同群体之间的关系； 3. 如何消除借老年公寓之名变相开发房地产的质疑

选址布局等方面与后者差异甚大，因此我们将它作为一种可行的开发模式选择单独列出来。

这种开发模式一般需要通过产业化模式来运作，体量大，对开发者的资金实力和资本运作能力要求非常高，还需要有较强的物业管理经验，因此，一般由实力雄厚的大型公司主导开发和运营。开发公司在规划建设大型住宅社区时，划出数目不一的小片区域专门建设老年公寓组团。这种开发模式有利于增加项目对新客户群的吸引力，老中青三代混居于同一社区，使居住产品实现了差异化。老年公寓组团可以和社区其他组团共享配套服务设施和资源，有效地降低了开发成本。

这种开发模式需要开发者注意将老年公寓组团的比例控制在一定的范围内，不宜过多也不宜过少，同时还要控制组团的规模，尽量区划为多个小型居住组团，增强社区整体的归属感。这种开发模式一般出现在老年公寓市场发展的成熟期，那时行业标准体系已经完善，开发商和运营管理商的品牌成为行业和消费的主导，适用的地理区位一般在大型城市的周边区域，主要代表为绿地 21 城、绿地孝贤坊等。表 5-4 分析了大型社区中配建老年公寓组团的开发模式的市场优势、劣势、机遇和威胁。

表5-4　大型社区中配建老年公寓组团开发模式SWOT分析

	优势（S）	劣势（W）
内部条件	1. 有利于营造轻松活泼的生活环境，提高老年人生活品质； 2. 通过产业化模式来发展大型多功能复合社区； 3. 尽可能降低管理成本	1. 建设大型养老社区的经验不足； 2. 投入大，需要大量的前期基础设施投入； 3. 项目周期长，资金链压力大； 4. 各种养老资源的合理配置经验不足
	机遇（O）	威胁（T）
外部环境	1. 国家对老年公寓的政策支持； 2. 老年人对生活品质的要求越来越高，对郊区大盘也越来越青睐	1. 国家在土地方面的宏观调控政策不确定； 2. 如何定位来满足城市发展与区域需求； 3. 如何发展自身不可复制的核心竞争力

5.2.5　与相关设施结合的功能互惠型开发模式

与相关设施结合的功能互惠型开发模式，是指老年公寓项目除了依托社区共同建设外，还可以与一些其他相关设施结合，共同进行开发和建设，例如与医疗机构、高等院校或其他福利设施设置在一起。此类开发模式能够充分发挥各方资源优势，使老年公寓产品和相关设施实现互惠互利。

比如老年公寓和医疗机构就可以建立合作关系，二者就近设置或共同开发建设。这种“医养结合”的优势将优质医疗资源引入老年公寓项目，从而使入住老年公寓的老人感到有安全保障，是马斯洛需要层次理论在项目中的具体体现。这种“医养结合”的模式通过对老人实行高品质、全方位的照护，全面提高老年人的生活和生命质量，有利于创建健康老龄化和积极老龄化生活，协助老年人过独立自主有尊严的老年生活。还有一些医院采取直接划分出部分闲置住院床位来开办老年公寓，既提高了医疗资源的使用效率，又满足了一些护理程度较重、普通养老机构无法收养的老人的养老居住需求。以日本六甲老年公寓为例，开发企业将老年公寓与建立了合作关系的医疗机构邻近设置在一起，当老人遇到突发疾病时，医疗机构可以做出迅速反应，令入住其中的老年人感到十分安心。

再比如，老年公寓与教育设施结合，这样的老年公寓社区也很受欢迎，尤其是很多“高知老人”退休后希望能终身学习，发挥余热。老年公寓若与大学等教育机构相结合，使老人能够通过自修学习以及开办讲座或公开课等输入知识和输出知识的方式，真正体现“老有所学”和“老有所为”，实现知识资源和教育资源的优化利用和效益最大化。还有，老年公寓与幼儿园一起开发设置也是一种可行的较好模式。这种“一老一少”的结合使老人们的关爱和照顾、孩子们的童趣和欢乐能够融合在一起，既有利于消除老人的孤独寂寞感，也能够让幼儿园的孩子得到老人们的关心和照看。老年公寓和幼儿园进行统一开发和管理，也可以节约建造成本和人力成本。

与相关设施结合的功能互惠型开发模式在市场中出现的时间没有明显的阶段性特征，市场发展初期、成长期甚至成熟期都有可能出现。在适应的地理区位上，因为是与其他设施结合并设或共同开发，所以本身不具备突出的地域性特征。但大学、幼儿园和医院等机构和设施一般出现在城市中心区域，主要代表为燕达国际健康城等。表5－5分析了与相关设施结合的功能互惠型开发模式的市场优势、劣势、机遇和威胁。

表5－5　与相关设施结合的功能互惠型开发模式SWOT分析

	优势（S）	劣势（W）
内部条件	1. 有利于实现资源的互补和高效利用，提高老年人生活品质； 2. 能够满足老人特定偏好的养老需求； 3. 能够降低建设、开发和管理成本； 4. 提高人力资源的使用价值	1. 只能满足单一需求，有其他养老需要时则只能依靠外力解决； 2. 此类合作模式还处于摸索阶段，市场化经验不够； 3. 除“医养结合”外，其他市场驱动力不足

续表

	机遇（O）	威胁（T）
外部环境	1. 很多相关设施已出现闲置现象，市场结合点慢慢显现； 2. 国家在政策层面鼓励发展这种模式	1. 这种模式发展稳定性不够； 2. 结合发展中出现的风险预估不足，没有相应制度和规范； 3. 专业性方面有一定缺陷，容易失去吸引力

5.2.6 与相关产业或商业体结合的共同开发模式

与相关产业或商业体结合的共同开发模式一般是指老年公寓在开发过程中与某个相关的产业或商业体结合，开发某种具体的养老产品，与功能互惠型开发模式不同的是，它是为了单向实现和满足老年人的某类特定的养老需求而产生的。

比如，老年公寓与旅游、休闲和养生产业相结合就是一种较为典型的模式，它是为了满足老年人养生养老、康复保健以及旅游休闲等需要而形成的。这类老年公寓项目一般会选在风景资源或文化资源比较好的区域，比如在海南、云南、广西等地的旅游、休闲、养生型的老年公寓已经越来越多。一些与旅游产业相结合的老年公寓项目中，老人可能在公寓中居住的时间比较短暂，在设计时应注意对居住产品的创新，比如设计新型的老年公寓，既能适合单人、多人入住，又能满足举家外出度假、老人长期疗养的需求，还可以供老人与多位子女聚会庆祝、老人与多位朋友结伴度假等。同时，养老公寓的居室还可转变为宾馆客房，供公司集体开会、培训使用。这种适应性强、灵活可变的产品形式有利于开发管理者实现多种经营。

还有些老年公寓的开发是与城市中心繁华地段的商业地产结合在一起，这也是一种比较新颖的模式，尤其对于那些居住在拥挤大城市的老年人来说，他们喜欢繁华的都市氛围，退休后不希望脱离原来便利的商业、休闲娱乐资源。当他们需要护理时，更不愿意放弃城市中优质的医疗资源。他们具备较强的经济实力，能够负担得起在城市中心区的养老和消费。因此，在城市繁华地段配建这种老年公寓能够满足他们的养老需求。一般来讲，开发者通常会集约化地将老年公寓和普通居住住宅共同结合在一栋高层建筑中。以日本东京的丰州老年公寓为例，其选址位于东京湾畔的一处新兴高档生活区内，周边1公里范围内配有大型综合购物中心、医院、公园、大学等配套设施。老年公寓采取复合居住模式，同一栋楼内集合了普通租赁住宅、酒店式公寓和老年公寓三种居住产品，使出租对象多样化，从而降低了运营风险。开发设计时要注意为不同类型的居住人群设置独立的出入口，以便进行单独管理。表5-6分析了与相关产业或商业体结合的共同开发模式的市场优势、劣势、机遇和威胁。

表5-6　与相关产业或商业体结合的共同开发模式SWOT分析

	优势（S）	劣势（W）
内部条件	1. 能够满足老年人的特定养老需求； 2. 能够提高老年人的生活质量和生命质量； 3. 能够促进养老地产的发展，拉动内需	1. 配套养老服务设施不足； 2. 居住产品和服务设施容易分散； 3. 综合化的专业养老功能难以实现； 4. 养老产品的使用效率难以均衡； 5. 离开了原有家庭，容易产生孤独感
	机遇（O）	威胁（T）
外部环境	1. 相关产业发展越来越成熟； 2. 人们的养老观念逐渐开放； 3. 存在一部分休闲养老和高端养老的老年群体，消费潜力大	1. 很多公寓的产权存在模糊不清的现象； 2. 休闲养老和高端养老的人群比例还不高，市场容量受到限制； 3. 价格过高，会阻碍需求意愿

5.2.7　资源整合利用开发模式

资源整合利用开发模式主要是指收购、兼并、重组现有的养老机构和盘活原有的国有资产，并将其改造为具有综合养老功能的老年公寓，在本质上是一种将资源进行整合利用的开发模式。比如盘活原有的国有资产是指将一些闲置的国有资产盘活，改造为老年公寓或其他养老设施，例如城市里的旧医院、闲置的办公楼、工厂园区、废弃的军事基地、空置的小学、幼儿园等。这些国有资产一般是地理位置较好，面积也不小，在城市中的分布也比较均匀，比较适合进行老年公寓的改建。这种开发模式的重点在于，需要选择便于进行适老化改造的建筑。例如，注意建筑的开间尺寸、走廊宽度、门洞大小等能否满足老人居住和轮椅通行的要求等。通常采用框架式结构的建筑可改造性较强，内部墙体移位相对灵活，更有利于进行改建。例如，北京市民政局就针对目前存在的闲置度假村、培训中心和酒店会所的闲置现象提出了将其开发成老年公寓等养老机构的构想，希望盘活这些存量资源，用于推进养老机构的快速发展。

比如，通过收购、兼并、重组现有的中小规模的老年公寓等养老机构，在此基础上进行资源整合、优化升级，使之成为专业化的老年公寓机构。一般来讲，被收购和改造的对象往往存在经营困难，设施和管理落后，不适合现代化养老的需要。因此，对其进行收购、兼并、重组，按照市场化运营方式激活其内在活力，使服务对象层次更加丰富，利益实现更加多元化。这种开发方式一般比较适合与政府联系较密切、拥有丰富的公共资源、资源整合能力较强的公司、国有资产经营管理公司和保险资产经营管理公司等。这种开发模式一般出现在市场发展初期，开发商通过此种模式先进入老年公寓市场，进而不断开拓更大的市场，主要代表为诚通颐年山庄等。表 5－7 分析了资源整合利用开发模式的市场优势、劣势、机遇和威胁。

表 5－7　　资源整合利用开发模式 SWOT 分析

	优势（S）	劣势（W）
内部条件	1. 进入养老地产市场的门槛较低； 2. 整合利用现有闲置养老资源，提高资源利用价值； 3. 改变养老机构设备落后、管理混乱的局面	1. 符合收购条件的养老机构较少，一般都布局较零散、良莠不齐，寻找成本高； 2. 收购过程较复杂，需要较长时间的审批程序； 3. 产权较模糊，退出机制不成熟

续表

	机遇（O）	威胁（T）
外部环境	1. 政府对老年公寓的政策支持； 2. 各个地区会出台一些鼓励进行养老资源整合的优惠政策，地方政府支撑力度较大	1. 如何进行资源定价； 2. 企业与地方政府之间的合作关系融合需要一个过程； 3. 企业与地方政府的权利责任如何界定

5.3 我国老年公寓的运营模式选择

一个系统完整的运营模式应该是企业通过合理的市场和角色定位，根据自身的资源禀赋能力来整合自己的关键资源能力，针对不同的市场利益相关者确定关系的种类以及相应的交易内容和方法，从而清晰地达成自己的盈利模式，达到自由现金流结构的优化，最终实现较高的商业价值。不管开发的是什么类型的老年公寓产品和服务，可持续发展的运营模式才是投资开发者最为关注的。

运营模式简单来说就是经营方法，包含对企业所生产产品和提供服务的设计、运行、评价和改进，所以，广义上的运营模式理应包含设计、融资、生产、销售和管理等多个维度。狭义上看，运营模式最为核心的就是其盈利模式，本部分探讨的就是我国老年公寓狭义上的运营模式，也就是供给者和需求者两个角度探讨老年公寓这种养老产品及其服务的盈利来源和相应的运营理念。

5.3.1 老年公寓供给者常用的运营模式

从老年公寓供给者，也就是投资开发者角度看，目前最为常见的运营模式分别为全部持有模式、全部出售模式和出售与持有相结合模式三种。这几种模式都已在市场发展中试水运营，也有较为成功的代表案例。下面我们将运用 SWOT 方法对三种模式进行分析，并引入国内试点的老年公寓运营案例进行说明。

5.3.1.1 全部持有模式

全部持有模式是老年公寓开发商的一种长线投资模式，经营管理其持有的老年公寓和护理中心等养老地产，通过租金收入、不动产升值等方式取得收益的一种运营模式。这种运营模式尽管投资回收期长，但运营收入可持续，需要有专业的运营管理团队，一般适合具有长期物业运营经验的公司如保险资产经营管理公司等，全部持有模式大多出现在老年公寓市场发展成熟期，国内的主要代表案例有太申祥和山庄、爱慕家和寿山福海等老年公寓企业。表 5-8 分析了这种运营模式在市场发展中的优势、劣势、机遇和威胁，我们用 SWOT 分析方法进行阐述，主要代表案例的运营要点分析见表 5-9。

表 5-8　　全部持有模式 SWOT 分析

	优势（S）	劣势（W）
内部条件	1. 从长期来看，持有型运营模式符合养老地产的特质，收益稳定； 2. 可以进行统一的经营管理； 3. 可以分享资本升值带来的收益； 4. 减轻老年人一次付费压力	1. 投资回报期长，收益率低； 2. 需要长期的大量资金的支持，项目风险大； 3. 退出机制不完善
	机遇（O）	威胁（T）
外部环境	1. 政府对养老地产的政策支持； 2. 国家对房地产市场调控力度的不断加大，逼迫房地产企业进行转型； 3. 更契合老年人养老需求	1. 如何根据市场需求不断变化来调整自己的发展策略； 2. 如何应对后起市场的更优秀产品竞争； 3. 如何应对政府关于持有型物业的政策变化

表 5－9　全部持有模式代表性案例的运营要点分析

运营要点	太申祥和	爱慕家	寿山福海
特点	集养生、会议、餐饮等业态为一体的度假老年公寓	高端小型度假老年公寓	中式建筑风格的独立老年公寓生活社区
规模	占地 10 万平方米，总建面 6 万平方米	占地 27 亩，总建面 9 000 平方米，270 张床	总建面 2.66 万平方米，550 张床
收费模式	会员费 20 万～50 万元，1～3 年内无月费，餐饮、医疗等服务需自费	会员费 60 万～150 万元，2009 年月费 8 000～16 000 元/套，现月费 3 500～10 000 元/套；	押金 5 万～8 万元，床位费 1 000～3 600 元/床，餐费服务费自理
客户定位	中端养生、度假客户	定位高端客户为主	以城区内中端客户为主
土地获取	采用租地模式，运营成本较低	租军产建筑设施改造，前期投入装修装饰成本	土地为工业用地，地价低
建筑形态	中式古典风格，双层围合公寓	多层廊式公寓，内部采用美式装修风格	中式风格，连廊式多层公寓
入住情况	2002 年 10 月正式开业，现会员 1 000 余名，常住会员 500 多名。太医馆和度假酒店为主营业务	18 个月入住 46 户，现常驻 80 人，收费较高，市场接受度差，目前入住率 32%	17 个月入住 144 床，2 年一期住满；2010 年推出二期，现入住率 90%
基础配套	房间设应急呼叫系统 每天专人打扫卫生和护理 餐饮中心、学习健身区域、社团活动丰富、康乐中心为星级宾馆	专业营养配餐 提供心理咨询和关爱、提供家庭医生护理照料、24 小时生活服务、康娱服务	餐厅服务、生活服务、老年乐工作室
医疗特色	太医院：定点医疗机构、中医为主，会员可享受一年两次免费体检，常规门诊会员可免挂号费	医疗绿色通道：与附近 301 医院建立长期合作关系，资源共享，医疗服务、健康咨询	医务室、保健康复和医疗护理
备注	相关数据依据各老年公寓企业官方网站以及相关地产研究报告自行整理而得		

5.3.1.2 全部出售模式

全部出售模式，是指开发商通过招、拍、挂方式获得土地的产权和使用权，独立开发建设符合老年人需求的老年公寓，并销售给老年人以快速回笼资金的运营模式。全部出售模式的特点是投资回报期短，开发运营模式与一般房地产开发基本相似，比较适合在老年公寓市场发展初期那些没有物业管理经验的房地产开发公司使用，国内的主要代表案例有长庚老年公寓、东方太阳城、万科幸福汇等老年公寓企业。表 5 - 10 分析了这种运营模式在市场发展中的优势、劣势、机遇和威胁，我们用 SWOT 分析方法进行阐述。主要代表案例的运营要点分析见表 5 - 11。

表 5 - 10　　全部出售模式 SWOT 分析

	优势（S）	劣势（W）
内部条件	1. 老年人能分享房产升值带来的收益； 2. 投资周期短，开发商能快速回笼资金； 3. 产权较清晰，老年人权益能得到保障； 4. 老年人有家的归属感； 5. 有相当面积的设施不能用于出售，投资收益会低于商品住宅	1. 不能发挥养老地产项目的整体效应； 2. 开发商易为经济利益抬高价格，加大老年人的负担； 3. 开发商不能保有地产升值带来的收益； 4. 利润来源点单一
	机会（O）	威胁（T）
外部环境	1. 政府对养老地产的政策支持； 2. 养老地产市场的巨大潜在需求	1. 如何根据市场情况进行项目定价； 2. 采用何种销售模式进行项目推广； 3. 消除借养老地产之名来进行房地产开发盈利的质疑； 4. 老年人“买房养老”的需求并不普遍，该模式市场空间小

表 5-11　全部出售模式代表性案例的运营要点分析

运营要点	东方太阳城	万科幸福汇
特点	以养老为营销题材的房地产开发项目	以养老为营销题材的房地产开发项目
规模	占地234万平方米，总规划面积80万平方米	占地面积7.2万平方米，总建筑面积16.4万平方米，1 262户
运营模式	全部为住宅产品销售	住宅产品全部销售，配套公建部分出租
客户定位	中高端客户	中端客户
土地获取	住宅用地	摘牌方式取得住宅70年产权
建筑形态	多层老年公寓、别墅、洋房、	5~15层一梯两户板式公寓洋房
入住情况	一期500套，二期1 229套均售罄，2008年至今，三期在售，独栋125户，公寓2 000套，老年公寓16 000 元/平方米。已售房源入住率不高	2011年6月5日开盘，开盘均价10 000元/平方米，开盘当日销售率83%，全部为80平方米两居户型，两个月时间一期开盘的180套已全部售罄
基础配套	东方嘉宾国际酒店、商业街、康体中心、各类球馆、温泉泳池、5万平方米太阳会所、7个班的幼儿园、菜地认领，休闲娱乐餐饮服务设施	2万平方米配套，其中1.5万平方米的老年公寓和活动中心——“活跃长者之家”
医疗特色	功能完善的综合性医院——东方太阳城医院	无
备注	相关数据依据各老年公寓企业官方网站以及相关地产研究报告自行整理而得	

5.3.1.3　出售与持有相结合模式

出售与持有相结合模式，是指开发商通过一部分老年公寓产品的销售及剩余部分老年公寓产品出租和配套物业的持有，获得销售利润和提供服务利润的运营模式。出售与持有相结合模式的特点是运营模式较灵活，通过前期销售回笼资金来投入下一阶段物业运营中。出售与持有相结合模式除了拥有全部出售和全部持有两种模式的优点外，还可以在土地方面采取灵活策略，如经营性物业可以不取得土地所有权，或者通过其他性质的土地降低成本，而需要出售的老年公寓则通过招、拍、挂取得土地使用权，既可以实现资金的快速回笼，又可以享受到土地升值的利益。这种模式比较适合那些资金实力有限但有一定物业管理经验的房地产开发公司使用。国内的主要代表案例有将府庄园、北京太阳城、曜阳国际等老年公寓企业。表5－12分析了这种运营模式在市场发展中的优势、劣势、机遇和威胁，我们用SWOT分析方法进行阐述。主要代表案例的运营要点分析见表5－13。

表5－12　　出售与持有相结合模式SWOT分析

	优势（S）	劣势（W）
内部条件	1. 既能维持公益服务内容的需要，又能避免企业经营中面临大的风险； 2. 经营方式灵活多样，能满足老人多样化需求； 3. 利润来源多元化，既有住宅销售带来的利润，也有完善的配套服务及物业增值带来的收益	1. 这种经营模式资金投入比单纯的住宅开发要大，投资回收期相对较长； 2. 社区管理大大提升了对开发商专业要求
	机会（O）	威胁（T）
外部环境	1. 政府对养老地产的政策支持； 2. 养老地产市场的巨大潜在需求	1. 如何根据市场的变化情况确定持有与销售之间的合适比例； 2. 既要面对销售的压力，对配套的物业经营管理也担有风险； 3. 如何协调好各种资源，发挥整体效益

表5－13　　出售与持有相结合模式代表性案例的运营要点分析

运营要点	将府庄园	北京太阳城	曜阳国际
特点	租赁集体土地、以出售使用权为主的养老项目	全国首创“老年多元化居住社区”	红十字的连锁品牌
规模	占地38万平方米，总建面约12.8万平方米	占地42万平方米，总建面30万平方米	占地13.74万平方米，总建面6.72万平方米

续表

运营要点	将府庄园	北京太阳城	曜阳国际
销售部分	销售50年产权，可销售面积占58%，其中家居式公寓228户	20万平方米	一次性购买的永久会员拥有70年使用权
出租部分	持有运营面积42%，其中两栋短期公寓共288套	已建成3万平方米，472间，近1 000张床位投入使用	酒店式公寓82间，共150个床位
收费模式	会员费公寓2万元，别墅10万元，月费5 000～9 000元/套，餐饮、医疗等自理	一次性缴纳10万～20万元押金，月租金2 300～3 800元/月，水电餐饮单交	会员费10万元，短租月租4 900～6 500元，年租5.8万元/套，餐费单交
客户定位	中高端客户为主	中端	中高端
土地获取	租赁集体土地	一期划拨土地，二三期低价配套取得土地	市场摘牌取得土地
建筑形态	别墅、高层板式公寓	别墅、高层板式公寓、2万平方米人工湖	酒店公寓、洋房、独栋、联排、跃层
入住情况	一期已开放两栋短租楼，一年内入住率80%，2008年销售别墅50年使用权，销售率达90%以上	销售类已经售罄，二手房价格14 000元/平方米，出租类入住率达90%以上	2010年10月现房开盘，2011年4月售罄
基础配套	综合服务中心：供应日常生活用品；健身娱乐中心：含健身娱乐设施、餐厅、酒店	中庭绿地、酒店、温泉健身中心、文艺中心、家政服务中心、娱乐区、全保姆服务	餐饮、休闲、娱乐、商务配套
医疗特色	医疗保健中心，与北京多家三甲医院开通绿色通道护理中心、呼叫中心	太阳城老年医疗中心	武警总医院中西医康复医疗中心
备注	相关数据依据各老年公寓企业官方网站以及相关地产研究报告自行整理而得		

5.3.2 提高老年公寓需求者支付能力的运营模式拓展

老年公寓是符合老年人身心特征的新型养老居住住宅，它本身只是一个物质载体，常态下老年公寓采取市场化或准市场化的运营方式，在费用和入住条件上都有一定的门槛标准，也就是说，有意愿的老人们想要入住老年公寓，必须支付相应档次和标准的费用才能进入。怎么让老年人愿意入住并顺利住下去，采取何种经营模式去契合经营者和消费者的均衡利益，尽可能地使达到一定条件的老人能满足入住的诉求和愿望，这是一个值得探索的难题，迫切需要我们提出相应的解决方案。我们以"以房养老"和"以地养老"为思考视角，提出了提升老年公寓需求者支付能力的几种拓展运营模式，目的在于使老年公寓的供给和需求有效连接起来，解决消费老年公寓产品和服务的资金来源和经济能力问题，实现供给方和需求方市场价值实现和社会效益最大化。

5.3.2.1 "以房养老"模式

简单来讲，"以房养老"是指想入住老年公寓的老人将拥有产权的房子抵押、变卖或者租赁出去，以定期获得一定数额的养老资金或者接受老年公寓服务的一种养老方式。"以房养老"方式的产生是资源优化配置理论、产权分割与资产流动性理论以及生命周期理论在养老实践的运用。在老年公寓市场发展中，有四种可行的模式可以有效地对接老年公寓养老运营与实践。

1. 老年公寓与住房产权置换模式

老年公寓与住房产权置换模式，是指拥有住房产权的老年人，将其产权让渡给老年公寓机构，后者为前者保证在老年公寓的居住生活权。这种房屋置换模式通俗上讲就是"差价换房"或"差价调房"，是不同住房间价差交换或等价交换的交易形式。在房屋置换模式服务中，实质上是买和卖的双向交易服务，即老年人卖掉原有住房的产权，再买进一套满足养老需要的老年公寓住房的使用权和生活保障权。

置换模式是考虑到老年人在进入老年期后，其享有的信息的广泛性受到限制，其身体状况、精力也处于劣势，而且二手房交易与租赁手续繁杂，对于多数未经历过这个过程的老年消费者来说，需要了解有关房屋交易与租赁方面的知识，且交易过程涉及各个环节，每个环节都可能出现问题。而老年人通过契约将房子直接交给老年公寓机构取得公寓的居住生活权，余下的事情交由老年公寓派专人负责，自己则可省心省力。老年公寓机构可以通过房地产中介机构将其获得的分布在市区各地的房产变现为现金或用其他方式对这些旧有住房资产加以盘活利用。这种模式的操作程序如下：

第一，拥有房产的老人在向老年公寓机构进行信息咨询并审视自身条件（包括住房条件和身体条件）之后，向老年公寓提出入住申请。

第二，老年公寓机构接受其申请后委托房地产评估中介机构对其房产进行公正客观评价，然后由老人对其出具的评论报告书签署意见。

第三，老年公寓机构根据老人提供的房产评估价值，同老人协商安排选择入住不同类型、不同生活水平、不同档次的老年公寓，双方签订协议后，老年公寓机构取得老人原有住房的使用权或所有权，老年公寓负责老人的居住和生活其他方面内容。

第四，老年公寓机构将取得的房产与房地产经纪中介机构合作，通过出租、出售等形式处置房产，将房产变现为现金。为后期老年公寓的维护提供资金来源，并维持老年公寓正常运营的费用。

老年公寓与住房产权置换模式有其适用对象和条件，比如老年人的年龄至少要达到60岁，要拥有自己独立产权的住房，而且住房具有一定的价值。同时老人不愿意同子女居住生活在一起，也不希望或没有条件同子女共同居住，老人适应社会的能力比较强，能接受或希望入住老年公寓度过晚年。此外，子女对父母的售房入住老年公寓的行为也表示支持。具备以上条件才可顺畅地实施这一模式。

老年公寓与住房产权置换模式在现实运用中会给老年公寓的供给者、需求者和社会带来程度不一的风险。对入住的老人们来说，老年人将房子交给老年公寓机构出让产权而获得余生生活的保障，但老年公寓的资信、履行合同的能力等方面的可靠性会直接影响老年人晚年的生活保障性。另外，如果老人入住了一段时间后，不满意老年公寓的服务想要退出，这种退出保障会有多大？万一老年公寓经营不善倒闭，老人的生存谁来保障？所以这种置换模式是养老市场化的一次有益尝试，但存在的市场风险和问题不少。对于老年公寓机构来说，要定期持续地为保障老年人的生活、医疗、服务等而支付一定的资金，如果入住后若老人医疗和生活方面的费用如果远远超出其房子的市场估值，则经营上必定会有很大风险。同时，老年公寓机构将房子委托给房地产经纪机构回收资金时，也会受到房地产二级市场的波动影响，存在一定的经营财务风险。此外，还存在法律风险和政策风险。因为涉及住房置换、老年生活保障协议、老年公寓委托房地产中介评估、出售协议等一系列相关法律合同，这些合同在执行中极易产生法律上的争议，并可能导致长时间的仲裁和诉讼。对这些合同文本协议，应事先制定一个指导性条款和规范性示范文本，且在操作过程中尽量使用示范文本，将所签合同由相关公证机构予以公证。对于住房产权置换这种模式，目前政府部门还没有出台明确的法律和法规，是一种新的探索。

而住房产权置换模式最为核心的内容是住房价格和养老费用的测算。老年人入住老年公寓主要是为了养老，用住房资产的价值提前变现的形式来实现养老保障的目标，这其中有关键的两点需要注意：一是老人在老年公寓养老的一切费用的总额度有多大；二是房产的价值有多大，该价值的变动的趋向怎样，两者之间能否画等号。取得平衡是实施这种模式的关键，而如何取得两者之间的平衡需要考虑的基本因素包括老年人住房的市场价值现值评估、老年人入住老年公寓的预期时间、寿命的估算、老年公寓提供的服务档次、所需年生活费用标准、市场利率、物价涨跌率、保险费、其他意外事项的特殊费用额度等。关于住房价格和养老费用的测算有非常复杂的计量模型，这里我们将其简化为一个费用测算分析表以观察两者之间是否能达到平衡（见表 5-14）。

表 5-14　　住房价格和入住老年公寓的费用测算

住房市场评估价值	二手房市场评估价格	x 元/平方米
	原住房面积	y 平方米
	原住房的市场评估总值	x×y 元

续表

入住老年公寓的各项费用之和	老人入住老年公寓的预期时间	n 年
	老年公寓每人所需月生活费用标准	b 元/月
	每年所需费用	12×b 元
	n 年所需费用	12×b×n
	利率、物价影响涨跌率、费用	a%，c 元
	意外事项的特殊费用额度	d 元
	小计	12×b×n+c+d
是否达到平衡	(x×y) - (12×b×n+c+d)	>0，房子价值大于入住费用 <0，房子价值小于入住费用 =0，房子价值等于入住费用

2. 老年公寓与住房租赁连接模式

老年公寓与住房租赁连接模式，是指老年人将拥有产权的住房与老年公寓机构签订协议将房屋使用权移交给老年公寓机构，获得在老年公寓的居住生活权，期限长短可由双方协商。这种连接模式与置换模式类似，不同的是在老人入住老年公寓以后住房的产权仍归老人所有，而且老年公寓机构取得住房后资产利用方式也不同，由老年公寓机构与房地产经纪机构联合运作将其出租，老人入住老年公寓的费用由租金来提供。

老年公寓与住房租赁连接模式的优势在于老年人保留了住房产权，增加心理依托感，同时退出机制灵活，一旦老人不想继续住老年公寓了，可在下一个续期的时候中止签约而不必承受将住房置换的风险。此外，这种模式也使老人规避了房产租赁市场复杂多变的风险。这种模式的缺陷在于房地产租赁市场波动会对老年公寓机构产生影响，因为老人入住老年公寓的生活费用来源于原有住房的租金，而租金水平受房地产租赁市场的波动影响比较大，租金的涨落又会在短期内影响到老年公寓的资金状况，在长期内会影响老人的生活质量。

采用老年公寓与住房租赁连接模式，是考虑到人在年老时在身体上、精力上等处于劣势，而目前房屋租赁市场又具有多变性，会对老年人的晚年生活产生影响，由老年公寓机构统一来与房产经纪机构进行房屋租赁的协商工作，可以弥补老年群体在租房时的劣势地位，构建老年公寓机构与房地产经纪机构联合运作机制，可以使整个流程更加通畅地运行，减少老年群体租房的烦恼，同时也为房地产经纪机构提供了稳定的房屋来源。因为老年公寓主要用来出租，所以这一模式主要是在老年公寓机构与老年群体之间运作。其基本操作程序如下：

第一，拥有房产的老人向老年公寓机构提出入住申请。

第二，老年公寓机构接受老人的申请后委托房产评估机构对其房产进行租赁价值的评估，根据其评估值与老人协商入住协议，包括入住的期限与选择老年公寓的类型、档次等。

第三，老年公寓机构将取得的房产与房地产中介经纪机构合作，通过出租处置房产，利用租金为老年公寓运营费用提供资金来源渠道。

3. 老年公寓与投资返本入住连接模式

对于老人来说，最重要的是在有生之年能否过一种高品质的生活。因此，可以考虑如何提供给老人居住使用权住宅的思路，投资返本入住模式是一种可行的尝试。它是指入住老年公寓的年龄为60岁以上的健康老年人，一次性支付公寓房款全款，自入住老年公寓的第二个月起，老年公寓开发商每个月向入住老人平均返还本金，所返金额按老人所住公寓的房款总量和一定年期（通常为20年）为基数计算。若老人在预定的年数期限内不幸离世，老年公寓开发商将一次性偿付剩余房款。若老人健康长寿，则在超出预定的年限后不再支付入住费用，享受终身免费居住。不论入住老人何时离世，只要公寓开发商已经全部返还了房款，住房支配权则归老年公寓机构收回。

投资返本模式可以当作老年公寓开发商的一种反向融资手段，因为入住的老人必须缴纳所有的房款，开发商可以在短期内集纳一笔数目较大的资金，这笔钱可以用于老年公寓项目的建设等重要环节。假设一套房子按全款50万元计算，老年公寓开发商总共拿出100套来推行返本入住，100套将会筹集到5 000万元，这5 000万元分成20年返还给买房的老人，每月仅需付出20多万元，20万元对于一个老年公寓开发商来说根本微不足道。但如果开发商从银行贷5 000万元的话，按照现行的利息率（5年以上6.55%）计算，在20年内，开发商光偿还的利息就接近4 000万元，每月需要支出37万元，若压缩到10年期，每月支出更是高达57

万元左右。从这个角度上看，开发商处于非常有利的地位。另外，老年公寓机构在返本入住的房产中，并不出售产权，只是老人的终身使用权。老年公寓开发商把盈利主要放在入住老人的养老服务收费上，住房只是当成一种融资方式。对于老人来说，这种模式也有效地协调了买老年公寓和支付养老服务费用紧张的矛盾。通过返本入住，入住老人每期可以得到一定数量的返还资金，这样使养老和居住两不误。对于老人子女来说，返本入住模式既能满足子女孝敬老人的愿望，也能让子女们在若干年后拿到买房的一部分剩余款项。

在投资返本模式中，老年公寓开发商得到的是出让公寓使用权一次性收到的全部房款和若干年后（住户存活年份）收回该套住房的产权，付出的是老人存活期间的每年返本款项和公寓的建造维修成本。当然，实施这种模式需要老年公寓开发商考虑以下问题：

第一，用这种模式出让房屋，其售价如何定位；一次性收到的全部房款和返还款的差额以及公寓建造成本之间的利润比较。

第二，利率变动对其带来的影响，利率的波动带来存贷利差的变化是否可控。

第三，每年需返还款项的高低，开发商在20年间获得的剩余价值与返还款项的比较，最终收回的房屋价值还有多大，返还给老年住户的总款项又有多少。

目前，投资返本入住模式已开始在一些老年公寓社区中有所应用，但由于人们对此种模式含义的理解和观念的接受需要一定时间，该模式的应用还处在探索阶段，要想把这种模式推广使用，还需要对模式中各方的权利义务等进一步详细规定。

4. 老年公寓与住房反向抵押贷款连接模式

住房反向抵押贷款这个词最早是从Reverse Mortgage翻译过来的，有人将其称为“逆抵押贷款”或“倒按揭”，它是“以房养老”模式中最为常见，也最为重要的金融工具。住房反向抵押贷款，是指老年人将自己拥有完全产权的住房抵押给保险公司、银行或相关金融机构，老人仍然继续拥有原有房屋的占用、使用、收益和经双方协商同意的处置权，并按合约规定领取养老金直至老人身故。保险公司等金融机构在老人去世后获得抵押房产的处置权，所获资金优先用于偿付已付养老保险金等费用。2014 年 6 月 23 日，《中国保监会关于开展老年人住房反向抵押养老保险试点的指导意见》终于在各方的期待中出台，并指出将于 2014 年 7 月 1 日至 2016 年 6 月 30 日，在北京、上海、广州、武汉四个城市开展住房反向抵押养老保险的试点工作。该指导意见明确指出了“反向抵押养老保险”是一种将住房抵押与终身养老年金保险相结合的创新型商业养老保险业务[①]，此项试点政策只是限于规范养老保险，目前还不涉及银行业务。因此，目前已经落地的“以房养老”政策只是针对保险公司，没有向全部金融机构开放，仍然是狭义上的“以房养老”，本质上是老人向保险公司借款消费，同时老人仍保留房屋居住使用权等权益的一种“寿险产品”[②]。它的基本思想是“抵押房产，领取年金”，金融机构会对老人房屋的现值和未来的增值等情况进行综合性评估后再依评估值和老人的预估寿命进行评估，然后按月或按年支付一定现金给投保的老年人。这样的按期付款一直要延续到房主离世，然后保险公司或相关金融机构就可取得房屋的产权。由于这种方式与传统的抵押贷款运作方向相反，故称作为“反向抵押贷款”。

老年公寓与住房反向抵押贷款连接模式在微观层面对老年人、老年公寓机构、金融机构以及政府和社会四方都有利。对老年人来说，将流动性比较差的房产通过这种模式转化为即期消费，从而拥有了入住老年公寓的现金流，在大大减轻自己晚年生活的经济压力的同时获得了老年公寓的专业化养老服务，不仅使资产在生命周期里得到最优化配置，而且也提高了老年生活质量和生命质量。对老年公寓机构来说，住房反向抵押贷款对解决其资金短缺问题意义重大，能够有效保障老年公寓市场发展的稳定现金流。对金融机构来说，可以减少资金闲置的浪费，开拓出一个新的个人信贷业务，开辟资金新的盈利领域。同时，在这种模式下，金融机构还可以合理转移风险。因为有老年公寓机构介入，在老人

---

① 来源于中国保监会网站，2014 年 6 月 23 日。

② 孟晓苏：“论建立‘反向抵押贷款’的寿险房屋”，《保险研究》，2002（12）：44 ~ 45 页。

入住老年公寓后，原住房的使用支配权归老年公寓机构，所以金融机构可与老年公寓机构协商风险和利益的分配。对政府和社会来说，这种模式是社会保障制度的有益补充，它增强了老年人自我养老的能力，能够减轻政府和社会的养老压力。把老年人的存量住房释放到房地产二、三级市场，对于激活房地产市场，调节房地产市场结构合理化，抑制房价过度上涨，节约土地以及解决城市流动人口的居住问题有重要作用。同时，老年公寓市场因为入住率提高和资金的稳定注入也将走上健康持续发展的道路。

当然，老年公寓与住房反向抵押贷款连接模式对金融机构、消费者和老年公寓机构也都存在着一定的风险。比如说，金融机构在开展这项业务时的主要风险有利率风险、长寿风险、逆向选择与道德风险、房产的保值风险；对于办理了反向抵押贷款的老年人来说，主要担心的是能否按时得到满意的老年生活服务；对于老年公寓机构则存在着房地产市场价格波动风险。而规避风险的关键是存在相应的保险公司提供相应的服务，利用保险公司规避风险的优势转化风险。反向抵押贷款在政策风险、市场风险等诸多方面与抵押贷款非常相似。保险公司从事反向抵押贷款业务有巨大的优势，他们充分了解风险的关键和风险的有效转化，在把握政策、判断市场变动方面具有丰富的经验，可以做出比较准确的判断。根据这些判断，可随时对反向抵押贷款产品进行调整，使其更加符合市场情况。保险公司对生命表的理解和对长期负债及资产的理解具有优势，其提供反向抵押贷款的相应保险业务，可以较精确地测算保险费率，保护借贷双方的权益，更好地规避贷款风险。目前，我国这方面的配套服务还不成熟，但是通过保险公司反向抵押获取养老金，是国际上解决老年人养老问题的一种方式，我国的保险公司开发此类寿险产品势在必行。

我国要在老年公寓市场运营中发展住房反向抵押贷款，还需要注意以下几个问题：

一是要充分发挥政府的引导和支持作用，不是包办和越位。住房反向抵押贷款的社会效益明显，具有较强的正外部性特征。政府从一开始就应该介入，尤其是在法规、政策、信息和宣传等方面要给予大力支持。

应尽快研究制定并颁布《住房反向抵押贷款条例》，以对其操作程序、申请人和金融机构的资格、权利与义务、业务开办机构的监督和管理予以立法规范。政府应该授权金融机构试水该业务，并对申请人和老年公寓机构给予一定的税收优惠，对借贷双方提供担保，或由政府授权的保险公司提供保险，对违规违法经营的金融机构要坚决打击，维护和规范市场秩序。

二是要建立以商业银行为主体，保险公司和社保机构为补充，房地产中介机构参与其中的住房反向抵押贷款办理机构。因为我国实行的是分业经营，由保险公司、银行、信托公司和社保机构单独开展此项业务各有其优缺点。保险公司长期从事养老保险的经营，在寿险产品上开发和推广经验丰富，但目前保险公司不具备金融信贷的功能，不能直接参与投资商业住宅和房地产开发①。银行资金比较充裕，开办贷款业务经验也很丰富，但银行资金的特点是活期较多，存款周期短，借贷双方的持续期不匹配。社保机构虽然具备雄厚的资金实力，但对抵押贷款的发放与抵押房屋的评估、销售和维护等业务不熟悉。总之，单独开办这项业务的难度会很大，需要各相关部门联合起来，优势互补，风险共担。

5.3.2.2 “以地养老”模式

“以地养老”严格来讲，在目前还不能算是一种成熟的养老模式，因为关于农村土地承包经营权流转的相关法律法规和政策都还不完善，要对接到老年公寓养老产品和服务上还存在诸多障碍和问题，我们在这里只是做一个简单的前瞻性思考，也是为弥补老龄化背景下农村养老保障的不足做一个有益探索。农村养老能够依赖的商业化资源除了货币之外就是土地了，而农村土地②属于国家和集体所有，农民本身没有所有权，

---

① 2010年9月5日《保险资金投资不动产暂行办法》规定，保险资金采用债权、股权或者物权方式投资的不动产，仅限于商业不动产、办公不动产、与保险业务相关的养老、医疗、汽车服务等不动产及自用性不动产。其配套建筑的投资额不得超过该项目投资总额的30%，不能投资商业住宅，不能直接参与房地产开发，不能投资设立房地产企业。

② 《农村土地承包法》规定的农村土地既包括耕地、林地、草地、园地和养殖水面等，也包括荒山、荒丘、荒沟、荒滩等“四荒地”。

只有土地承包经营权。

“以地养老”的内在含义其实就是通过土地承包经营权的流转换取对价的养老服务，即享有农村土地承包经营权的老人，在年老之后或者丧失劳动能力之后，将自己拥有的农村土地承包经营权流转给第三方（既可以是个人也可以是机构），由第三方支付其入住老年公寓的全部或者部分费用。

（1）土地承包经营权的流转形式。我们要探讨“以地养老”模式，就绕不开土地承包经营权这一关键的客体，因为它是“土地”换服务的前提条件和交易对象。我国法律对农村土地承包经营权的流转形式有明确的规定，一般将其分为债权性和物权性流转两种形式。互换、转让和继承属于债权性流转，而代耕、转包、入股、出租则属于物权性流转。

土地承包经营权流转形式中入股是最为常见，也是最为符合“以地养老”模式要求的一种形式。《物权法》和《农村土地承包法》将入股界定为“实行家庭承包方式的承包方之间将土地承包经营权作为股权，自愿联合从事农业合作生产经营，其他承包方式的承包方将土地承包经营权量化为股权，入股组成股份公司或者合作社等从事农业生产经营”。但入股具体采用哪种形式，法律上还未出台细则。因而在理论和实践中，入股的内涵并未达成一致的认识，地方政府在土地承包经营权问题上政策不一。例如，2007年重庆市政府出台了相关政策，允许在承包期内将土地承包经营权在不改变用途的前提下，权利人可以其入股共同设立农业专业合作社，同时允许在条件成熟的区县地区，以其入股设立有限责任公司。

从土地承包经营权的流转形式我们可以看到，土地的股份合作制，尤其是公司化的股份合作，能够更好地实现土地承包经营权价值的最大化，也是实施“以地养老”对接老年公寓服务最为可靠的路径。

（2）土地承包经营权入股的优势分析和风险防范。土地承包经营权入股是适应市场经济改革实践和农村经济社会发展的一个创新，也是统筹城乡改革和推进城镇化的助推剂。这种制度设计虽然还不完善，但它对于激活农村土地市场，加快农村土地资源的流动效率，更好地激活农村土地生产要素的能量的作用是巨大的。农村土地承包经营权入股可以克服分散经营的缺陷，通过入股确立股份合作制可以将农户的土地连接成规模区域，能够大面积地种植订单式作物，同时配以现代化的机器耕作，降低单个农户的耕作成本和销售成本，实现经济效益的最大化。把农村老人的土地承包经营权入股有利于盘活他们手上的土地“资产”，在农村养老保障还不健全的形势下，这种方式也能够减轻老人及其子女的养老压力。同时，在统筹城乡和城镇化进程中，农村劳动力不可逆转地要向城市转移，加之农村老龄化问题也越来越严重，农村土地被大量闲置甚至抛荒的情况越来越多见，通过入股农业合作公司，实现集约化、规模化的耕种，既可以提高农村土地的生产效率和产出，也能够促进社会财富的增长，对保障国家的粮食安全也大有作用。

土地承包经营权入股方式也具有一定的风险，影响农产品价格和收益的约束函数过多，尤其是受市场影响较大，同时还受到气候条件、环保、食品安全等诸多因素影响，有可能会偏离其收益曲线，导致农业合作公司难以获得稳定的相应投资收益。与此同时，土地承包经营权的入股在具体的实践当中，参与主体囿于利益之间的博弈和驱使，经常会打法律的擦边球甚至违反法律的要求去损害入股农户的利益。目前，土地承包经营权入股还受到国家法律法规等诸多层面的限制，随着我们国家市场经济的不断深化，国家在立法层面上为土地承包经营权入股全面解套只是时间问题。目前来看，为了防止涉及的各种法律、实践风险和入股方式的变味走样，必须坚持几项基本的风险防范原则。

第一，必须坚持入股不能改变土地用途的原则。入股后只能从事农业生产经营，不能用于工业开发、房地产开发和其他用途等。

第二，坚持入股因地制宜的原则。土地承包经营权入股不能摊大饼，搞一刀切，要根据区域经济的发展和当地经济发展的实际灵活采用，一般来讲，有稳定非农收入来源和经济较发达的农村地区比较适合采用土地承包经营权入股方式。

第三，坚持农户不承担入股风险的原则。农业专业合作社和股份公司如果因为经营不善而资不抵债导致破产的时候，农户入股的土地承包经营权将受到保护，不能用于清偿企业债务，农村土地属于集体所有不能成为责任财产。

与此同时，我们还应该借鉴国外土地承包经营权流转的成功经验，解决现有的土地流转障碍，为实现农村“以地养老”提供更高的可能性。首先，我们应该明晰我们农村土地承包经营权的产权问题。现在我们仍然存在土地所有权性质不明晰、土地承包经营权的权能不完整、土地范围不清楚等诸多问题，这是制约“以地养老”发展最为重要的因素。其次，我们对土地承包经营权流转的规定应当要全面统一，流转需要法律的规制和支撑，只有在不与基本法律发生冲突的前提下，各市场参与主体才会有信心去实践“以地养老”。

(3) 模式的适应对象和运作流程。“以地养老”要求老人必须自己在村集体拥有土地的承包经营权，这是最基本的条件。该模式的参与方有：拥有土地承包经营权的老年人、老年公寓机构、评估机构、农业专业合作社或股份公司。其运作流程是：拥有土地承包经营权的老年人将土地承包经营权入股农业专业合作社或股份公司，合作社或股份公司委托评估机构对土地承包经营权的价值进行评估，公司根据估值情况与老人签订协议，约定公司在一定年限内支付给老人总的现金量和每年支付的次数，入股的老人取得农业专业合作社或股份公司定期支付的现金后，以此负担其入住老年公寓的费用，农业专业合作社或股份公司对其土地取得使用权和经营权。

5.4 提升老年公寓开发与经营成效的路径思考

5.4.1 宏观层面的策略思考

发展老年公寓养老作为我国应对人口老龄化的一项重要举措，需要调动政府和全社会加大对老年公寓发展的关注程度。在当前的国情国力形势下，老年公寓遵循“福利性事业，准市场化运作”将是一个基本的发展方向和态势。因此，老年公寓在开发上应注重福利性、公益性和市场化的结合，在融资、建设、营运、管理等方面利用市场化的手段，把开发建设老年公寓及其配套设施按照房地产开发机制进行运作，采取多元化经营模式，为进入老年公寓的老年人设立“为老服务”的机制，利用开发、运营、管理的互利互补性，采取“福利性事业、经济型运作、企业化管理”的模式，走出一条市场化和福利性有机结合的发展道路。

老年公寓在运营过程中要注意点和面的紧密结合。也就是，要在老年公寓“面”的层次上保持老年公寓的良好条件和环境，创造适合老年人生理和心理特征的养老居住环境，在老年公寓的生态环境、空间环境、智能环境和人文环境等方面都达到符合老年人身心发展和为老服务要求的标准。在“点”的层次上，要根据不同年龄老人的个性化和特殊服务的要求，保证老年公寓产品和服务的多元供给。在老年公寓的运营管理过程当中，既需要营造良好的硬件设施条件，也要注意服务和管理等软件水平的同步提升。

此外，在老年公寓的运营管理过程中，还需要加强流程管控，注重防范营运风险。在经营过程当中涉及不同相关主体的权利和义务关系，需要慎重确定并制定相应完善的合同范本，尽量让老年人入住老年公寓的各项工作规范化、流程化，并且还要研究特殊条件下老年人不愿意继续入住甚至中途退出需履行的程序，以及相应的权利和义务。在确保老年人入住方便、退出灵活的前提下，避免产生各种纠纷，降低企业经营风险。在不同的经营模式和盈利模式下，不同的参与主体在入住的过程中会有不同程度的可控和不可控风险存在，如何去防范和化解这些风险是检验该运营模式是否有效的重要前提。比如，对于利率风险，需要研究如何利用可调整利率计息等措施规避风险；对老年人入住中的生活权益保障方面的风险，需要研究如何引入保险公司介入来规避和化解这些风险；对于开发建设中的土地承包经营权流转限制的风险，需要政府出台和完善相关方面的法律和政策来突破老年公寓的用地风险等。

5.4.2 微观层面的路径思考

5.4.2.1 前期市场调研——项目成功与否的基础

完整意义上的老年公寓运营流程包含了市场调研与论证、土地取得、前期融资、规划设计、财务筹措、公寓销售与租赁、公寓经营与管理等过程，而我们平常所谈到的运营大多是指最后一个环节，即老年公寓的经营管理。一般来说，首先要由开发者、房地产顾问、研究机构等进行老年公寓市场的调研和论证，通常在进行一个老年公寓项目的开发和建设前会采取焦点群体①的方式进行调查访谈。之后，开发者会将老年公寓市场进行部分切割，针对所切割出来的老年目标市场的特殊属性和特殊要求跟建筑师进行沟通商议，初步设计出开发样式和目标市场定位。然后开发者再和建筑师、有经验的市场分析师、销售经理、开发项目经理以及老年医学领域的专家学者一起讨论，再利用区域内人口统计分析和目标消费群体的估算，以及区域内相关营运实体的个案做出科学合理的判断与评价。最后形成的开发计划和运营思路呈现给 10 ~ 20 人的焦点群体，由他们在整个项目最初的阶段来检验项目的市场可行性，并借此获得一些未来潜在消费者的具体需求特性。此外，焦点群体也可就整个项目的开发设计、运营建议提出自己的想法。

5.4.2.2 组建专业管理团队——老年公寓的核心竞争力

在整个项目完成之后，开发者通常要组建一个专业运营团队来负责经营管理和各项服务，这也是老年公寓与一般住宅开发最大的不同点，也关乎着整个老年公寓项目成功与否的关键性因素。由于经营管理对于老年公寓产品有着决定性的影响，以国外为例，许多提供借款的金融机构，都会要求开发商或建筑商要组建一个专业的经营团队来负责老年公

---

① 焦点群体（Focus Groups），是指为了听取对某一问题、某一产品或政策的意见而召集到一起研究讨论的一群人。

寓的经营管理。针对老年公寓开发计划来组建不同的部门，如协助生活的部门、专业照护的部门，针对各个部门不同属性，招揽专业的团队来负责营运工作。

专业的管理团队能够高效地完成老年公寓的经营管理的许多流程和细节，诸如催收租金、给付支出、寻找客源、使用维护、客房服务、健康咨询、餐饮管理、文娱康健活动、纠纷处理等方面，都离不开专业的经营团队，这是老年公寓的一个核心竞争力所在。

老年公寓的开发和运营，不仅仅要创造出不动产本身的价值，更包括整个开发计划的售后服务，甚至是一种生活方式的创造——一个具有亲和力、温馨、友善、和谐、相互扶持的生活环境。因此，发展老年公寓养老，不是开发建设一个冷冰冰的、缺乏人文情怀的“钢筋水泥盒子”，而是要开创一个适合老年人舒心生活、安度晚年的人居环境，创造一个能提高老年人老年生活质量的“安乐窝”。

5.4.2.3 筹资与成本核算——项目可持续发展的保障

老年公寓跟传统的房地产项目相比，其资金需求量大、回收期长，如果没有稳定的融资渠道和精细化的成本核算，老年公寓要想长久运营下去恐怕是个难题。因为前期的投入在很长一段时间是难以收回成本的，老年公寓的持续财务盈利回报一般都需要 10 ~ 20 年后才能形成。在此期间，一旦资金链断裂，或者成本难以控制，都会对项目的运营造成极大的损害而难以维持下去。因此，在确定开发老年公寓项目之前，无论是自有资金，还是借助社会资本力量进行融资，都必须确定好有稳定的筹资来源。在融资渠道选择上，除银行贷款外，诸如争取保险资金进入，或引入战略性合作伙伴也是可以考虑的选项。在开发过程当中，对于工程承建、材料供应、医疗设备和器材、运输工具等方面也要和承包商、供应商一起解决这些问题。在老年公寓项目开发阶段，要时刻关注开发期间的成本变数，主要考虑的变量为土地成本、贷款利率、营建成本、建筑融资成本、中介广告费用、相关赋税、过程管理费用、建筑师设计费等。比如，在使用土地方面，老年公寓的开发和建设要尽量利用农村建设用地、工业用地、公建配套用地等土地成本低廉的土地进行建设，不需要改变土地性质和用途；在项目营运阶段，主要考虑经营团队人事成本、家具、设备、运输工具的成本、维修成本、举办活动经费、房屋税、地价税、企业所得税等；在项目的收益阶段，主要考虑的变量为入住率、租赁收入、出售收入、管理费用收入、再投资报酬收入、餐费小卖收入、增值服务收入等。除此之外，还需考虑通货膨胀率、人工成本上涨率以及折现率等变量因素。

5.4.2.4 目标市场定位——项目效益最大化的前提

老年公寓具有“福利性事业、市场化经营”的特征，精准的市场定位是老年公寓项目效益最大化的前提，也是提升运营成效的一个重要因素。老年公寓在运营之初就要定好目标消费群体，在这个前提下才能去做项目设计和建设开发，否则目标市场定位出现偏差，将会出现无法吸引老年客户群体入住，或者入住后不愿继续续约甚至退租退房的现象，这对于开发者和投资者来说都是致命性的打击。只有目标市场定位准确，才能切合老年消费群体的需求，保证较好的客房入住率和续租率。

目前来看，老年公寓的目标消费群应确定为具有中高经济收入和良好消费意愿的老年人，还有愿意共享老年公寓资源的群体，即愿意共享老年公寓设备、设施、服务等资源的群体，包括老年公寓社区购物者、就医者和旅游观光者等群体。不要单一地去做入住老年人的目标市场，应该遵循老年人“养老”与公建设施“共享”的“二路出击”原则。老年公寓具有容积率低、公建设施比例高、社区服务水平高的特征，但同时也存在着三者之间的矛盾，老年公寓的很多产品和服务在消费时具备非排他性和非竞争性，有外溢性产品的一些属性和特征。所以，老年公寓的社区服务资源和公建设施在充分满足其入住老年客户需求的前提下，也可以向其他消费者提供付费服务。这样能最大化地发挥其公建设施和服务资源的效能。在目标市场定位的成功案例中，北京太阳城是一个很好的典范。它采用“福利性事业 + 商业化运作”的模式，以老年公寓住宅市场带动医疗、旅游、商业、娱乐等多元化商业体。北京太阳城定位于北京及周边城市中高消费能力的退休的党政干部、企业管理者、学校教师、商界人士等老年群体，考虑到老年公寓社区附近没有一个规模较大的医疗机构，也没有较大规模的购物场所、休闲娱乐和会议设施，北京太阳城采取了“两只脚走路”的方法，在满足自身需要的同时，对外开放了社区内的商业设施，借助于“老年公寓”的理念，把商业、娱乐、医疗、旅游的多元化经营与发展模式融入其中，取得很好的经济效益和社会效益。

5.4.2.5 销售方式的灵活性——多元化发展的内在要求

老年公寓开发和建设完成以后，销售问题就浮出了水面，也是直接影响运营成功与否的一个关键流程因素。前面我们探讨了老年公寓的市场定位问题，要根据目标市场定位采取不同的销售方式，契合不同消费群体入住老年公寓的需求。不同的消费群体购买老年公寓的目的具有差异性，有的是为了养老而来，有的是为投资养老地产而来，还有的是为了孝心和慈善义举而来。老年公寓的使用主体是老年人，但不是只有老年人，很多中年人也是老年公寓的重要客户。所以，保持灵活的销售方式可以满足不同人群对老年公寓的消费需求，也有利于老年公寓开发商实现资金快速回笼。

一般来说，老年公寓最为普遍的销售方式是出售产权和出租使用权两种，还有一种就是把投资行为和消费行为融合在一起的产权酒店方式。采用“三方并举”的销售方式能够很好地契合老年公寓市场定位和多元化经营的诉求。出售老年公寓产权能够满足消费对象置业投资的需求，而出租老年公寓使用权方式最为灵活，它能依据消费者的需要创造和衍生出多种多样的老年公寓租赁方式；产权式酒店销售方式比较适合居住时间不长的旅游度假养老等群体的消费需求，它既可以满足投资者获取良好收益的心理预期，又可以让老年公寓开发商迅速回笼资金，同时还可以使公寓开发商继续拥有经营权，这样有利于保持老年公寓既定的经营方向不被干扰。

5.4.2.6 社区服务水平和品质——差异化经营的必备条件

老年公寓最为重要的特征就在于它能为老年人提供高品质、高质量的养老生活。这一方面需要优质的适老化的住家环境，另一方面需要完备周到的人性化公寓社区服务，这是实现老年公寓差异化经营的核心必备条件，因此社区服务的水平和品质直接影响着老年公寓运营效果。一般来讲，老年公寓的社区服务可以分为必备、完备和完善三个层级。其中，必备层级是指需要达到安全、便利的老年服务水平。完备层级是需要达到尊重人性的规范化服务水平，而完善层级是需要达到前瞻性服务水准以及和其他同类养老机构构成差异化经营的水平。

比如说，在老年公寓家政服务方面，必备层级要求能够为老年人提供无障碍购物场所以及老年人所需的高品质商品，满足老年人的购物需求；完备层级则要求提供免费送货上门等规范的人性化服务；而完善层级则要求达到根据每个老年人的消费习惯、购物频次，主动地提供个性化服务。要提升社区服务的水平和品质需要从多方面完善老年公寓社区服务中的物业服务、家政服务、医疗服务和娱乐服务，它是形成老年公寓差异化经营的前提和基础。总的来说，提升社区服务水平和品质赋予了老年公寓钢筋水泥外的灵性，提升了老年公寓的吸引力和附加值，使老年公寓的运营更加具备柔性特征。

5.5 老年公寓标杆案例——上海亲和源老年公寓

5.5.1 亲和源老年公寓基本情况

亲和源老年公寓位于上海市南汇区康桥镇，2007年10月建成（商业用地，产权50年），占地10万平方米，其中老年公寓占地72 355平方米，由12幢多层电梯住宅楼组成，楼与楼之间有连廊相接，共有838套居室，可供1 600位左右的老人居住。居室建筑面积约58到119平方米不等，小巧精致。公寓内橱柜床椅、家用电器一应俱全，有线电视、宽带网络，电话全部开通，冷暖水24小时供应。公寓每户都正南朝东15°，为上海最佳朝向；洗浴间、厨房都是感应灯。洗手间不设置门锁，安全、便利。部分公寓房间内配置有书房，满足老人学习的需求。每栋公寓楼第一层为活动室，活动主题各不相同。公寓小区内通过休闲化的园林打造，形成了良好的居家社区式氛围。通过路网系统把医院、健康会所、配餐中心等配套设施同会员生活科学地融合在一起。

5.5.2 亲和源老年公寓的特色

与“机构养老”和“居家养老”模式不同的是，亲和源采用的是一种将“机构养老”与“居家养老”结合在一起的老年公寓社区模式，既有机构养老的专业性服务，也有居家养老的温馨氛围，是一种全新的养老生活体验。亲和源在公寓社区的适老化、安全性、无障碍性和专业的服务体系方面具有很强的市场优势，从以下几个方面对其进行说明。

5.5.2.1 适老化和专业化的公寓社区

亲和源从立项规划之初，就是针对老年人的养老难题进行设计的。从社区整体环境到硬件设施再到软件服务，亲和源处处体现着适老化和人性化的思想。比如，亲和源的每栋公寓之间就采用风雨连廊进行连接，让老人风雨无阻地通达社区的任何一个角落。公寓住所都是“无障碍”住宅，楼梯和台阶坡度小，双侧有扶手；轮椅进出门方便，也没有高度差；卫生间、浴室等采用防滑地板，设有助力扶手，保障老人的安全；极宽敞的电梯可以方便轮椅的出入，同时设置了横竖两排电梯按钮，方便坐轮椅老人的使用。

5.5.2.2 保障隐私的同时最大化地保障老人的生活安全

亲和源非常注重从硬件与软件两方面解决老年人的生活安全问题。在保证老年人隐私的前提下，在老年人容易发生意外的地方安装红外线感应报警装置，保证及时地监控老年人意外情况的发生；在房间里多处安装了紧急按钮，老人若发生意外，可以及时发出求救信号。同时，老人外出也可以随身配备轻便的无线定位装置，在亲和源社区的任何一个角落，老人若发生意外即可立马发出求救信息；亲和源在人力资源方面也有专业团队保障老人生活的安全，亲和源配备的生活秘书——管家，每天都要及时地了解老人存在的生活、心理以及健康等方面出现的问题。

5.5.2.3 经营模式的创新

亲和源构建了以会员制模式为载体的经营模式，然后依此形成了俱乐部式的服务模式，保障了亲和源的养老服务品质。会员制有让渡使用权模式和产权让渡模式两种，既满足了保障服务质量的需要，也满足了对产权有传统偏好的要求。亲和源通过这种多元化的商业模式实践了一种全新的养老社会化理念。

5.5.2.4 专业完善的养老服务体系

亲和源构建了包括生活照护、文化娱乐、医疗健康、心理咨询、家政等多全方位的完善服务体系。这些服务并非亲和源自己提供，而是通过服务外包的方式，与一些专业化服务公司建立对接关系。比如亲和源和美国专业经营老人社区的艾玛客公司、健身康体会所知名供应商香港美格菲公司、全球最大餐饮服务与综合后勤管理公司索迪斯以及上海曙光医院、上海老年大学等多家知名品牌公司建立了战略联盟关系，共同打造中国首个集居家养老和机构养老一体化的高端老年公寓社区。

5.5.3 亲和源老年公寓的商业模式

亲和源在国内老年公寓领域内是一面旗帜，它的定位界定得十分清楚，即做养老行业的标准制定者，为“三老”服务，成为中国商业养老的“示范田”。亲和源利用其合适、精准的商业定位和实现企业价值而组合起来的运行机制，包括业务系统、关键资源能力、盈利模式以及现金流结构，成为老年公寓产业的探路者。“亲和源模式”的现金流结构特征非常明晰，那就是启动时期负现金流较高，有一定客户基础后再逐渐形成品牌效应，并通过政府和市场都认可的“上海亲和源旗舰店”标准在全国拿地扩张，进行品牌输出，最终形成高速增长的正现金流。亲和源通过打造一个顶级的老年生活服务平台，构建了一系列的养老标准，以社区化的物业形态，整合养老建筑规划设计机构、医疗康复机构以及休闲度假物业等资源，让行业的利益相关者能围绕亲和源形成一整套老人服务系统，并使利益均沾。整体来看，“亲和源商业模式”定位于养老市场领导者，针对高端老年客户，虚实结合，打造顶级的生活服务平台和分时度假网络，依托强大的融资能力、良好的政府关系以及人才资源，引入国际会员制，首开居家养老和机构养老结合的模具，整合上下游利益相关者到亲和源系统中来，实现“海陆空协同作战”，形成“输出管理费+会员费+租赁费+康复护理费+产权转让费”的盈利模式，最终通过全国扩张实现极高的企业价值，形成独有的“亲和源商业模式”（见表5-15）。

表5-15　亲和源商业模式表

类别		特　征
定位	角色定位	养老市场的领跑者，标准制定者
	市场定位	“三老”市场
业务系统		亲和源负责社区管理建设、养老标准研究制定、国际会员制（携程）和分时度假网络（如家）的搭建、品牌传播以及销售，将医疗护理、餐饮运动、旅游咨询以及专业管家培训等服务全部外包形成订单采购
关键资源能力		持续的融资能力、良好的政府关系以及出色的营销和标准化能力
盈利模式		会员费+产权转让费+输出管理费
现金流结构		启动时期较高的负现金流，有一定客户基础后逐渐形成品牌效应，并通过政府市场都认可的“上海亲和源旗舰店”标准在全国拿地扩张，品牌输出，形成高速增长的正现金流
扩张模式		以上海亲和源为旗舰店标准，如家依托良好的政府和市场口碑以及庞大的会员网络在全国拿地布局，并结合回笼资金快速完成了全国战略性布局

5.5.4　亲和源老年公寓的会员卡盈利模式

亲和源总计838套老年公寓，所有户型均为现房、精装全配，共售出

120多套非产权公寓。入住率不高的压力也促使亲和源不得不打开“只卖使用权不卖产权”的口子，最终采用了“出售+持有相结合”的商业模式。“亲和源”融合公益特性和感恩文化，以推动和发展中国老年产业为己任，颠覆原有的养老产业销售模式，采取会员制这一种全新的商业模式。会员卡分永久卡（A卡）和终身卡（B卡），可继承、转让、回收，如表5-16所示。

表5-16　亲和源会员卡缴费表

卡种	年限	户型	会员卡缴费标准	年费缴费标准	设备押金	相关权益
A卡	永久（可继承，可转让）	大套（120平方米）	89万元	6.98万元	无	权益人可指定一至两名会员入住上海亲和源老年公寓或国内连锁的亲和源老年公寓（酒店）。永久性使用，可以继承、转让，具有一定的投资价值。享有本卡种以后逐步增加、完善的新的功能
		中套（72平方米）		3.98万元		
		小套（58平方米）		2.98万元		
B卡	终身（可继承，15年内可退）	大套（108平方米）	88万元	2.98万元	无	权益人可指定一至两名会员入住上海亲和源老年公寓或国内连锁的亲和源老年公寓（酒店）。使用不满15年，按规定退费，超过15年，不另行收费，一次购卡，终身享受，经济实惠
		中套（70平方米）	55万元			
		小套（58平方米）	45万元			
备注	该价目表为浮动价格，从2010年12月1日开始实施					

第6章

老年公寓发展中的融资问题

在老年公寓的发展进程中，基于我国人口老龄化的现状和发展趋势，我们似乎都看到了其“蓝海产业”的潜质。但是，所有新兴市场在发展初期阶段，都会遇到同样的一个难题，那就是金融弱质性。老年公寓的市场虽然非常庞大，但由于其较大的投资风险使得其对资金的吸附能力不足，同时金融体系又存在着与生俱来的“市场歧视”。这两大原因同时存在于老年公寓的市场发展中，使其自然陷入了“金融贫困”的陷阱，以至于在整个社会金融资源的市场配置当中处于博弈弱势地位。老年公寓要发展壮大，走上健康可持续的道路，融资问题是一个绕不开又必须解决的难题。本章将在总结老年公寓市场融资的现状基础上，分析其融资乏力的瓶颈因素，并思考我国老年公寓融资渠道体系的构建，促进老年公寓市场与财政、金融体系的互动和协同发展。

6.1 我国老年公寓发展中的融资现状分析

我国金融市场目前的发展阶段和成熟度难以为老年公寓市场发展提供良好的融资环境，同时老年公寓市场刚刚起步，很多企业的规模还比较小，像北京太阳城、上海亲和源等大型老年公寓机构所占比例还非常低。对于绝大多数中小型养老公寓，银行等金融机构一般不太愿意给他们贷款，其他如债券融资、信托投资、风险投资、产业投资基金等融资渠道在老年公寓市场领域要么暂时缺失，要么才刚刚发展起步，因而融资渠道不畅也成为我国目前老年公寓发展中的一大重要特征。市场发展的一面是老年公寓商机无限但投资不足，市场的另一面却是许多资金找不到好的投资项目和渠道，老年公寓市场和资金供给主体之间纽带的缺乏使资金无法充分、顺畅地进入。

目前，在我国大中城市当中大概有30%左右的老年公寓是由政府出资兴建，以“公办民营”和“公建民营”的形式出现，很多是养老院和敬老院转型而来的。大部分数量庞大的民办老年公寓一般规模比较小，床位数一般在20～50个，超过200个床位就是大中型规模了，超过500个床位的养老院就更是少之又少。民办老年公寓的资金大多以自有资金和银行抵押贷款为主，在对老年公寓资金来源的市场调研中能够发现，老年公寓融资的三大主要来源渠道是政府资金、自有资金和银行抵押贷款，其他诸如资本市场等多种融资渠道才刚刚涉足这一领域，大部分市场资本都小心翼翼，不敢轻易踏足老年公寓市场，融资渠道目前还非常狭窄。

6.2 我国老年公寓发展中的融资困难及原因分析

老年公寓发展中表现出来的融资渠道狭窄以及融资服务和融资保障不完善的现状，说明了目前我国老年公寓发展还缺失有效的融资支持体系，而融资支持乏力又是融资渠道不畅的首要原因。下面我们从自身因素、开发者因素以及制度性因素三个角度对老年公寓发展中的融资困难进行原因分析。

6.2.1 自身因素

老年公寓市场融资渠道不畅的最主要原因还是来源自身因素，主要包括三个方面。

首先，老年公寓在发展初期和成长期的无序性、低层次性和高竞争性，使得老年公寓的投资带着强烈的高风险性特征。在这个市场中，数量众多的中小民营企业的加入，不仅规模小，而且管理方面也不规范。很多分散经营的小型老年公寓企业在服务和产品方面层次都比较低，产品结构单一，服务能力低下，绝大多数只能在居住、餐食和简单医疗卫生方面提供一些基础服务，而能够提高老年人养老生活质量的文娱康健和精神享受方面的产品和服务就很少，更不用说体现科技化养老方面的高品质特征了。这种低水平、小规模的项目特征很难适应高水平的竞争，势必会陷入中小企业的融资困境。

其次，老年公寓市场的消费者特征也为投资带来了一些不确定性。老年人群体在收入、消费偏好、消费行为和需求倾向等方面具有不同于其他年龄段人群的特征，他们的体能、生理和心理特征等方面也与其他群体有明显区别，这使得他们在产品和服务的选择及偏好上也有其独特性。比如说自理、半自理和完全不能自理的老人，他们在选择老年公寓的定位上是独特的，对硬件建设、设施的配备和服务水平的要求也差异很大，混居在一起不仅会影响单个老人的生活质量，也会影响其他老人的心理感受。这种对产品和服务异质性要求比较高的市场，投资的不确定性会加剧，从而会抑制市场投资的积极性。

最后，老年公寓市场虽然也存在一些高端产品和服务，但整体上还是带着较强的福利性和微利性特征。目前，我国老年公寓企业在经营过程中的利润表现已经很清楚地说明了老年公寓市场的微利性，还有很大一部分老年公寓企业还处于亏损之中。与此同时，投资老年公寓带来的外部性并不能有效地通过政策和市场得到补偿，因而在一定程度上也降低了老年公寓市场融资的吸引力。

6.2.2 开发者因素

很多老年公寓的开发者对老年公寓市场的需求和发展趋势认识还不够清晰，在老年公寓产品的研发、设计以及开发和销售方面都存在着模糊性。有些开发者对老年公寓的需求对象抱有悲观心态，总认为他们收入不高，对价格过于敏感，怕定位太高老人们不敢接受。还有一些开发者对老年人的需求虽做过调查，但判断过于乐观，开发的老年公寓一窝蜂地走豪华养生路线，忽视了市场的整体接受程度和容量。在开发的老年公寓产品和服务的定位上，对建筑的多样化、居住的规模化、功能的丰富化、价格的亲民化、产品的科技化以及服务的专业化等趋势研究得不够深入，导致提供的产品和服务缺乏应有的特色，市场接受度难以上去，没有形成规模效应，这对于整个行业市场的健康发展是不利的。再加上社会对这一新兴领域还比较陌生，市场推广也没有深入人心，社会各界对老年公寓市场了解甚少，在认知上还没有和政府负担的养老院、福利院等福利性养老机构切割开来，这使得很多资金和服务的供给者对这个行业的信心不够，顾虑也很多，这阻滞了老年公寓市场融资的路径打通。

6.2.3 制度性因素

制度和政策的完善程度是老年公寓获得融资支持的一个重要的前提要素。目前，我国的老年公寓市场在中央和各级政府的推动下陆续出台了一系列政策和优惠措施，但这些政策和制度仍然不成体系，更没有上升到国家意志的层面。虽然有一些政策出台，但受制于中央财力和各级地方政府的财政约束，也多半存在落实不到位的情况。很多民营企业在开发老年公寓过程中，在土地使用、融资服务和支持、财政补贴等方面都无法享受公办养老机构的相关优惠政策，开发成本居高不下。在老年公寓运营和发展过程中，涉及民政、财政、税务、工商、环保、卫生、消防、劳动和社会保障、物价等很多职能部门，由于管理职能上的条块分割、多头管理很容易造成管理上的重叠和真空地带，有些地方又缺乏相互协调的机制，这使得老年公寓市场发展中的政策制定和执行效率差强人意。具体来讲，制度性因素主要包括两大块，一个是融资服务体系，另一个就是融资保障体系。

良好的服务体系和健全的保障机制是老年公寓市场融资的两大利器。融资过程中需要政府和众多社会服务机构参与咨询、担保、会计、法律等相关服务，帮助老年公寓企业选择适当的融资渠道，获得开发和运营所急需的资金。目前，针对老年公寓市场融资的服务还十分缺乏，像会计师事务所、证券公司、律师事务所等服务机构还基本不具有完整提供针对性服务的能力。同时，服务机构数量比较少，而且质量也参差不齐，难以契合老年公寓市场发展所需要的融资服务。而缺乏良好的融资服务是影响老年公寓市场融资供给的一个主要因素。

此外，融资保障体系的缺失和不完善也会极大地影响融资供给的总量和效率。从目前现实来看，无论是在政府层面还是在市场层面都缺乏为老年公寓市场保驾护航的融资保障体系。虽然国家层面非常重视老年公寓市场的发展，也陆续制定了一系列促进老年公寓等养老机构融资的政策，但这些政策落到地方政府头上的时候，要么走样打折扣，要么就停留在政策文本上，国家的财税政策要真正落地难度很大。比如，国家民政部虽有社会福利社会化发展的构想，但具体的鼓励社会力量投资社会化养老的优惠政策又很难落实和兑现，因而社会投资积极性大受影响。同时，目前在制度建设上也大大滞后于老年公寓市场发展的现状，市场融资过程中体制性障碍仍然非常明显，相关社保制度、法律法规政策的出台还没有完全跟上。要尽快扫除社会资本参与营利性老年公寓的体制性障碍，取消对民办老年公寓的种种不合理的限制。建立以市场为导向的公平竞争机制，让民办和公办都可以同样享受国家政府的补贴和政策的优惠待遇。此外，我国诚信体系建设的滞后也使得老年公寓市场融资缺乏有效的信用评价和保障，对于那些中小型老年公寓企业来说，缺乏信用体系支撑让他们在市场上很难从银行等金融机构获得资金支持。货币金融市场的不成熟，诸如管理不规范、监管不到位、制度不健全、融资工具和渠道单一等也使得老年公寓企业缺乏良好的融资环境和融资通道。老年公寓市场的投资回报率比较低，风险也较大，很多刚开始进入市场的老年公寓企业在运营中将面临来自市场、政策、经营等多方面的系统和非系统性风险，而目前我国老年公寓市场的投资风险管理的技术还比较落后，还不能完整地为老年公寓市场融资提供有效的风险管理支持。

6.3 我国老年公寓发展中的融资体系构建

6.3.1 融资体系构建的基本思路

从上面的分析中我们能够发现，影响老年公寓融资的瓶颈因素是多样化的，既有市场本身的特质因素，也有开发者的主观因素，还有制度性的客观因素等。因而要破解老年公寓发展中的融资瓶颈没有一劳永逸的单一方案可以解决，需要多管齐下，构建多元化的融资体系才能找到路径出口。其基本的思路有以下四个方面。

6.3.1.1 市场导向性

从发达国家老年公寓等养老机构的历史发展经验来看，法国等欧洲国家的养老机构福利性较强，融资主体以政府性投入为主。美国注重养老服务的社会化，在融资模式上充分发挥市场的主导力量，拓展多元化的融资渠道和融资方式。日本更加注重“两代居”的建设，融资方式上政府和市场两者兼而有之。我国在发展老年公寓的过程中，不可能完全去套用和复制某个国家的融资模式，但囿于现实国情和养老社会化的大趋势，走政府引导扶持和市场主导的发展道路将是顺势而为的现实路径选择。

6.3.1.2 渠道多元化

目前来看，我国整体养老服务和产品都处于供给不足的状态，尤其是老年公寓市场发育尤为不健全，床位数量供不应求、资金回收期过长、融资渠道狭窄、城乡分布不均、入住价格高昂、服务水平参差不齐等问题仍非常明显。要使老年公寓走上养老服务的前台，必须完善市场机制的作用，充分地释放市场在养老资源配置中的基础性作用，推动社会资本成为发展老年公寓产业的“主角”，促进相关产业的专业化人才的培养和就业的落地。只有这样才能使广大老年人安享老有所养、老有所医、老有所乐的晚年生活，促进社会和谐，推进经济社会持续健康发展。老年公寓的开发和建设，关键问题就是资金的来源问题，单靠个人、企业或者政府，都很难满足其庞大的资金需求，必须改革资金来源的单一渠道，多渠道筹措资金，使资金来源多样化、多元化。诸如采取房地产投资信托基金（REITs）等证券化的产业投资基金使老年公寓的投资主体多元化，为众多投资者提供新的投资渠道，也为老年公寓的开发商提供规模扩张的启动资金。通过发行 REITs，使开发老年公寓的公司能够迅速实现资金的回笼，依次循环，最终实现规模的迅速、良性、健康的扩张。

6.3.1.3 手段需创新

随着资本市场的国际化和我国金融市场的发展，国内投资机构如保险公司、养老基金等和老年公寓市场的合作开发尝试，例如泰康人寿在2013年投资开发了国内首家养老社区——泰康之家·燕园，同时还提供健康保险、长期护理保险等与养老相关衔接的产品，而且通过将养老公寓社区居住权与保险产品相挂钩，解决了投资老年公寓回报周期长的难题。此外，我国也应鼓励国外资本投资开发我国的老年公寓市场，放宽国外资本的投资准入门槛。在目前阶段，对于外资股权投资基金（QFLP）的态度还未完全明朗的情况下，可以先行鼓励国内资本与国外投资基金结成战略联盟的形式共同开发和管理。例如，美国的城堡投资（Fortrees Investment）就在准备募集10亿美元投资中国沿海富裕地区的商业养老地产。除此之外，还可以采用互联网融资等创新性的融资手段募集开发资金，使老年公寓企业向资本化、金融化转型，不能过度依靠自有资本和政府投资，未来老年公寓企业要实现可持续发展，必须创新多种融资手段，实现向资本驱动的转型。

6.3.1.4 政府要扶持

根据外部性理论，老年公寓市场的发展会产生正的外部性和较强的社会效益。它能在客观上改善老年人的生活状况和质量，增强社会稳定和幸福指数，也在一定程度上减轻了政府提供养老公共服务的责任和负担，产生了较大规模的外部经济。老年公寓市场的发展要求政府提供财政和政策性扶持与补偿机制，以消弭外部性对收益和成本差别的影响，实现资源的优化配置。

我们在老年公寓市场发展中，要根据其外部性，结合老年公寓产品和服务的档次对其采用不同的融资模式。因为低端的提供福利性基本养老服务的养老机构，诸如福利院、敬老院、养老院等不属于老年公寓的范畴，它也不存在“融资”的说法和问题，因为是政府“公办”，全额财政拨款兴建和运营管理，所以它不属于本书所要研究的对象。我们所研究的主要是市场化运营的老年公寓，在这部分里我们需要对其的融资方式进行区划。中低档次市场化运营的那部分老年公寓因为适用的老年群体最为广泛，受惠的民众也最多，解决的养老问题最复杂，所以外部性也最强。但它没有公办的福利性养老机构那种政策优势，也没有高端老年公寓那种市场优势，它的地位处于“夹心层”状态，融资吸纳能力处于末端，对于这种微利性“准公共品”，应该由政府和市场共同来完成投资，财政和政策性融资应该主要针对这一层次提供资金供给，在市场融资存在缺口时，财政和政策融资可以补偿其外部性，提高政策的公平性和市场运作的效率性。而囿于财政预算的约束和老年公寓市场巨大的投资缺口，带有“私人品”性质的豪华高端老年公寓原则上应该全部由市场来完成投融资。市场化融资渠道的构建是老年公寓市场融资体系建立的核心。在目前我国金融市场已经有了初步发展的前提下，如何把老年公寓市场的特点与各种市场化融资渠道结合起来进行融资体系的拓展和创新，这对于解决老年公寓融资渠道单一和不畅的问题意义重大。财政和政策性融资以及市场性融资要合理分工、准确定位，在老年公寓市场发展中，要做到有的放矢，既不缺位，也不越位，形成合理的分工格局和运营定位，构建一个合理、高效的，促进老年公寓良性发展的融资体系。

6.3.2 融资体系的整体架构

我国老年公寓融资体系的整体架构应该是一个多层次、多渠道的融资体系。也就是说，老年公寓企业在融资过程中应该有多元化的融资渠道和融资工具进行选择，从现有的市场融资发展现状和态势来进行分析，整体融资体系的具体结构如图 6 - 1①。

从图 6 - 1 中我们可以看到，财政和政策性融资、市场性融资和内源性融资共同构成了我国老年公寓的主要融资渠道。财政和政策性融资主要面向那些带来了正外部性的中低端老年公寓企业，而市场性融资将是老年公寓企业融资的主流形式，成为促进和繁荣老年公寓融资市场，创

---

① 张同功：“我国老龄产业融资支持体系研究”，中国社科院研究生院，2012 年 4 月。

新老年公寓市场融资工具的强大推动力和必然选择。在自由的市场融资环境下，不同类型、不同档次的老年公寓企业在融资时可以根据自身的条件和融资需要选择不同的融资渠道和方式，各种融资运作需要有健全的金融监管体系和运作机制。内源性融资一般是指老年公寓企业的自有资金或通过加强财务能力的节约和挖潜来形成融资，同时也可以把老年公寓市场内的消费者资金纳入内源性融资范畴，比如老年人可以通过“以房养老”或“以地养老”获取资金用于购买或租赁老年公寓及其服务，老年公寓项目的建设可以通过预售制度取得前期资金进行配套设施建设，个别老年公寓项目的开发可以通过特定老年人群体自筹资金进行开发建设等。而市场化融资渠道的拓展则主要是根据我国金融市场发展进行的金融创新和融资渠道拓展，包含各种正规性和非正规性市场融资渠道。前者主要包括正常的银行贷款、资本市场融资以及各种投资基金和信托基金等，后者主要包括民间借贷、小额贷款公司、民间典当融资等。

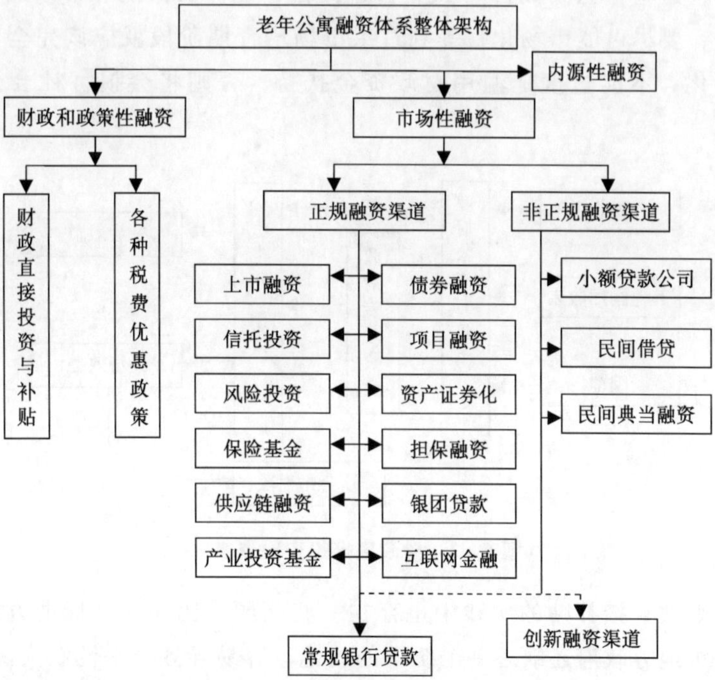

图 6－1　老年公寓融资体系整体架构

6.3.3 我国老年公寓融资的主要模式

6.3.3.1 财政性与政策性融资模式

(1) 财政性融资。在老年公寓融资渠道中，财政性融资不是一个主要渠道，也不应该成为资金供给的主体。财政性融资有两种主要方式，一种就是财政直接投资，另外一种就是财政直接补贴（见图6-2)。财政通过直接投资和直接补贴作用于老年公寓的项目，主要是针对那些原来是公办的养老院、敬老院通过转制成为市场化运营的“公办民营”和“公建民营”性质的老年公寓机构。这些中低端的老年公寓机构能够分担政府、社会和家庭较多的养老压力，能够产生正的外部性，社会效益良好，因而可以采用财政补贴和政策性融资进行扶持和补偿。但同时也应该注意，这些“公办民营”和“公建民营”老年公寓能够带来经济效益的部分，要尽可能市场化，等到过了市场培育期阶段就应该完全市场化和社会化，不能过度地滥用财政资金扶持，否则将会损害社会公平和正义。

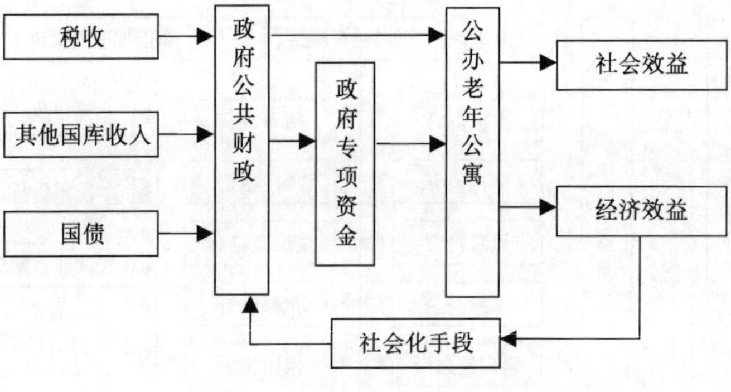

图6-2 财政直接投资融资模式

在财政直接补贴的实践中也存在一些问题，比如补贴标准方面，中央和各级地方政府还缺乏一个统一的规范，容易导致公平性缺失。目前，市场化运营的“公办民营”和“公建民营”老年公寓的补贴标准也不一致，大部分是根据入住老人的数量采用“人头式”补贴，若按照科学、合理的方法进行补贴的话，应该根据老年公寓企业所创造的社会效益大小提供相应的财政补贴资金，但我国目前还未建立一套能够客观评价老年公寓企业社会效益的评价指标体系。当然，在整个社会缺失科学评价指标体系的情况下，按人头费补贴还是一个较为合理的选择。但问题在于，民营老年公寓企业是否也应该适应这种“人头费”政策，是否也是同一标准补贴？这就是一个既涉及公平性，又涉及竞争性的问题。财政直接补贴融资模式总体来讲，就是对那些由市场投资主体建设运营的老年公寓企业由于其带来较大的社会效益而提供的适当财政资金补贴，以补偿这部分老年公寓企业运营的微利性（见图6-3）。

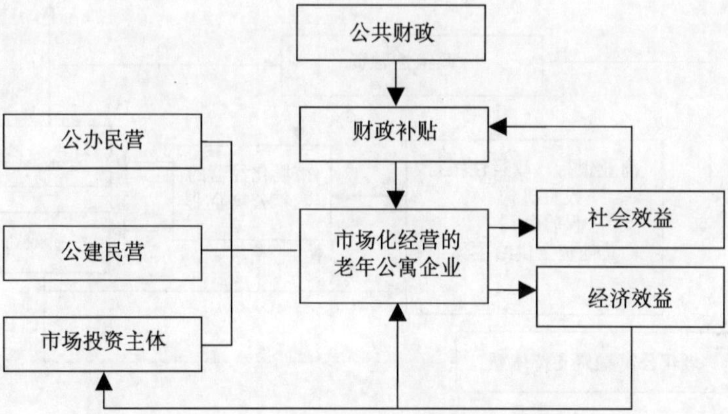

图6-3 财政直接补贴融资供给模式

（2）政策性融资。政策性融资主要包括资金方面的支持和政策方面的支持。资金方面的支持包涵政策性贷款、政策性担保和贴息、专项扶持基金等。政策方面的支持包涵税费方面的优惠、土地方面的优惠和宽松政策等。由于老年公寓在市场发展中存在着外部性问题，容易引发市场失灵。单纯依靠社会化力量按照市场运行规则配置资金资源是不可持续的，配置效果也会很差。商业金融在老年公寓发展中的市场失灵要求财政与政策性金融体系跟进调适，从而弥补老年公寓市场的外部性效应导致的效率损失，这也是政府宏观调控经济职能的客观要求。所以，老年公寓市场发展中的政策性融资是一种必要的制度安排。政策性融资的显著特征就是通过间接性和诱导性的政策扶持达到为老年公寓企业融资的目的，而不是由财政直接出资。它既能直接作用于社会化经营的老年公寓企业，产生巨大的社会效益和经济效益，同时也会间接地作用于老年公寓的融资支持体系和融资供给主体。政府在对老年公寓企业的融资审查能力方面比较强，在对目标企业的信息监督能力方面也相对具有优势，经过政府筛选和审查通过的老年公寓项目自然会吸引社会资本“搭便车”跟随投资。因而政府对目标老年公寓企业的融资活动常被市场投资主体当作一种政策信号，对这一市场产生投资的虹吸作用和诱导效应（见图6－4）。

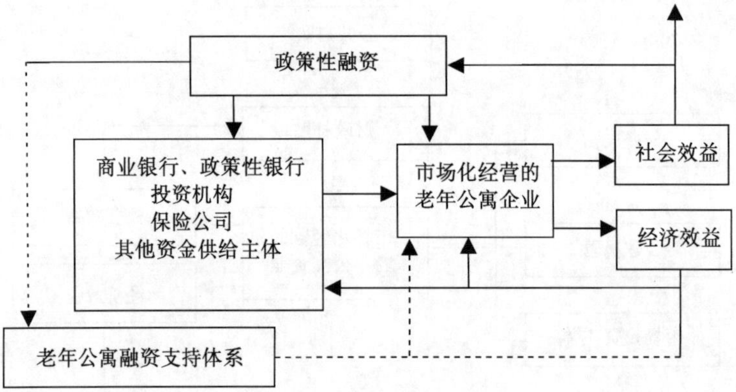

图6－4　政策性融资模式

（3）财政性融资与政策性融资模式的作用机理。目前，我国老年公寓市场发展还处于初级阶段，市场力量还很不成熟，财政性融资与政策性融资在培育市场力量的作用中不可或缺，具体作用体现在四个方面[①]。一是收益补偿作用。资本都是逐利的，市场资金都会涌向收益率较高的行业和领域，就算是在老年公寓行业，也会基于逐利本性走向高端养老领域，目前社会上出现的豪华养生项目扎堆现象就是这个阶段的集中表现。二是风险阻滞作用。财政性与政策性融资在老年公寓市场发展初期

① 张同功：“我国老龄产业融资支持体系研究”，中国社科院研究生院，2012年4月。

能够起到风险投资“孵化器”的作用，有助于培育符合市场融资机制的老年公寓企业，通过财政性与政策性资金扶持，能够大大降低市场投资风险。三是信用补充作用。我国目前的老年公寓企业大多数是以中小民营企业为主，其资信状况不是很好，信用程度也普遍不高，财政性与政策性资金引入这些企业，能够强化和提高他们的资信程度。四是资金供给补充作用。大多数老年公寓企业的资金实力都不雄厚，加上市场投资的周期较长，在运营发展中极有可能碰到资金链困难甚至断裂的情况，财政性与政策性融资能够帮助他们渡过难关。

除此之外，从宏观视角去看，财政性和政策性融资对老年公寓市场发展最重要的作用体现在政策导向和示范作用上。通过诱导和示范作用，越来越多的市场性融资将会更加关注老年公寓市场的投资机会。政策性融资的引导作用尤为明显，这种引导机制被称为“引导—虹吸—扩张”机制。商业银行、投资基金保险公司等金融机构会根据国家财政性和政策性融资支持行为判断分析国家培育和发展老年公寓市场的战略意图和政策目标，从而确立对老龄产业投资的信心，进而增强其投资老年公寓市场的信心。随着市场的不断壮大和成熟，在市场利益的驱动和激励下，市场性金融资源就会源源不断地被吸引至老年公寓市场，产生资金“虹吸”效应。

近些年，从整体上看，国家和政府在财政性和政策性融资方面已经做了不少工作，也逐渐发挥了一定的引导和扶持作用。但由于很多方面条件还不成熟，加之财政投入的总量有限，尚不能满足老年公寓市场整体发展的需要。因而，在财政性和政策性融资的引导下，大力发展市场性融资来弥补财政性融资和政策性融资的不足是今后老年公寓市场的主导发展方向。

6.3.3.2 市场性融资模式

市场性融资模式就是通过市场机制配置金融资源，通过多元化的市场融资渠道吸引更多投资者加入老年公寓的市场开发和建设，以减轻老年公寓市场发展对财政性和政策性资金的过度依赖。随着我国老年公寓市场的不断发展，需要的投资资金规模越来越大，但囿于老年公寓市场具有资金回收期长、前期投资规模大、风险高和收益低等特点，融资难的问题非常严重。因而，需要在财政和政策性融资引导下，建立一个以市场性融资为主导的多元化融资支持体系才能有效解决融资难的问题。我国老年公寓市场的发展需要更加注重市场性融资的战略选择和金融创新，在融资渠道多元化的整体思路下，发挥银行系统的融资主体地位，构建以商业银行为主导，同时涵盖其他商业性金融机构和资本市场，形成多极力量的互相支撑与整合，共同推进我国老年公寓市场的融资。具体来说，目前老年公寓市场融资体系主要包括三个分支渠道：一是以商业银行和资本市场为主体的正规融资渠道，包含银行融资、信托融资、债券融资、项目融资和资本市场融资等多种渠道和方式；二是以民间借贷为主体的非正规融资渠道，包括小额贷款、民间借贷、典当融资等多种形式；三是老年公寓市场的内源性融资渠道，包括老年公寓企业的自有资金、储蓄和不动产，还包括通过技术和管理升级改造带来的财务挖潜资金等（见图6-5）。

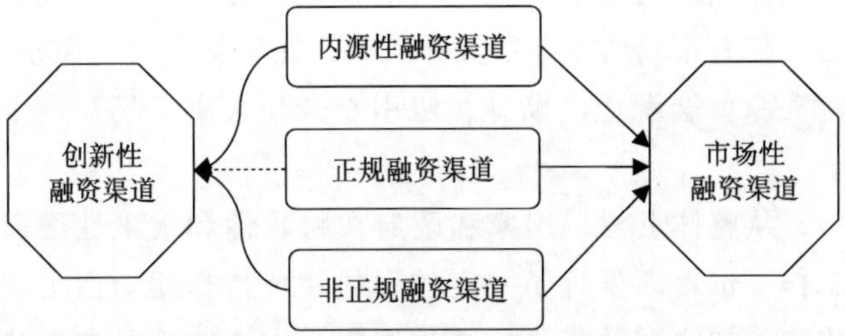

图6-5　市场性融资模式

为了支持我国老年公寓市场性融资体系创新与发展，需要结合老年公寓市场的特点，大力开发与完善老年公寓市场性融资体系。这种创新性融资支持体系的构建既包括各种融资业务和制度方面的创新，也包括融资机构和融资工具方面的创新，还包括老年公寓市场投资基金以及合理运用项目融资、信托投资、风险投资等多种市场性融资渠道的创新。

6.4 我国老年公寓融资渠道优化与创新

6.4.1 财政性与政策性融资渠道优化

我国老年公寓的融资在目前阶段还需要财政与政策性融资的引导和带动，鉴于老年公寓发展还不成熟，相关的财政和政策性投融资模式还在摸索中前进，也没有形成系统规范的投融资模式，在一定程度上造成了有限的财政和政策资金运作效率不高，社会效益未达到期望目标，因而如何去优化和创新财政和政策性融资渠道是对于老年公寓的健康发展是一个极其重要的问题。从现状出发，我们可以思考以下几条优化的路径。

6.4.1.1 增加政府对老年公寓的扶持力度，扩大财政投资规模

需要政府扶持发展的那部分老年公寓属于社会保障领域的范畴，财政的总收入在特定的时间是既定的，要想扩大对社会保障领域、对老年公寓的财政投资额度，那就得调整其他的财政支出结构。从目前来看，关系国计民生的领域非常多，需要财政加大投资的领域也很广泛，从这个角度去谈优化和创新似乎是个难解的方程式。但对比两个数据，我们还是能够发现有优化的空间。据财政部网站统计数据显示，2013 年我国公共财政支出 139 744 亿元，社会保障和就业支出 14 417 亿元，占比 10.32%，而发达国家的社会保障支出占财政支出的比重一般都在 30% ~ 50% 之间，很多发展中国家都在 20% ~30% 之间。从这个数据也可以推测到我国老年公寓市场的财政投资的状况。与此同时，我国的行政管理支出一直居高不下。从改革开放时的 4.7% 提高到 2006 年的 18.73%，而欧美日等国的行政管理支出一般不超过 10%，最低的日本只有 2.38%。所以，政府应考虑如何削减行政管理中的一些不合理的支出，禁止政府

部门修建豪华楼堂会所，严格控制“三公”消费，将结余的支出投入老年公寓市场和其他关系国计民生的领域。此外，从福利彩票发行所得收益中提取合适比例的资金用于老年公寓的发展和建设，多渠道拓展老年公寓的财政投资规模。

6.4.1.2　选择合适的投资方式，提升财政资金投资效率

老年公寓的财政性融资涉及财政资金支出的方式问题，是中央通过地方财政投资还是地方各级政府直接投资，目前仍没有统一的规范和实施标准。如果采取补贴方式，那么财政补贴的标准和方式又需要进一步调整和优化。从目前的实践来看，成立政府专项基金是一个较好的选择，因此建议由财政部、民政部、发改委、老龄委等部门负责运作筹集老年公寓市场发展的专项基金，并设立专门机构进行运营和管理。此基金界定为政府引导性专项基金，主要目的在于扶持老年公寓的可持续健康发展。地方各级政府也可以效仿中央政府设立具有地方特色，符合地方实际情况的老年公寓投资基金。这有利于财政投资的规范化管理，也有利于财政性资金发挥更好的市场引导作用。

6.4.1.3　坚持直接性和间接性政策融资渠道并举

直接政策性融资渠道主要是土地优惠、税收优惠和相关费用减免，它的效用是减少市场的资金支出，但不能形成真正的融资源。而间接性政策融资则是指政府通过政策实施，引导其他市场渠道的资金投资于老年公寓市场。比如通过财政贴息、政策性信用担保等手段，使老年公寓企业能够从商业银行、政策性银行以及资本市场等渠道筹集资金。所以，间接性政策融资渠道是政策性融资的主体。考虑目前老年公寓发展的实际情况，应该抓紧完善融资政策体系，拓宽融资渠道，吸引和鼓励更多金融机构参与老年公寓的投融资活动。

6.4.2　内源性融资渠道优化与创新

目前，大多数融资方式基本上都是从外源性融资理念出发，内源性

资金是目前市场融资中较少拓展的领域，也是经常被忽视的一个重要资金来源。内源性资金一般可以分为两个部分：一是老年公寓企业的自有资金以及通过技术和管理等手段进行的财务挖潜资金；二是老年公寓消费群体的自有资金、储蓄和不动产等。

老年公寓企业内源性融资的常见类型有商业信用融资、折旧融资、留存收益融资、票据贴现、应收账款融资和资产典当融资等，在具体操作上有很多手段和技巧，比如通过合理利用自有资金的存贷利率差、时间差和空间差实现资产保值增值、实行资金集中管理、用足用好承兑业务、进行现金流量的预测与分析、合理安排收付款周期等。总之就是通过财务管理技术和手段，进行财务资金的合理优化和开发，使老年公寓企业自有资金能够得到最优化的利用，同时激活和利用原来外部不能使用的资金。除了老年公寓企业内部资金挖潜之外，老年公寓的广大消费群体的资金也是一座巨大的富矿，前面章节已经对此展开过相关论述和预测。我国大部分老年人都拥有储蓄和自有房产，只要能够设计出合理的融资模式和创新工具，老年公寓企业是有希望能够充分利用到这一巨大资金来源进行融资发展的。比如现在社会上热议的“以房养老”就是老年公寓企业内源融资的一大创新点。“以房养老”是指想入住老年公寓的老人将拥有产权的房子抵押、变卖或者租赁出去，以定期获得一定数额的养老金或者接受老年公寓服务的一种养老方式。“以房养老”同样不是一种单纯的融资方式，融资只是其实现功能的一种表现，它的操作流程和方式更多地涉及老年公寓的运营和管理。

6.4.3 市场性融资渠道优化与创新

6.4.3.1 银行融资模式优化与创新

我国的老年公寓企业大多是以中小型企业为主体，因此，借鉴和移植很多中小企业银行融资的经验是可行的。目前，很多城市采取的常用做法是通过政策引导和搭建平台，增强银行在中小企业融资中的主渠道作用。比如成立中小企业信贷专营机构，形成“大银行服务中小企业”

的新局面。助推中小老年公寓企业融资，需要进一步发挥银行主渠道的作用，需要老年公寓企业和银行创新融资工具，具体融资创新和优化路径有以下一些方式可以借鉴。

一是寻找相关银行针对中小企业的创新业务。例如招商银行针对中小企业贷款抵押难问题，首家推出了“增信贷”这款以抵押为基础、信用为支柱的中小企业融资增信产品。它将个人财富及过往信用记录与企业融资捆绑考核，使得中小企业增加信用贷款规模成为可能。它根据企业现金流的持续增长、企业及企业主财富的持续积累以及信用记录的持续保持，对贷款额度进行放大，冲破了足值抵押的桎梏。建设银行的小额无抵押贷款，也是专门针对中小企业客户发放，用于企业生产经营周转，且无须提供抵押或质押物的人民币循环额度贷款。该类贷款都比较适合社会信誉良好、现金流稳定的中小老年公寓企业。

二是创新贷款方式，寻求集合担保贷款。中小企业集合贷款是融资方式的一种创新，指的是由担保中心作为中介，挑选同一地域或同一行业有一定业务关联的中小企业，采取“统一管理，集中办理手续，统一授信，统一和银行谈判”的方式，向银行申请贷款的一种形式。单个的老年公寓企业因为受多种条件的制约要取得银行的授信和准入很难，这种化零为整的“集合贷款”业务新模式可以成为广大老年公寓企业进行市场融资的新方式。

三是抱团寻求银团贷款。与集合担保贷款“一家银行对多家企业”不同的是，银团贷款方式是“多家银行对多家企业”。很多银行由于受贷款规模和风险管理等多种因素的制约，单家银行在放款额度上有时难以满足企业对资金的需求，这时就可以采取由两家或多家银行组成的银团向需要融资的企业发放贷款，这样贷款额度更大，可以有效解决融资额度低，难以满足生产服务融资需要的问题。广大老年公寓企业可以借鉴银团贷款的经验，在民政局、老龄委等部门的帮助下采用抱团方式寻求银行融资支持，这是一种可行路径。

四是争取政策性银行的贷款支持。除了争取商业银行的融资外，政策性银行贷款也是不可忽视的。各政策性银行[①]在央行确定的年度贷款总规模内，根据申请贷款的项目或企业情况按照相关规定自主审核，会确定贷与不贷贷款的规模、种类和投向的领域。一般来说，政策性银行贷款利息率较低，期限也比较长，有特定的贷款服务对象，其贷款主要支持的是商业银行在初期阶段不愿意涉足或覆盖不到的领域。从经济发展的需求和政府职能看，需要政策性银行参与投资的范围主要包括：市场机制失效的投资领域；投资规模大、建设周期长、风险高但有利于国家产业结构和贸易结构优化的领域。比如，国家开发银行服务于国民经济发展的能源、交通等"瓶颈"行业和国家需要优先扶持领域，包括西部大开发、振兴东北老工业基地等，这些领域的贷款量占其贷款总量的91%。中国进出口银行则致力于扩大机电产品和高新技术产品出口以及支持对外承包工程和境外投资项目。中国农业发展银行则主要承担国家政策性农村金融业务、代理财政性支农资金拨付、专司粮棉油收购、调销、储备贷款业务等。

政策性银行贷款具有指导性、非营利性和优惠性等特征，也具有偿还性的金融属性，只是在贷款规模、利率、期限等方面比商业银行要宽松和优惠很多。而老年公寓的开发本体上是属于老年产业的范畴，随着我国老龄化趋势的不断加重，国家也在逐步加大对老年产业发展的扶持力度，老年公寓的开发，尤其是非营利性的老年公寓开发和建设符合政策性银行贷款的特征和要求，因而是其融资的一个重要渠道。像国家开发银行等政策性银行就已在北京、云南等部分省市开展了推动全国养老服务产业规划试点等项目[②]，对社会化养老服务等建设项目提供巨额的融资支持。在老年公寓、老年医院、老年康复中心以及与安居养老有关的公寓式酒店等基础设施建设领域的具体项目开展了市场化、专业化的运作和管理。

---

① 目前的政策性银行主要有中国进出口银行、中国农业发展银行、国家开发银行。其主要职责包括参股不以营利为目的，专门为贯彻、配合政府社会经济政策或意图，在特定的业务领域内，直接或间接地从事政策性融资活动，充当政府发展经济、促进社会进步、进行宏观经济管理工具的金融机构。

② 资料来源：《中国建设报》，2012年3月16日。

6.4.3.2 信托融资模式优化与创新

老年公寓项目一般都具有初始投资规模大和周期长的特征，比较适合采用诸如信托、投资基金和债券等长期投融资方式。但目前我国金融市场发展还不成熟，许多金融工具缺失，像企业债券之类的金融工具又受到极其严格的限制，而老年公寓相关的投资基金也没有设立。因此，只剩下信托投资具备相关制度优势，又有较大的创新空间和灵活性。信托投资公司可以针对我国老年公寓企业和相关项目特征设计具有个性化的信托投资产品，通过贷款、股权投资、资产证券化等金融工具和手段在不同层次上为老年公寓企业和相关项目提供融资服务，这是未来我国老龄产业融资极具潜力的创新点。下面我们以 REITs 为例进行说明。

REITs 就是房地产信托投资基金（Real Estate Investment Trust），是房地产开发商依托比较权威的信托机构，借助其专业的理财经验和丰富的资金运作优势，面向公众发行或向特定人私募发行房地产投资信托受益凭证来筹集资金，形成具有一定投资规模和实力的资金组合，投向房地产项目、房地产相关权利或房地产证券等法定相关业务，并将所获得的利润定期按比例分配给投资者的特殊集合投资制度。

REITs 有三种类型，一是权益型 REITs，二是抵押型 REITs，三是混合型 REITs。权益型 REITs 直接投资拥有房地产，以购买、管理、更新、维护和出租、出售房地产物业为主营业务。主要经营购物中心、公寓、办公楼、仓库等收益型房地产企业，其收益的主要来源是租金收入和房地产项目的增值收益。抵押型 REITs 是将此募集的资金用于向房地产项目持有人及经营者提供各种房地产抵押贷款。主要收入来源是抵押贷款利息、手续费以及参与抵押贷款所获得的房地产租金和增值收益。混合型 REITs 则是权益 REITs 和抵押型 REITs 的结合，介于抵押型和权益型之间，同时具有抵押型和权益型的特点，即在从事抵押贷款服务的同时，也直接购买部分房地产项目来获取收益。这同时降低了投资风险。REITs 与房地产信托不是同一个概念，他们有着相似之处，但又有着本质的差别（见表 6-1）。从投资角度来看，REITs 比房地产信托更符合老年公寓市场发展的特征。

表6-1　　　房地产信托和REITs的区别

类别	房地产信托	REITs
产品性质	非标准化金融产品	标准化可流通的金融产品
投资目标	房地产开发项目	存量商业地产（持有物业）
投资周期	1~3年	8~10年
收益来源	资金使用方提供	租金收入或者抵押贷款利息
收益比例	投资人收益为投资额的7%~11%	总利润的90%分配给投资人
税收优惠	无优惠税制安排	税收优惠
管理模式	资金监管	资产管理公司或精英团队经营

我国老年公寓开发采用REITs融资的可行性条件已基本具备。一是国外REITs成功案例为我国老年公寓REITs融资模式提供了经验。REITs最早出现在美国，随后REITs模式也引入了养老地产，发展到现在其规模、运作模式、管理机制、法律条款等已经相当完善，其成功的案例经验可以为我国老年公寓REITs融资模式提供宝贵的经验。二是充足的资金来源为老年公寓REITs融资提供了可能。近年来，我国城乡居民储蓄余额逐年增加。据统计，过去10年来，我国居民储蓄实现加速增长，分别于2003年9月、2008年8月、2010年12月和2013年1月突破10万亿元、20万亿元、30万亿元和40万亿元大关，且每突破一个10万亿元大关所用时间不断缩短。而央行最新的统计数据显示，截至2013年年末，我国居民储蓄余额突破46万亿元[①]，位于历史最高位。目前，我国已成为全球储蓄金额最多的国家，相应的，我国也是全球储蓄率最高的国家，居民储蓄率已超过50%，远远超过世界平均水平。这反映了居民收入的稳步提升，同时也反映了投资渠道的狭窄，REITs的出现很好地解决了居民投资渠道的问题。该部分资金若能顺利流入老年公寓的开发领域足以弥补其巨大的资金缺口，并且也是一种稳定的资金来源。三是REITs的高收益低风险与居民投资理念匹配。投资者在选择投资产品时倾向于收益高风险小。REITs相对于股票和债券，在收益方面高于债券低于股票，

① 数据来源：《华夏时报》，2014年2月15日。

风险方面低于股票高于债券。这与居民投资低风险高收益的理念相匹配，也为 REITs 融资奠定了基础。目前，REITs 在我国还未能登上融资的舞台，主要是因为在税收、准入和退出机制等方面的规则还不完善，但央行已经在开始着手启动 REITs。相信只要处理好顶层设计的问题，REITs 走入老年公寓市场融资的视野不会太久远。

6.4.3.3 资本市场融资模式优化与创新

资本市场的范围比较宽泛，也比较灵活，一般有股票、基金、债券和相关衍生品组成，作为直接融资的中长期金融市场，它可以为企业化解财政投融资瓶颈提供另一种解决途径。但我国目前上市的老年公寓企业数量还非常之少，而且绝大部分还是以上市公司开发养老板块的形式出现，比如金科股份、新大洲 A、中茵股份、云南城投、保利地产、金陵饭店等，以老年公寓为主营业务的上市公司在资本市场还未出现。相应的，老年公寓企业发行的基金、债券和相关衍生金融产品目前也不存在。由此可见，我国老年公寓企业目前还只是资本市场的“门外汉”，还不能利用资本市场进行有效的市场融资。这既有老年公寓企业自身力量弱小，达不到资本市场上市标准的主观因素有关，也有政府和社会忽视老年公寓市场的融资创新培育的客观因素有关。因此，根据目前发展态势，有必要思考如何利用资本市场助推我国老年公寓市场融资的发展路径。

一是助推资信良好的优质老年公寓企业上市融资。目前我国已经形成主板、中小企业板、创业板、私募市场和场外交易市场并存的多层次资本市场结构。老年公寓企业可根据自身发展所处的阶段，在资本市场上选择合适的板块寻求上市融资。目前，我国绝大多数老年公寓企业以中小企业为主，因此选择中小企业板和三板市场可行性较好，尤其是三板市场的门槛条件相对比较宽松，适合处于初创期的老年公寓企业解决融资瓶颈问题。在上市并经过一段时期的市场培育发展壮大后，达到二板市场上市条件的就可转入二板市场上市。当老年公寓企业发展到成熟期的时候，如果符合主板市场上市条件就可转入主板市场上市。相反，则按照相关条件逐级退市。当然，这需要我国资本市场发展充分，而且制度设计较为成熟和完善才可行。

二是争取债券融资。股票融资和债券融资是企业直接融资的两种最主要方式，由于股市融资门槛比较高，大多数老年公寓企业达到相关入市条件的难度比较大，只有少数规模比较大、有一定资本实力和良好资信状况的大型老年公寓企业才有可能满足主板上市标准，绝大多数中小老年公寓企业除了在三板市场寻求可行性外，二板和主板市场是需要时间磨砺和酝酿的。对于急需融资来发展的老年公寓企业来讲，债券融资的可行性更大一点。目前，我国有条件的中小民营企业获准发行企业债券已进入市场议程，广大老年公寓企业要以此为契机，积极创造条件，争取能在债券市场融资以解决自有资金不足的困境。当然，企业债券要求以其经营利润作为还本付息的保证，资本市场对发债的老年公寓企业会有严格的资信审查，也要求有财产抵押，因此广大老年公寓企业应该苦练内功，提升经营能力，扩大利润来源，这样才会既能确保融资顺畅，又能保证投资者的利益，最终实现企业和市场的双赢。

三是积极利用保险资金促进老年公寓市场发展。自 2010 年 9 月中国保监会出台《保险资金投资不动产暂行办法》以来，国内不少手握巨资的保险公司已提前布局老年公寓等养老地产项目建设。随着越来越多的保险企业入局，养老保险领域“百花齐放”的竞争格局正在形成。目前，像泰康人寿正快马加鞭布局养老社区，2010 年泰康人寿就已成立“泰康之家投资有限公司”，拟投入 40 亿元在北京昌平小汤山温泉乡开发 2 000 亩大型老年公寓养老社区。保险业巨头中国人寿也筹划近期在河北廊坊和海南岛投资约 100 亿元建设老年公寓养老社区。合众人寿在武汉投资建设的养老社区也已落成，并开始试运营。此外，国寿、平安、新华、太保等 A 股四大上市险企也都在养老地产上有较大投入。保险公司开办养老社区具备客户导入与产品定位等诸多优势，同时，养老产业与保险业务也具有一定的协同作用，向上衔接医疗保险、护理保险和养老保险等产品，同时带动下游的老年护理服务、老年科技产品等产业，能够极大地延伸和扩展寿险产业链。保险公司投资养老地产，有助于缓解社会养老压力，有助于分担政府特别是地方政府的财政负担，具有良好的社会效益。保险资金投资老年公寓这类养老实体等不动产内容已经得到了中国保监会的认可，保险资金可能成为投资养老地产行业的潜在主力，老年医疗、老年产品交易、公共配套等服务也将带来不菲的投资回报。

保险资金作为老年公寓市场融资的可行性条件目前也基本具备。一直以来，我国保险公司投资渠道主要有固定收益类银行存款、国债及基金等，与美国等发达国家的投资渠道相比过于单一。这种单一的投资渠道导致较低的投资收益率。保险资金投资房地产显然可以获取可观的收益。另外，保险机构只有通过发展长期持有且收益均衡稳定的产业形态才能有效抵御经济周期和资本市场波动给公司经营带来的风险。养老产业具有需求刚性、与资本市场关联度较低、投资回收期长且受益均衡稳定等特征，因而投资老年公寓这类养老产业实体可较大程度回避经济周期性风险和资本市场波动风险，有效提高保险机构资产匹配水平。

同时，由于我国的老年公寓市场处于起步阶段，其收益率究竟如何尚不明朗。据有关测算，较为保守的估计认为，老年公寓等养老地产收益率在4% ~10%之间不等，高端老年公寓的收益率会偏高一些，一般而言，高于银行存款、债券，但低于股票投资；而较为乐观的估计认为，投资中高端老年公寓收益率至少在15%左右。虽然对老年公寓投资收益率的预测不一，但是目前基本的共识是老年公寓等养老地产投资收益率将高于银行存款、债券，但低于风险较高的股票投资。如上所述，我国老年公寓的市场潜力巨大，这在一定程度上降低了投资收益率出现大幅下降的可能性，相对于其他投资渠道而言，属于回报率较高且风险较低的投资对象，与保险资金的投资需求相匹配。

此外，保险资金可运用的中长期资金与老年公寓等养老地产的投资回收周期具有良好的匹配性。老年公寓建设、运营的投资规模巨大，投资回收周期可长达10 ~15年，经济实力不强或没有外部金融工具支持的投资者很难进入这一领域。保险公司有大量可运用资金，据有关统计，保险资金中约有80%以上为寿险资金，寿险资金中约48%是20年以上的长期资金，25%为5 ~20年的中期资金，与老年公寓的投资回收周期十分匹配。有学者指出，目前“由于缺乏具有稳定回报率的中长期投资项目，致使不论保险资金来源如何、期限长短与否，基本都用于短期投资。这种资金来源和运用的不匹配，严重地影响了保险资金的良性循环和资金使用效果”。所以，保险公司运用中长期资金投资老年公寓等养老地产可在一定程度上缓解这一问题，提高保险资金运用效果。

在保险资金进入老年公寓市场的具体操作流程上，可采用债权、物权和股权三种方式。根据《险资投资不动产办法》第十三条第一款、第二款，保险资金可以采用债权、股权或物权方式直接投资养老不动产，且各种投资方式之间可以相互转换，亦可以多种方式投资同一养老不动产。

债权方式是指保险公司通过债权投资方式，老年公寓企业到期还本付息。相对而言风险较低，但是其收益也较低，且保险公司作为债权人不具有运营、管理老年公寓的权利。物权方式是指保险公司以购买的方式取得老年公寓的所有权，在目前尚无明确的税收优惠政策的情况下，采用这一投资方式将在老年公寓办理不动产过户手续时产生高额的税费，且涉及有关证照变更的复杂手续，保险公司将直接作为持有人运营老年公寓。而股权方式是指保险资金以股权方式投资老年公寓，相对于物权方式而言，办理股权过户及登记手续较为便捷，且产生的税费较少；相对于债权方式而言，保险公司作为股东有权运营、管理老年公寓并在盈利时取得较高的分红收益，当然亦需承担老年公寓经营过程中产生的风险。

6.4.3.4 项目融资模式优化与创新

老年公寓市场的长周期、高风险和大资金量需求的特征使得民间资本和金融资本等资金无法非常流畅地到达市场融资领域，这种资金制约和发展瓶颈是客观存在的。我们需要思考的是如何打通障碍，疏导各方资金流入老年公寓市场领域，这需要构建合适的利益驱动机制和稳定完善的制度设计。因此，进行老年公寓市场融资模式的制度创新是关键，引入项目融资理念下的系列融资模式，将是解决老年公寓市场发展资金瓶颈的重要突破口。

项目融资是近些年国际和国内经常采用的一种投融资模式，最早见于交通基础设施方面的建设融资，现在已经扩展到医疗、教育、能源和公共服务等多个领域。融资方式也日趋多样化，除了最常见的BOT[①]（Build - operate - transfer，即建设—经营—转让）模式外，PPP（Public Private Partnership，即公共部门与私人企业合作模式）、PFI（Private Finance Initiative，即民间主动融资）、ABS（Asset - Backed Securitization，即资产收益证券化融资）等融资租赁模式也慢慢地在市场中出现和使用。整体上看，我国老年公寓市场的开发、建设和运营等很多项目都有条件采用项目融资的方式，比如老年公寓基础设施的建设、老年活动中心的开发、老年公寓医院的运营等都可以采用相应的项目融资方式进行。从老年公寓的项目特征和融资目的来看，最为常见的BOT融资方式经过实践检验并不太适合老年公寓项目，原因在于老年公寓项目在建设完工后其经营权完全交给建设方会产生不少的问题。相比之下，采用PPP、BT以及PFI等方式更适合老年公寓项目融资。其中，PPP融资模式比较适用于政府与企业合作进行老年公寓基础设施建设，BT和融资租赁模式比较适合营利性老年公寓的基础设施项目建设融资，而PFI更适合于老年公寓服务项目的开发和建设。这些有效的融资模式在市场发展中其职能和作用边界已经远远超出了融资的范畴，已经涵盖了融资、开发、建设，甚至运营管理的范畴，我们将在后面章节中再详细讨论其具体的流程和作用路径。

总之，项目融资模式是我国老年公寓发展打破融资瓶颈的一项有效手段，我国老年公寓在开发和建设过程中可以根据实际需要进行项目融资的创新和整合，选择一种或多种项目融资方式匹配相应的项目，实现资金供给、运营发展和多方利益的合作共赢。

6.4.3.5 非正规融资渠道优化与创新

非正规融资渠道是相对正规融资渠道而言的，它的产生与中小企业的融资特点有很大关系。因为银行采用的是市场化的经营机制，在贷款条件上也常采用“双重化”标准，这是导致很多中小企业走向非正规金融融资的重要外因。与此同时，中小老年公寓企业在信贷市场上存在

① BOT还有20多种衍生模式，如BOO、BT、BLT、TOT、BTO、BOOT等。

"信息不对称"问题，银行不了解为数众多的中小企业的经营能力、经营状况和贷款所投项目的真实情况，也不清楚资金使用的真实情况和贷款者是否会努力经营企业。前者会导致"逆向选择"，后者会产生"道德风险"。因此，中小型民营老年公寓通过正规融资渠道难是一个客观存在的现象。目前，以民间借贷、典当融资、企业集资、委托贷款开始渗入中小企业的融资模式中。我国的非正规金融在中小企业融资方面非常活跃，而且发挥了不小的作用，有效地弥补了正规金融无法满足的企业融资缺口。

我国老年公寓市场还处于初期培育阶段，中小型的老年公寓企业数量相当多，在正规金融渠道融资不畅的情况下，利用合适的非正规融资手段是必要的。但老年公寓企业在采用这些非正规渠道融资前，要充分认识其利弊，并合理估算利润空间。同时，非正规金融的运作风险性较大，要谨慎操作。比如有些民间借贷操作很不规范，非法吸储和高利贷现象层出不穷，有些不法分子还利用非正规金融进行洗钱和诈骗活动等，老年公寓企业需要做好完善的风险防范活动，在合法的前提下科学、合理、审慎地利用非正规融资渠道。

6.4.3.6 互联网金融平台融资渠道优化与创新

互联网金融是利用互联网和通信技术来实现资金融通的一种金融创新模式。在这种模式下，能够大大减少消费市场主体之间的信息不对称问题，资金供需双方能够通过互联网直接对接，大大降低交易成本。

目前，在我国联网金融平台的主要筹资模式有第三方支付、大数据金融、众筹、P2P、P2B、互联网金融门户、信息化金融机构等。其中，P2B模式跟老年公寓企业，尤其是中小型的老年公寓企业的融资具备一定的对接空间，其融资的安全性和系统的风险性都较P2P[①]等模式要高很

---

① P2P在经营过程中暴露出了诸多问题，如建立资金池"集资"、个别企业玩庞氏骗局等。2013年11月25日，央行划定了P2P监管红线，即两个"明确"，三个"不能"。首先是明确了平台的中介性质，其次明确了平台本身不得提供担保；而三个"不能"则是不能归集资金搞资金池，不能非法吸收公众存款和不能实施集资诈骗。

多。P2B（Peer to Business）模式是个人对非金融机构的企业的一种贷款模式，它是作为一个资金融通的中介载体，让有闲钱的社会投资者能在这个平台上找到合适的投资目标，保证了投资安全稳健增值，同时也很好地解决了老年公寓开发企业融资难的问题。作为借款方的融资企业，可以直接在P2B平台上面发布以债权形式进行融资的信息，最终以远低于民间借贷的利息，借到企业发展需要的中短期资金。P2B平台负责审核借款企业融资信息的真实性、抵押物的有效性并评估借款风险，通过从借款资金中提取还款保证金的方式，将还款风险降到最低。P2B模式既不吸储也不放贷，只从事借贷双方牵线搭桥的平台管理服务，是符合我国目前法律框架下的非金融机构合法、规范从事资金借贷业务的融资模式，也是目前银行信贷服务的一种有益补充。这种模式能够扬长避短，将老年公寓实体企业、融资租赁公司、投资者三者组成良性链条，创造共赢局面，未来可作为我国中小型老年公寓企业融资的一个可选渠道。

第7章

老年公寓养老服务人才队伍建设问题

人口老龄化对我国老年公寓的发展既提供了机遇，同时也带来了挑战。随着老年公寓市场规模和发展空间的不断增大，多样化、多层次的老年公寓养老服务需求也越来越强烈。在当前的老年公寓养老体系中，养老服务人才队伍扮演着非常重要的角色，也始终是制约市场发展的一个重要瓶颈因素。因此，建设专业的养老服务人才队伍是当前老年公寓市场发展的紧迫任务，也是未来老年公寓发展的必然路径。

7.1 我国养老服务人才队伍的基本现状

在2013年10月国务院印发的《关于加快发展养老服务业的若干意见》中，就对解决当前养老服务人才队伍问题提出了针对性的政策建议，这表明国家和政府对养老服务人才队伍的建设非常重视。在对养老服务人才队伍的研究上，有很多政府部门和社会机构开展了类似的工作，诸如2012年6月由国务院发展研究中心主导和英国繁荣基金资助的“加强中国养老服务人员队伍建设”研究项目就已启动，项目组已先后对北京、广州、重庆、杭州等城市的社会养老服务体系建设情况进行了调研。由国家民政部社会福利和慈善事业促进司主持的《养老服务专业人才队伍现状调查》课题也于2013年启动。该课题组采用了问卷调查、文献分析和实地访谈等多种方法，对北京、上海、重庆、江苏、浙江、山东、黑龙江、四川、福建、湖南、湖北、河南和云南等15个地区进行了调研访谈。该课题组调查了2 158名养老护理员，447名包括社会工作者、康复师和助老志愿者等在内的养老专业人员以及425名老年人。共涉及65个公办养老机构（包括公办民营和公建民营）以及55个民办养老机构。对当地政府官员、养老机构管理者、养老服务专业人员以及入住机构养老的老年人累计访谈近500人次。调研范围涉及养老服务专业人才的工作状况和培训与技能、养老护理员的基本情况以及工资待遇、心理健康和人才流失等多个方面。本书引用民政部课题组官方调研数据对我国养老服务专业人才队伍现状和问题进行分析说明①，基本调研概况如下：

养老护理员基本情况：83.5%为女性养老护理员；40～49岁占51.0%，50岁及以上占28.1%；小学及以下文化占21.7%，初中文化占45.2%；55.8%为农业户口。

养老服务专业人才工作状况：从业时间不到1年占14.8%，1～2年占25.9%，3～5年占30.6%。25.9%有正式编制，74.1%为非正式编制。签订劳动合同的占64.9%；没有占27.8%。

养老服务专业人才培训和技能情况：73.5%接受过正规技能培训，26.5%没有接受过；39.8%没有职业资格证书，41.9%有初级证书，13.3%有中级证书，4.1%有高级证书。

养老护理员工资待遇情况：平均月收入在1 000～1 499元的占42.9%，在1 500～1 999元的占34.8%，27.6%对收入不满意。

---

① 民政部社会福利和慈善事业促进司：《养老服务专业人才队伍现状调查》课题，2013年。

养老护理员心理健康状况：感到心理压力非常大占21.9%，比较大占26.7%。

养老护理员流失情况：会转行的占27.7%，不好说的占35.4%。流失原因排前三位的：工资待遇低、风险责任大、劳动强度大。

其他养老专业人才情况：包括社会工作者、医护人员、康复工作人员和助老志愿者。其中，正式编制的占36.1%，26.6%会转行。

入住机构的老年人需求情况：43.9%的老年人对护理有需求，48.0%的老年人对医疗康复有需求，32.5%的老年人对社工有需求，37.0%的老年人对志愿者有需求。

7.2 养老服务人才队伍建设中存在的问题分析

7.2.1 数量不足与流失现象严重同时并存

目前，我国的养老服务人才队伍建设处在一个“两难”的发展困境，也就是人才缺乏与从业人员的流失严重现象并存。根据中国社会管理研究院副院长张欢在“养老服务人才队伍建设论坛”提供的数据显示①，到2020年我国的失能老人人口数将达到599万~674万，半失能老人人口数将达到6 852万~7 590万。按此推算，我国的养老护理员岗位应该至少需要657万~731万个，我国目前的养老护理员缺口在300万~500万人。2011年，民政部在《全国民政人才中长期发展规划（2010~2020）》中提出，到2020年，要实现养老护理员达到600万人的目标，若要实现此目标，在考虑新增养老护理员的平均流失率的前提下，每年需培养至少

① 数据来源：财新网，2013年5月3日。

200万养老护理员才能弥补缺口。而据中国就业培训技术指导中心的数据显示，目前我国持证的养老护理员只有5万多人，养老人才缺口触目惊心，而这还只是养老护理人才，若加上专业的社会工作人才和志愿者队伍在内，其缺口将更加巨大。而另一方面，因为工资待遇太低、风险责任太大、劳动强度太高等多方面原因，致使养老服务行业的从业者流动性和流失率都很高。根据课题组的调研报告统计数据显示，在养老护理员里，会转到其他行业工作的占到27.7%，还有35.4%的处于犹豫之中，两部分加起来占到将近三分之二的比例。也就是说，只要有一个合适的工作机会，他们也会选择离开，属于潜在的流失群体。而对于医护人员、社会工作者、康复工作人员和助老志愿者等养老专业人才来说，也有26.6%会转行。在从业者中从业时间不到1年占14.8%，1~2年占25.9%，3~5年占30.6%，40%左右的人干不上两年就会转行或离开，这充分表明养老服务队伍的数量不足和人才流失都是影响老年公寓市场健康发展的重要因素。

7.2.2 年龄大、文化水平不高、结构不合理

目前，我国养老服务从业队伍在人员构成上多以农村进城的打工者和城市中部分下岗再就业人员为主，在年龄分布上也呈现出明显的特征，“4050”人员是这个行业从业队伍的主力军。调研报告中显示，40~49岁的从业人员占51%，50岁及以上的占28.1%，“4050”人员的比例将近80%。在文化程度上，大部分从业者只有初中及以下文化程度，比例大概占到三分之二以上，其中小学及以下文化程度的占到21.7%，初中文化程度的占到45.2%，这中间还有很大一部分属于文盲。在人员结构上，除了文化程度结构不合理外，性别结构也存在问题，女性从业者占到83.5%，这对于那些老年男性护理需求来说很难满足，此外还有55.8%的从业人员为农村进城务工人员。

由此可以推断，大部分老年公寓中的养老服务从业者的年龄偏大，体力状况较差，加上受教育程度和知识结构的限制，普遍缺乏较好的综合分析判断能力和解决问题的能力，大多数养老服务人员不太善于与老

人们交流沟通，适应不了老年公寓养老服务模式的转变，整体上很难胜任和满足高层次的养老服务需求。

7.2.3 社会地位不高、工资待遇低、劳动保障不够

受传统观念的影响，很多人对从事养老服务行业存在偏见，认为是一件不光彩的事情，是伺候人的“职业”，在社会中地位低。有些老人家属对老年公寓中的服务人员缺乏起码的尊重，从业者的社会价值和个人价值得不到有效承认，因而很少有人能够长期坚持做下去，更不用说把养老服务当成自己的事业了，职业荣誉感很低。调研数据显示，养老护理员感受到强大心理压力的占到21.9%，比较大占到26.7%，几乎有一半以上的人觉得心理压力太大，压力源主要来源于社会认知和评价，还有强大的工作压力和枯燥的工作特征，养老服务从业者的工作十分辛苦，又累又脏，工作时间长不说，还需要经常倒班，超时工作现象在行业内非常普遍，有些民营老年公寓甚至基本没有节假日。像养老护理员他们每天面对的是疾病、衰老甚至死亡，生怕服务工作中出现差池和事故，精神处于高度紧张状态，因而容易产生抑郁焦虑等负面情绪，这对于他们的心理健康影响很大。在养老服务行业，从业者的平均工资待遇比较低，据调研统计数据显示，平均月收入在1 000 ~1 499元的占到42.9%，在1 500 ~1 999元的占到34.8%，27.6%对收入不满意。也就是说，在目前阶段收入低于每月2 000元的占到77.7%，这也是人才流失的首要原因。同时，养老服务从业者的劳动保障也不够，调研显示，只有25.9%有正式编制，74.1%为非正式编制，还有27.8%没有签订劳动合同。

7.2.4 专业技能缺乏、持证上岗率低、人才培训机制不健全

我国目前大多数中小老年公寓中没有配备专业护理、康复保健、老年心理咨询和社会工作者等方面的专业人员，养老专业化服务功能存在明显缺陷，难以满足老年人的多元化需求。很多老年公寓中的护理人员缺乏养老护理方面的正规理论和实践培训，也缺乏继续教育相关制度方

面的规定。很多老年公寓等养老机构提供的培训方式主要是同行间的经验传授和交流，一般采取由资历较老的从业者向刚入门的从业者传授养老服务的技巧和经验，缺少系统的养老服务理论知识学习，这种“以师带徒”的培训方式离职业化和专业化的高度还很远，大多数人经过培训后仍只能为老人提供简单的基本生活照料，难以满足老年人对护理服务的特殊需要，特别是对半自理和完全不能自理的老人难以进行有效的专业护理。

针对养老服务这一专业性、技术性较强的工作，国家早在2002年就已颁布了《养老护理员国家职业资格标准》，然而实施此标准十多年时间来，效果很不理想，目前仍只在少数几个经济较发达的城市推行了职业资格认证和培训制度。调研统计数据显示，我国养老服务专业人才培训中，有26.5%没有接受过接受过正规技能培训，39.8%没有职业资格证书，41.9%有初级证书，13.3%有中级证书，4.1%有高级证书。对于老年公寓养老服务来说，4.1%的高级证书拥有者很难满足市场高层次的养老服务需要。

7.3 养老服务人才队伍的机制建设与对策思考

养老服务人才队伍的现状已经严重影响到我国老年公寓市场的健康良性发展，也影响到入住老年人养老服务需求的满足。因而，思考如何去优化老年公寓养老服务人才队伍的建设机制，去创新养老服务人才队伍的运行发展模式是解决这一重要矛盾的必由之路。养老服务专业人才队伍建设是一个复杂的系统工程，宏观上可上升至国家战略，微观上可细化到每个养老机构的人才引进与流动，搞好养老服务人才队伍的建设需要政府、社会、企业、家庭和每个成员共同做出努力。本书将从养老服务人才队伍的培养机制建设、选任机制建设、发展机制建设、评价机制建设、激励机制建设和保障机制建设六个角度思考其具体对策。

7.3.1 养老服务人才队伍培养机制建设

7.3.1.1 专业化与职业化结合的分层次人才培养理念

为了满足日益增长的社会养老服务需求的同时又实现养老服务的规范化和专业化发展，养老服务人才队伍建设是不可或缺的重要一环。走职业化和专业化相结合的道路，不同类型和特色的教育机构应当利用自身的优势和特长，分层次的培养高素质养老服务人才队伍，这既是提高养老服务水平的前提和基础，又是实现老年公寓市场可持续健康发展的重要保证[①]。在具体的养老服务人才培养实务中，应当适当区划中高职院校、高等院校和科研院所以及养老服务技能培训机构的培训层次和培养目标。

高职和中职院校以培养应用型和技能型为主体的养老服务人才为目标，要着重于养老服务实践技能的培养，主要包括掌握老年人一般的疾病护理方法，突发性疾病的急救措施，一般性的康复护理常规和老年慢性病的护理保健，熟悉老年心理问题的咨询诊断方法等。

高等院校和科研机构应以培养教育型、研究型和创新型的养老服务人才为目标。主要培养重点在于开展老年科学和养老服务领域的科学研究，完善该领域的课程建设、教材编撰和师资力量建设，提升养老服务行业的知识化和专业化水平，改善养老服务行业“散兵游勇”的落后形象。鼓励和支持更多的本科院校增设“老年学”“护理学”和“社会工作”等相关涉老专业，培养一大批养老服务相关方面的专业人才，当他们进入各养老机构后就能承担起部分自我培养和管理的职能，有助于全面提升我国养老服务人才队伍的整体专业化水平。在人才培养规模、培养层次等方面，高等院校和科研机构还可以发展老年学专业方面的硕士

① 李洁：“我国养老护理服务人员现状及人才培养展望”，《南京中医药大学学报（社会科学版）》，2012（12）。

和博士层次上的教育，加强国际交流与合作，促进老年学专业研究层次和水平。

养老服务技能培训机构可以短期实训的方式提高现有从业人员的专业技能素质，主要针对城市下岗人员、农村失地农民以及进城务工者等对象，这样可以一举两得，不仅可以解决这类群体的再就业问题，同时也充实了养老服务队伍。通过强化培训和拓展多样化的培训渠道，不断提高培训的针对性、有效性和实用性，使从业者从培训中能够获取常规的养老护理知识和技能储备，强化从业者的职业道德意识和服务水平。养老服务技能培训机构是养老服务队伍走向专业化和职业化路径的重要补充。

7.3.1.2 校企合作的订单式人才培养模式

高素质技能型的养老服务人才单纯依靠学校或者养老技能培训机构的培养是很难完成的，都容易产生理论与实践脱节的缺陷，必须思考和构建校企合作的人才培养机制，走订单式培养模式。也就是，养老企业需要什么样的人才类型，应当向对口培训学校或机构提交培养订单，校企共同研究完成培养方案的设计，共同研究开发相应课程，采取专职和兼职教师共同培训授课等多种灵活方式。只有加强校企深度合作，才能在人才素质和职业技能等方面达到养老服务企业的要求，使毕业生一到养老企业和机构就能迅速适应专业性的工作。

在养老企业与教育培训机构联合培养人才过程中，政府应当发挥引导和统筹协调作用，完善有关的行业法律法规，明确政府、企业和教育培训机构的责、权、利并进行适当政策倾斜和优惠，比如政府资助相关院校的教师到养老企业挂职锻炼，对校企合作共建的养老实训基地进行财政补贴，创设良好的养老服务人才培养环境。鼓励养老企业、相关培养院校和机构打破行业、地域限制，在全国甚至全世界范围内寻找合作和培养机会，拓宽养老服务人才培养的国际视野，努力提升人才培养的质量和效果。

7.3.1.3 学历教育与继续教育相结合的多样化培养形式

养老服务人才队伍的培养可以采取学历教育和现有从业者的在职教育与培训等多种方式。在学历教育方面，主要着重于逐步改革养老服务人才的教育培养结构，完善专业课程设置，既要着眼于培养造就一批职业道德水平高、学术研究能力强、创新能力突出的高层次养老服务管理人才，同时又要凸显和强化一线养老服务专业人才队伍的培养。在继续教育方面，主要着眼于加强在职养老从业人员的岗位培训，对从业人员定期进行养老服务新政策、新业务、新方法方面的轮训，加强行业内的经验交流和现场观摩学习。通过专业实训，让从业人员能够开阔视野，不断提高自身的专业水平，这样能够保证培训的效果和质量落地实地。同时也鼓励养老服务企业的从业人员业余攻读学历学位或自学专业知识，完善知识结构，参与职业技能资格考试，特别是对养老护理员应该严格执行“持证上岗”制度。

7.3.2 养老服务人才队伍选任机制建设

在养老服务人才队伍的选任机制上，应当以推行职业资格认证制度为切入点，打破年龄、身份、学历等方面的限制，将职业资格证书作为养老服务专业人员招录、使用以及确定薪酬待遇等方面的重要依据。通过职业资格考试认证制度，选拔和任用具有从业基本素质的人，实现持证上岗。与此同时，应当加强现有从业人员的职业道德教育，建立从业人员诚信档案，坚决辞退那些道德败坏，有信用污点的从业者。

在养老服务人才队伍的增量建设上，还需要多渠道的聘用涉老机构的专业人才。诸如在现有养老机构中挑选爱岗敬业，吃苦耐劳的养护人员，到相关院校和职业教育培训机构进行专业训练，作为养老服务队伍的储备人才，这有助于缓解养老服务专业人才供给不足的困境。同时，也可以聘请行业内的专家、学者和企业家等到机构来现场授课，传授养老服务理念和实践技巧，这也是提升现有从业者的专业技能的重要方式。最后，养老机构应考虑从国内大中专院校和职业院校引进养老服务专业人才，大胆启用国内优秀专业人才，这对于全面促进养老服务行业从业者整体素质和能力提升有很大的作用。

7.3.3 养老服务人才队伍发展机制建设

7.3.3.1 纵向职业发展

养老服务人才的纵向职业发展，主要是指职业发展的空间与通道以及相应的等级晋升和工资待遇问题。在这方面，政府应该完善养老服务专业技术职务任职评价方法，落实养老企业在专业技术岗位聘用中的自主权。将技术等级晋升和工资待遇水平相挂钩，引导和鼓励养老服务从业者主动学习。同时，养老服务企业也要不断地完善管理机制，为养老服务人才的发展提供更宽的上升空间和晋升渠道，遵循“管理人员来自于一线服务队伍”的人才选拔观念，为养老服务人才的纵向职业发展打开一条光明通道。

7.3.3.2 横向职业发展

养老服务人才的横向职业发展主要是指拓宽技能的单一性，挖掘和锻炼其他养老技能的培养，为岗位的迁移提供更多机会。养老服务行业的很多岗位因为专业技能和服务对象都有非常明显的特征，特别是像养老护理员这类职业，很难在一定时间后再转移到其他职业领域，一般都是向家政、保洁等工作岗位流动，这种岗位的横向迁移能力在职场中经常处于弱势。针对这种情况，在养老服务人才队伍培育上，应当尽力改变从业者单一的工作技能这种现状，需要通过在职培训或继续教育，使从业者在老年心理咨询、老年养生保健、老年理财以及老年营养学等新的专业领域习得新的专业技能，为未来岗位的横向迁移奠定良好的基础。

7.3.4 养老服务人才队伍评价机制建设

养老服务人才的评价机制包含岗位能力评价机制和人才职业水平评

价机制两个方面。养老服务人才的岗位能力评价机制主要是指养老服务专业技术岗位本身所涵盖的能力标准问题，我们应当在科学的岗位分类体系基础上，合理设置养老服务人才的岗位能力素质标准。比如在养老实践中，对养老服务人才的岗位工作任务、工作职责、工作权限、工作环境、工作时间等方面都应该界定清楚。岗位能力评价标准的制定还应当综合考虑从业者的整体教育素质、相近岗位工作任务间的分工与协作以及职业准入和鉴定标准等方面共同来确定，做到岗位能力明确、岗位边界清晰。

养老服务专业人才的职业水平评价机制，主要是指如何评价养老服务专业人才的工作质量优劣问题。以养老护理员的职业水平评价为例，我国目前的《养老护理员国家职业标准》将之分为四个等级，不同级别设置了不同的申报条件，其中以“岗位工作年限”以及“参加正规培训标准学时”两个评价指标进行评判。这种评价标准太过于单一和僵化，并不能真实地反映养老服务人才的职业水平，应当考虑设置更加灵活的评价指标进行职业水平评价，诸如还可以引进学历标准、顾客投诉率、差错率以及顾客满意度等多项相关指标，这样可以使评价机制更加科学合理。

7.3.5 养老服务人才队伍激励机制建设

对于养老服务人才队伍的激励方式有很多种，诸如薪酬激励、荣誉激励和柔性激励等都可以具体应用到养老实践中。

在薪酬激励上，要大力推行职业资格认证以及考核与职业准入制度，有计划、有步骤地推进，逐步实现全面持证上岗。对于获得不同职业资格等级的养老服务人才，对其设定相应的薪酬标准，使高素质和高等级养老服务人才获得更高的报酬。通过市场机制的调节，在企业自主分配、职工民主参与、政府监控指导下，鼓励养老企业对养老服务专业技术人才和管理人才实施按任务、岗位和业绩定酬的薪酬分配办法，以具体岗位的专业技术含量、岗位关键程度、岗位贡献度大小以及效率高低等指标合理划分岗位等级，以岗定薪。同时，政府和养老企业应当将养老服务人才纳入社会保障体系当中，养老企业或机构必须及时为养老服务人才办理社会保险手续，政府应鼓励养老企业和机构为养老服务人才建立医疗保险、补充养老保险，参加商业保险，健全养老服务人才的社会保障机制。

在荣誉激励上，政府和养老企业可以定期开展不同地域、不同级别的“养老服务大比武”活动，选拔优秀的养老服务人才积极参与全国养老职业技能竞赛，以职业技能竞赛为载体，激发养老服务行业的从业者学技术和练技能的热情，对获得名次的专业人才授予荣誉称号、颁发奖章、奖金和证书，并直接晋升一级职业资格。

在柔性激励上，养老企业的管理者应当要认识到养老服务工作是一件压力大而且很辛苦的工作，从业人员需要得到组织的人文关怀。管理者首先应当有意识地通过面对面沟通、网络交流、企业团队活动、带薪休假、免费交通车和午餐、弹性福和职工健康体检等多种方式，调整养老服务人才的工作节奏和压力，通过轮班轮岗等方式来舒缓心理压力。同时，政府还应当通过财政补贴和人才交流等方式建立养老服务专业人才带薪学习进修的制度。

7.3.6 养老服务人才队伍保障机制建设

在制度保障上，政府相关部门应当加强立法工作，建立健全涵盖养老服务专业人才安全保障、人才权益保护、人才市场管理和人才培养、吸引、使用等人才资源开发管理各个环节的人才法律法规。坚持用法制保障人才，推进人才管理工作科学化、制度化、规范化，形成有利于养老服务专业人才发展的法制环境。

在财政支持保障上，地方各级政府要确保对养老服务人才队伍建设的投入，进一步加大养老服务人才发展项目的实施，鼓励和支持养老机构和养老服务行业协会建立养老服务专业人才发展基金。在重大建设和科研项目经费中，应安排部分经费用于养老服务专业人才的培训。适当调整财政税收政策，提高养老机构中服务人员培训经费提取比例。民政部门应与财政、税收、金融部门协调，就养老服务专业人才队伍建设的财政支持、税收优惠等问题共同会商，在养老服务机构人才聘用财政补贴、人才培养支出的税收优惠、养老服务机构融资等方面给予切实的政策支持。

在管理工作机制保障上，各相关政府部门应各司其职，密切配合。其中，民政部门应当发挥更加重要的作用，协调政府相关部门，构建良好的管理工作机制。首先民政应与人力资源和社会保障等部门协调，就涉老专业人才的就业、创业优惠政策、岗位提升、能力培训及职业鉴定、职业发展通道建设以及就业中的疑难问题等进行协商，提出现实可行的解决方式。其次，政府对设立老年服务与管理相关专业的高职院校，应该提供政策支持和帮助。例如，在招生上可以像免费师范生一样定向培养，或者像社会养老机构床位补贴一样，给予养老服务相关专业人才培养单位相应的资金补贴和政策扶持，减免报考该专业学生的学费。在就业政策上，应对照大学生村干部给予从事养老服务一线工作的大学生合理的身份，为其参加事业单位人员招聘或公务员考试时给予适当的加分奖励[①]。与此同时，还要大力开展养老、爱老、敬老和助老等方面的宣传教育，营造尊重和支持养老服务工作的良好社会环境，形成为老服务光荣的文化氛围，提高从业人员的社会地位。

① 张岩松："加强我国老年养护人才队伍建设的对策分析"，《中国老年学杂志》，2012(8)。

第8章

老年公寓发展中的政府角色及财税政策建议

发展老年公寓是解决我国现在和未来日趋严重的养老问题的一个重要选项和路径，在我国目前日益增长的老年公寓养老需求与供给严重不足的矛盾下，促进老年公寓的良性健康发展具有极其重要的时代意义与市场价值。老年公寓的发展能否成为机构养老甚至是我国养老体系的有力支撑，与政府在老年公寓发展中的所体现的角色和责任密切相关。其角色和责任主要体现在制度安排、发展规划、政府扶持、监督管理等方面。目前我国老年公寓养老的相关政策法规还不完善，缺乏能够实地的实施细则，老年公寓的开发和建设缺乏科学合理的统一规划结构，中央和地方政府在发展老年公寓问题上的职责边界不够清晰，一定程度上束缚了我国老年公寓的发展进程。鉴于此，我们需要思考如何建立较为完善的老年公寓养老的相关政策措施，用法律法规的方式界定政府在老年公寓发展过程中的角色和职能，强化和明晰政府在老年公寓发展中的引导、扶持和监督作用。同时，通过财税协同优惠政策鼓励社会力量兴办老年公寓，促进和保障老年公寓这一新生事物的可持续发展，为老年人提供满意的人性化养老服务，为实现“六个老有”的目标做出积极的贡献。

8.1 老年公寓发展中的政府角色

8.1.1 制度安排的角色

构建养老服务体系是一项复杂的系统工程。随着经济和社会的变迁发展，老年公寓正逐渐走上市场化道路，社会力量正在塑造其养老服务的主体地位。但在老年公寓的发展过程中，离不开政府的政策引导和支持。政府最基本也是最为特殊的角色就是利用自身拥有的强制权力为老年公寓发展提供相对完善的法律和政策环境，依目前养老服务体系的发展阶段情况看，有关老年公寓的法律法规和政策一般是体现在机构养老这一个大类当中。政府在制度安排上，需要履行自己的基本职责和责任。

8.1.1.1 健全相应的法律法规制度

我国老年公寓发展方面的法律法规体系还很不完善，现有的法律如《老年人权益保障法》或商品住宅开发经营方面的法律法规显然已很不适合老年人的住房权益问题，老年公寓的开发、建设、使用和产权等问题还不能从法律法规上找到充分的依据。除《老年人权益保障法》外，与此有关的法令基本上是分散于不同的法律法规中，目前还缺乏全国统一性的专项用于规范老年公寓的行政法规，在老年公寓的市场运行中主要还是在依靠地方政府的规章条令和规范性文件，这使得一些长期性、根本性和全局性的问题一直都无法得到有效解决，比如说老年公寓的住房建设标准、老年公寓内老年人受到伤害的问题等等。因此，政府有必要制定老年公寓相关法律法规制度以增强其权威性。

建议尽快制定《养老服务机构促进法》，从发展模式、性质定位、资金来源、运营管理以及政府职能角色等方面对老年公寓的发展进行统一规范。以改变目前的综合性立法太过于宏观，很难落到实地，缺乏执行力的局面。建议中央和地方各级政府出台相应的《养老机构基本规范》《养老机构管理条例》和《养老服务实施办法》等规范性的制度和政策，对老年公寓机构建设、运营和服务的具体内容进行规范，出台专门针对老年公寓的财政补贴和税收优惠办法，鼓励和扶持社会力量参与兴办老年公寓等政策。

8.1.1.2 政策强化

目前我国老年公寓的发展已经有了一些初步的政策依据，比如针对老年公寓建设用地，按照法律法规规定应当采取划拨方式供地的，要划拨供应土地；按照法律法规规定应当采取有偿方式，如“招、拍、挂”供地的，要在地价上给予适当优惠；属于出让土地的，土地出让金标准应当适当降低收取。再比如，对老年公寓的用水按居民生活用水价格收费，用电按当地最优惠价格收费；对老年公寓使用电话等电信业务给予优惠和优先照顾。但在实际操作中，包括各市各地区具体政策中，尤其是民办老年公寓的用地、用水、用电、用气和税收优惠等都很难兑现。许多民办老年公寓能否享受到政策优惠基本都要靠各自的“公关能力”来争取，需要不断地与各地方政府部门进行博弈，这在很大程度上影响到社会力量兴办老年公寓的积极性。因此，政府在扶持老年公寓等养老机构发展中应打破部门条块分割的现状，加强各职能部门之间的密切协作，落实好国家在用地、用水、用电、用气和税收等方面对老年公寓机构的优惠扶持政策，为公办和民办老年公寓创造出平等竞争的政策平台，为动员社会力量兴办各类老年公寓创造更多更好的条件。比如在土地保障方面，可以学习国外的做法：获取政府无偿调拨的土地。政府设置国有资产扶持政策，通过无偿的土地划拨，或国有资产空置房的适当处理加大对民办老年公寓的投入力度，应研究符合实际的具有指导性、鼓励性、操作性的优惠扶持政策，进一步简化申办程序，促进老年公寓的健康发展。

8.1.2 发展规划的角色

2010年11月7日，民政部副部长窦玉沛在全国社会养老服务体系建设推进会[①]介绍，目前我国养老服务体系的保障面相对较小，服务项目也偏少。同时，由于缺乏科学的指导规划，养老机构在“面”上呈现区域之间、城乡之间发展失衡势态，布局不合理。在“点”上存在“一床难求”和“床位闲置”的矛盾现象。老年公寓这种产品严格来讲属于“准公共品”的范畴，它的中高端产品和服务是带着市场化色彩的，因而也会有“市场失灵”的现象存在。在区域布局、城乡布局、土地规划和人才规划等方面，政府应该承担起统筹发展规划的责任。

8.1.2.1 老年公寓养老布局规划

老年公寓布局合理与否与其空间分布有很大的关系。我国目前老年公寓总体分布显现出明显的区域差异：中西部地区的床位数相比其他地区偏少，直辖市的养老机构床位数量比较充裕[②]。此外，也体现出明显的城乡差异。城市新建的社会办老年公寓条件相对较好，收费较高，郊区的老年公寓入住率又过低，这直接导致城市老年公寓“住不起”，郊区老年公寓“没人住”的矛盾现象。因此，在大力推进社会力量兴办老年公寓的同时，必须充分考虑到城市、城镇和农村的布局，以满足多样化的老年养老需求。

要做好老年公寓建设的规划，将老年公寓养老纳入地方经济和社会发展的整体布局当中，统筹规划，合理安排。在城市发展规划中应该为老年公寓的发展预留一定的建设用地，编制专项规划来解决老年公寓规划建设与老龄社会发展需求相适应的区域空间发展、功能分类以及数量

① 资料来源：新华网，2010年11月7日。

② 周云、陈明烁：“我国养老机构的现状研究”，《人口学刊》，2007（4）。

均衡发展等问题。应加快城乡接合部以及近郊区老年公寓的发展，并通过对老人的合理引导，来缓解城区老年公寓的压力。另外，考虑到城市用地问题，也可以考虑整合土地、房屋等不动产资源来发展城区中的老年公寓。针对社会力量兴办的老年公寓，由于其营利性特点，在引导市场机制进入老年公寓规划中应按照不同人群、不同收入、不同消费的社会养老需求，在规划中按照高、中、低不同档次进行布局建设，按照独立型、服务型、护理型进行功能分类规划。在城市民办老年公寓的规划中，可以考虑发展老年公寓产业区，并指导投资者创办老年公寓进入养老服务集聚区，这样就能形成养老服务集聚效应和规模优势。

在政策和发展建议上，在经济发达的大城市，考虑到老年人的经济实力较强、较容易接受新观念和老年人的绝对数较大的特点，适合发展以中、高档老年公寓以及包括老年公寓在内的专门老年住区为主，以建造低档老年公寓为辅；在中小城市，考虑到老年人的经济承受能力和老年人的绝对数相对较少，所以以发展中、低档老年公寓为主，以建造专门老年住区、高档老年公寓为辅；在大、中、小城市均开始推广新建普通住宅“适老化”通用建造模式。

8.1.2.2　老年公寓发展的土地规划

土地问题是当前我国老年公寓发展的重要瓶颈因素，主要体现在用地指标短缺、属性不明确，配套优惠政策不完善等多个方面。因此，在老年公寓发展中要加强规划和引导，解决土地来源、土地属性和用地指标等问题。建议从如下方面予以规划与规范：

第一，将老年公寓用地供应比例纳入国家用地总体规划图则，各地方政府应根据中央总体规划结合地方实际，出台相应的针对老年公寓等养老机构的用地规划。第二，设立“老年公寓产业用地”专项用地类别，或者将“老年公寓产业用地”作为“养老产业用地”下的一个细目。第三，对老年公寓用地供应方式和产权持有方式形成明确政策界定。第四，盘活现有存量，鼓励政府购买服务。政府应该利用国有企业搬迁后厂房、闲置的大学老校区、医院等公共设施盘活养老用地需求。第五，与保障性住房项目、公共建筑规划相结合开辟老年公寓服务建设项目。第六，对农村集体建设用地规划开发老年公寓项目进行规范。第七，按土地使用性质，明确老年公寓服务产业主体的分类管理办法与行政许可办法。第八，老年公寓产业用地配套相应税收优惠挂钩政策①。

8.1.2.3 老年公寓服务人才结构规划

1. 专业社会工作人员发展规划

在我国目前老年公寓机构中的专业社会工作者非常缺乏，很多老年公寓机构中甚至完全没有这类人员配备。随着老龄化程度的不断加深，以及社会转型期的诸多问题，老年人进入老年公寓机构后面临着环境支持性缺失带来的多种问题。而专业的社会工作者能够采用专业的社工方法来解决一些原有工作模式无法解决的问题，如老人机能的评估、老人家属关系的经常性干预、丧偶等老年突发事件的辅导以及老年观的教育引导等等。在已经开展的服务中，如老人社会活动的参与、老人文化娱乐活动的设计、志愿者服务的组织、慈善募捐工作的开展等，逐步实现社工化，达到优化老年公寓机构服务质量，完善其服务体系的目的。

目前，我国老年公寓机构中社会工作者远远不够，在老年公寓发展规划中，对专业人才队伍的规划应列入其中，特别是需要尽快建立起社会工作者制度，在老年公寓等养老机构规范设置社会工作岗位，研究专业社会工作者介入老年公寓机构服务的办法和具体措施。在老年公寓机构申请办理时应包括专业人才队伍的规划，应保证每个老年公寓机构至少有一名大专以上学历的社工专业人员。

2. 医学护理人才队伍发展规划

医学护理人才队伍，是指对老年公寓机构内老人进行医疗、护理、服务的卫生技术人员和养老服务员等，他们是老年公寓机构内主要的工作人员。医学护理人才队伍的严重不足是制约我国老年公寓机构的一大问题。目前，我国很多老年公寓的医学护理人才的整体素质偏低，缺乏专业的医学和护理知识，尤其是养老护理员大多数是农村进城打工的妇女、城市下岗失业工人等，其专业水平、业务能力、服务质量都不能有

① 民政部官网："关于规范我国养老产业用地发展的专项建议"，2013 年 4 月 18 日。

效地满足老年公寓机构中老人的要求。因此，国家和各地区应该有意识地多方位宣传养老护理员这一职业，并通过专门的养老服务职业培训机构对他们进行专业技能培训，推行养老护理员职业资格准入制度，按照国家养老护理员职业标准的要求，开展证书培训，保证从业人员持证上岗，不断优化老年公寓机构养老护理人员队伍结构。推行先培训、后上岗和持证上岗制度，逐步推向规范化、专业化。

3. 志愿者队伍发展规划

志愿活动是老年公寓机构服务的一个重要资源，它使得老年公寓机构的经营目标得到有效资助，直接或间接降低成本，经济效率和社会效益得以实现。目前已经有很多的志愿者加入老年公寓机构中，给机构中的老人带来了许多物质上和精神上的帮助，但志愿者队伍人数总量还是严重不足。此外，由于目前志愿者缺乏有效的管理和专业的指导，很多志愿者进入老年公寓机构开展活动反倒成了一种负担。因此，有必要出台《志愿者管理办法》《志愿者章程》《志愿者服务手册》等来规范和壮大志愿者队伍，使志愿者服务制度化、常态化，并建立起专业人员与志愿者相结合的互助服务队伍，以便为老年公寓机构提供更好的服务。

宏观层面上，国家和政府可以思考试点“时间银行①”制度应对志愿者的“劳务储蓄”问题。对不同志愿者的劳务怎样记录时间，如何使用时间银行“标准货币”，对参与者的服务质量如何进行合理评价，对时间银行的安全性、可转移性和通存通兑等问题进行制度和技术上的设计。当然，我们也要看到，对于“时间银行”这一新兴事物，在目前阶段还至少存在政府角色和作用问题、“时间储蓄”的标准和专业化水平问题、认识问题、管理问题、保障和信任问题、风险防范问题、通存通兑与转让问题八大障碍，这需要我们不断探索和研究②。

---

① 时间银行是指是不同年龄阶段的志愿者，在参加志愿服务活动的同时，为自己以后享受同等时间的志愿服务积累时数。时间可以储存、转让，甚至还能预支。“时间银行”体现的是社会互助的精神，对老年人和老龄化社会都有好处，其实质是进行劳务的代际交换。

② 吴海盛、王凯：“时间银行养老模式研究综述”，《管理观察》，2009（34）。

8.1.3　政府扶持的角色

8.1.3.1　资金支持

政府应根据经济发展水平和老年人的需求，把发展养老服务事业方面的经费纳入财政预算范畴内，初期可以重点培植一些下示范性的社会养老机构建设，将部分预算资金用于鼓励、扶持和资助各类社会力量兴办老年公寓等养老机构。

为了让老年人实时共享经济社会发展成果，满足人们对社会养老需求的增加，政府对老年公寓机构养老的投资也应该逐步增加，应建立规范的老年公寓机构养老经费投入机制。鉴于全国不同的经济发展水平，经费投入机制应该坚持低标准起步，逐步增加的原则，按一定标准安排经费，纳入地方财政预算。目前，由于政府对不同性质的养老机构的补助存在偏差，造成公办和民办老年公寓机构发展的不平衡。从长远发展考虑，政府对老年公寓机构的补助程度，应打破机构的所有制性质束缚，以社会需求和解决养老问题的实际效果来确定，切除“公私”界线，对公办老年公寓机构与民办老年公寓机构一视同仁，实现公平竞争。只要是为人民提供公共服务，都应受到同等待遇，都该得到政府项目资助。在具体操作上，应该有针对性地对老年公寓机构的设施和项目进行专项资助，如对老年公寓机构设施新建和改造、爱心护理工程进行专项资金资助。

8.1.3.2　财政补贴

老年公寓机构是一种长效投资项目，前期资金投入较大，除运营收入和社会捐赠外，其投资回报率相对较低，因此，政府的补贴应成为老年公寓机构尤其是民办老年公寓机构经费来源的重要渠道，这也就意味着它对政府具有较强的经济依赖性，这种依赖性使得老年公寓机构在谋求独立发展时可以利用政府的权力体系获得体制内外的资源来赢得自身的发展。在具体操作中应确定规范合理的老年公寓机构资金补助政策，根据区域的需求特点，按床位对老年公寓机构设置、设施建设、实际收住老人的运营成本等方面给予一定比例的资助，从而把政府资金投入的重心从建设、开办老年公寓机构逐步转到解决老年服务需求上来。目前我国大部分地区都实行民办公助财政补贴政策，此补贴政策包括开办建设补贴、床位补贴、人数补贴和综合补贴四种。

8.1.3.3 舆论引导

老年公寓的发展需要营造一个尊老、爱老、敬老，对老年人充满人性关怀的社会文化环境和氛围。老年公寓的发展必须根植于人们对社会养老方式的认同和支持，政府应该积极倡导社会养老的良好风尚。我国“养儿防老”的传统观念根深蒂固，老人若有子女还去老年公寓养老，就会被认为是儿女不孝，遭子女抛弃，所以，政府要强化相关宣传舆论的引导，有针对性地对老年公寓等社会养老方式进行大力宣传，纠正一些认识误区，使社会各界对老年公寓机构的作用、管理、服务情况、入住老人的生活情况有所了解，让社会各界充分了解老年公寓养老的内容和性质，提升他们的认同感，让老人们知道在老年公寓等机构中养老能够更好、更舒适地度过晚年生活，同时让子女们也知道在自己精力不够、能力不足的情况下把父母送到老年公寓养老也是一种负责任的表现。

8.1.4 监督管理的角色

目前，中国老年公寓的发展有一定的自发性和盲目性，在蓬勃发展的同时，难免泥沙俱下、良莠不齐，甚至还存在名为非营利，实则大肆谋利的情况，因此在发展的初始阶段，政府就要承担规范和监督的责任，加强监督规范，保障其健康发展。政府加强对老年公寓机构养老的监管责任首先体现在要建立相应的评估机制，其次是加强对老年公寓机构在政策落实、建设标准、服务内容、收取费用、服务质量等方面的监督管理。

8.1.4.1 建立评估机制

科学、公正的老年公寓养老评估体系是进行养老社会化监督的间接管理机制和手段。评估必须遵循一定的程序和标准，由机构自审和评估主体审查两个阶段构成。政府不应该对稍有问题的养老机构就采取强烈的处罚态度，而应该给予改正的机会。通过质量评估的老年公寓机构，可以作为获取政府或其他来源的资金的基本条件，并优胜劣汰。老年公寓机构应遵循公开透明、公正合理的项目评审和资助原则，政府需要建立一个公共信息管理系统，实行信息披露，健全信息的发布机制。评估机制的引入分担了政府一部分职能，使政府从管理者逐步变成裁判者，从而提高监督管理的效率并增强老年公寓机构的社会公信度，也将改变政府的公众形象。我国老年公寓机构养老评估体系大体上应包括以下三个方面：

第一，养老服务需求的评估机制。它是针对有老年公寓机构养老需求的老年人进行的评估，通过评估可以较客观地反映老年人身体状况，日常生活自理能力的具体情况。评估的内容包括：老年性疾病、残疾状况、精神状态、日常生活活动能力各方面的详细评估。通过评估提升老年公寓机构的服务质量和运行效率。

第二，养老服务质量的评估机制。可采取向服务员发放服务手册、建立服务监督员、定期走访服务对象等方法，对老年公寓机构养老服务的效果、效率进行服务质量评估，同时还要对老年公寓机构养老的发展规划是否科学合理、现行政策是否解决实际问题进行评估，以此不断完善评估工作。

第三，培育行业管理的中介组织，组建中介性评估机构，使评估人员逐步职业化。应借鉴发达国家的经验，鼓励社会力量参与老年公寓机构养老评估，逐步使评估人员纳入国家的职业系列，促进养老服务评估向职业化发展。同时，政府应建立相应的评估监督管理和投诉受理制度。

8.1.4.2 政府的监督职能

政府职能部门中对老年公寓机构养老服务进行监督的部门主要有民

政、财政、审计等相关部门，为健全老年公寓机构养老服务监督体系，监督的主要内容应该包括以下几个方面：

第一，法律法规政策落实情况的监管。政府应加强对老年公寓机构养老服务法规政策的执行检查，确保养老服务政策的落实。目前，我国正推进社会福利社会化，因此针对老年公寓等机构出台了不少的优惠政策，政府部门需要监督这些政策的具体落实情况。

第二，服务内容的监管。监管内容主要包括老年公寓养老服务项目是否完备，能否满足入住老人的基本养老需求和较高层次的享受需求、老人是否受到人身意外伤害等。

第三，行业准入监管。该监管具体包括审批、评价、许可、特许和注册等。政府要把好老年公寓机构的资质审批关，尤其在准入、运营和退出三个环节要特别加强管控和日常检查的力度。对那些设施落后、管理混乱、社会反响较差的老年公寓机构要限期整改，甚至撤销其设置登记。

第四，建设设施的监管。该监管具体包括老年公寓的建设是否达标、质量是否过关。如老人就餐、就医和娱乐等地理位置的设置是否科学、建筑设施的质量是否过关、安全性能能否有保障等。政府要大力加强对老年公寓养老建筑设施的监督检查，使之在建设时按照程序申报审批和筹备建设，建筑施工过程中严格执行各项质量和安全标准，防范由于老年公寓建筑设施的不安全使入住老人遭受人身伤害等现象的发生。

第五，价格监管。这主要属于政府财政部门与审计部门的监督权限。目前，社会办老年公寓机构多属于民办非企业单位，其定价的自主权由老年公寓机构掌握，因此对服务收费水准及收费结构进行过程评价和控制，也就成为最重要也是难度最大的一项监管内容。老年公寓机构的定价一定要合理合适，既要保证投资开发者的市场利润，同时又不能让整个市场的价格虚高，损害广大老年消费者的利益。因此，定价既要反映成本因素，又要与经济发展的阶段相匹配。

第六，人员素质监管。养老服务人员的素质直接决定着养老服务供给的质量，对老年公寓养老服务人员的监管主要由民政部门牵头负责，要坚持先培训后上岗和持证上岗的制度规范，逐步提升养老服务人员素质的规范化和专业化程度。

第七，信息披露监管。信息披露监管主要是指政府应该主导建立养老行业的信息披露机制，利用社会监督力量提高对老年公寓等养老服务机构的监管效率。政府应将老年公寓养老机构提供的服务项目、服务标准、收费标准、从业人员的资质和机构管理的架构等涉及入住老年人相关权益的事项定期向社会公布，维护公众的知情权和监督权。政府监督部门应该及时在官方媒体公布老年公寓机构的监管信息，为老年人选择老年公寓提供判断决策信息，促进老年公寓等养老机构的公平竞争，减少老年人在选择老年公寓和相关养老服务时的信息不对称问题。

第八，年检监管。政府部门应该要求全部老年公寓养老机构在运营过程中都必须接受年检监管。年检的频率可以定为两至三年一次，通过年检的老年公寓才可以重新领取执照营业，没有达到标准则需要整改甚至是停业整顿。具体操作上可以邀请第三方参与。采取不定期深入调研和定期现场检查的方式结合进行。年检的结果应向社会公众及时发布，同时也可以作为政府对老年公寓进行财政补贴和购买服务时的重要参考依据。

8.2 促进老年公寓发展的财税政策现状

目前，老年公寓养老还从属于机构养老的范畴，还没有完全独立形成一种成熟的养老模式和体系。在财税政策支持上，政府相关部门一般是将老年公寓当成作为一种老年服务机构进行制度设计的。在财政部和国家税务总局联合发布的《关于对老年服务机构有关税收政策问题的通知》里，对老年公寓的从属问题已做出明确说明[①]。从2000年开始，面对日益增长的机构养老需求，民政部联合了11个部委共同出台了《关于加快实现社会福利社会化的意见》，该意见不仅提出了推进社会福利社会化的指导思想、目标和总体要求，同时也在税费优惠、水电气及通信费用、土地使用等方面提出了针对养老服务机构的优惠政策指导意见。在此意见的整体指导下，全国各地方政府结合当地实际情况，进一步制定了更为细化的相关优惠政策。总体上看，促进老年公寓等养老服务机构发展的财税政策主要体现在财政补贴，贷款贴息，税收优惠，用水、用电、用地优惠以及政府购买养老服务五个方面。

8.2.1 财政补贴政策

对老年公寓等养老服务机构的财政补贴主要是基于这类养老机构的微利性或无利性特征，如果在市场发展初期缺乏财政的扶持，一则这些养老机构很难持续经营下去，二则让其他社会资本不敢踏足这一领域。因为老年公寓等养老机构具备正的外部性特征，对其采取政府财政补贴形式符合经济学的基本原理。一般来讲，在实践中常见的补贴形式有四种。

第一种是对新开办或改扩建的老年公寓给予一次性的或按规模大小分期给予一定金额的财政补贴，也就是俗称中的“补砖头”形式。如陕西省针对符合条件的民办非营利性老年公寓（含租用期限在10年以上的）新建机构每张床位给予一次性补贴3 000元，对改扩建机构每张床位一次性补贴2 000元。重庆市自2012年起，对新建和扩建社会办老年公寓增加床位100张以上、符合建设项目管理规定和养老机构建设标准的，市财政对其新增床位给予每张4 000元的建设补贴，每个机构最高补贴不超过500张床位；租用房屋兴办的社会办养老机构，增加床位50张以上、房屋租期5年以上（含5年），市财政对其新增床位给予每张1 000元的

---

① 老年服务机构主要包括老年社会福利院、敬老院（养老院）、老年服务中心、老年公寓（含老年护理院、康复中心、托老所）等。

建设补贴，每个机构最高补贴不超过200张床位。补贴资金在老年公寓机构建成投入使用且入住率达到50%后，经核准一次性拨付[1]。北京市对新建、扩建具有护养功能的非营利性老年公寓等养老机构，由市政府固定资产投资给予每张新增床位2.5万元的补贴支持；对新建、扩建普通功能的老年公寓等养老机构，给予每张新增床位2万元的支持，区（县）政府固定资产投资按1∶1比例配套。对利用自有其他用途设施进行改建，且符合老年公寓建设用地条件的社会办非营利性老年公寓，按照改建投资总额的30%由市政府固定资产投资予以补助（按床位折算，每张床位补助最高不超过2万元）。区（县）政府固定资产投资按1∶1比例配套。但租用他人现有设施改造成老年公寓的，不在建设资金支持范围内[2]。还有就是采取按照老年公寓所在地理区位或护理类型给予差别性的补贴形式，也属于“补砖头”的范畴。如苏州市对新建的民营老年公寓等养老机构，依自理、半自理以及全自理等不同类型，分别按每张床位最低2 500元、3 000元、3 500元的标准分三年给予财政补贴支持[3]；南京市对新建民营老年公寓等养老机构依城区、市郊区、县城的类别分别按每张床位4 000元、3 000元、2 000元给予一次性财政补贴。

第二种是对运营中的民办老年公寓机构按实际收住的老人数定期给予一定的床位补贴，这也是俗称的“补床头”形式。如天津市对年检合格，全年无重大安全事故的社会办老年公寓机构，按每年度实际入住老人的月平均床位数，每张床位补贴500元。山东省诸城市对社会力量开办的老年公寓和公建民营老年公寓，按实际入住老人占有的床位数，由市级留成福利彩票公益金给予每年每张床位600元补贴。

第三种是对入住老年公寓的老人的直接补贴，俗称“补人头”。主要是通过高龄津贴、服务补贴和护理补贴等形式，对中等收入的老年人群体采取“补人头”形式，让老年人能有钱买服务，不仅满足自身服务的要求，同时也能够提升老年公寓的入住率。到目前为止，全国有18个省

① 资料来源：重庆市民政局网站，http：//jmz. cq. gov. cn/main/mzj/default. shtm。

② 资料来源：北京市2013年10月发布的《关于加快本市养老机构建设的实施办法》。

③ 资料来源：苏州市政府网站，http：//www. suzhou. gov. cn/news/szxw。

建立了 80 岁以上老年人的高龄津贴，有 22 个省建立了服务补贴，还有 3 个省建立了护理补贴①。如苏州市 2009 年对半护理、全护理床位的运营补贴分别为每人每月 120 元、200 元；北京市 2013 年对生活能够自理的入住老年人按 300 元/人·月标准补贴；对生活不能完全自理的入住老年人按 500 元/人·月标准补贴。对因提高补贴标准而产生的财政支出增量部分，由市级和区（县）财政按照 1:1 比例负担，同时鼓励区（县）政府对属地床位给予额外补贴②。

第四种是对老年公寓机构意外责任险的保险缴费进行补贴。如上海市自 2009 年 12 月 15 日起，在全市范围推行"养老机构意外责任保险"，由太平洋产险、平安财险、安信农业保险 3 家共保，采取市、区县民政局补贴的形式，年保费 120 元/床位，老年公寓等养老机构只需自付 1/3 的缴费③。

第五种是对老年公寓就业人员给予用工补贴、培训补贴和岗位补贴。如山东省出台的《关于资助社会办养老机构管理办法》中明确规定，具有本地户籍并与养老机构签订 1 年以上劳动合同从事养老护理工作的下岗失业人员，按招用人数，可以享受城镇企业职工社会保险补贴，补贴期限最长不超过 3 年。具有本地户籍的就业困难群体，与养老机构签订 1 年以上劳动合同并从事养老护理工作的人员，可以按照本市最低工资标准的 30% 享受工资补贴，补贴期限最长不超过 3 年。上述资金从再就业资金中列支。而在培训补贴上，对从事养老护理员和养老服务的人员，与养老机构签订 1 年以上劳动合同，参加由养老机构组织的职业技能培训并取得初级职业技能证书的，由县（市、区）民政部门给予每人 200 元的一次性补贴；取得中级职业技能证书的，再给予 200 元一次性补贴，所需补贴资金由省级福利彩票公益金解决。对准备从事养老护理工作的人员，凡属再就业培训补贴范围的，在本地劳动保障部门认定的职业培训机构进行免费培训，按照《免费再就业培训补贴办法》规定，享受职

---

① 资料来源：人民网，http：//politics. people. com. cn，2013 年 12 月 5 日。
② 资料来源：北京市 2013 年 10 月发布的《关于加快本市养老机构建设的实施办法》。
③ 资料来源：《解放日报（上海）》，2009 年 5 月 14 日。

业技能培训补贴。培训工作由劳动和社会保障部门会同民政部门组织实施。温州市还实施了养老护理员特殊岗位补贴制度，对民办老年公寓机构中取得了《养老护理员职业资格证书》并从事养老护理岗位的从业人员，按照技师、高级、中级、初级不同等级，分别给予每人每月200元、150元、100元、50元的补贴；通过职业技能鉴定，取得国家养老护理资格技师、高级、中级、初级等级证书，在民办老年公寓机构从业1年并从事养老护理岗位的从业人员，分别给予每人一次性4 000元、3 000元、2 000元、1 000元补贴。所需资金按现行财政体制和属地管理原则，由同级财政承担[①]。天津市人力资源和社会保障局最新出台的《关于促进健康服务业发展的实施意见》中对于老年公寓机构招用登记失业者、应届及上一届高校毕业生、就业困难的高校毕业生三种人员并与其签订1年以上劳动合同的，分别给予1年社保补贴、1年岗位补贴和社保补贴、1年岗位补贴和3年社保补贴[②]。

8.2.2 贷款贴息和担保政策

为支持和引导社会资本以独资、合资、合作、联营、参股等形式，兴建、扩建或改建适宜老年人集中居住、生活和护理的老年公寓机构，政府应对社会力量兴办老年公寓提供政策支持，尤其是对那些规模较大、前景较好、示范作用显著、市场急需的老年公寓项目，财政部门要给予必要的贷款贴息和担保支持，引导金融机构增加对老年公寓机构及其建设项目的信贷投入，适当放宽贷款条件，并给予优惠利率。如天津市对符合下岗失业人员小额担保贷款条件的个人兴办老年公寓，可申请2万~5万元小额担保贷款；合伙兴办老年公寓的，可申请期限不超过两年，人均2万元以下的担保贷款。对持续经营两年以上的社会力量办的老年公寓，床位超过200张的又需要发展资金的，可申请贷款担保，由天津市小

---

① 资料来源：中共温州市委文件《关于鼓励社会力量兴办养老机构的若干意见》（温委发[2013] 55号）。

② 资料来源：庞津昆，《中老年时报》，2014年7月8日。

额贷款担保基金按每新吸纳1名护理人员给予2万元额度的贷款担保，最高额度不超过50万元。通过银行按揭贷款购置养老服务经营用房的社会力量开办的老年公寓，与区县民政部门签订3年以上房屋使用协议，并按协议约定将房屋用于老年公寓养老服务的，可对其按揭贷款给予每年50%的贴息，年度最高贷款贴息额不超过10万元，贴息期限最长不超过3年。贷款贴息按年度采取后付制，所需资金由天津市福利彩票公益金负担①。

8.2.3 税收优惠政策

到目前为止，我国并没有直接针对老年公寓发展的一套完整的税收政策体系，我们看到的只是一些零星的、碎片化的与养老服务和老年人直接相关的税收鼓励措施。在老年公寓的发展当中，主要涉及的税种有营业税、企业所得税、个人所得税、城市维护建设税、城镇土地使用税、房产税、车船税和印花税等。目前，对老年公寓的税收优惠政策主要源于2000年11月24日财政部、国家税务总局下发的《关于老年服务机构有关税收政策问题的通知》（财税［2000］97号），该通知对政府部门和社会力量兴办的老年公寓等养老服务机构的有关税收政策问题做出了明确规定，我们将之总结归纳为四个方面的税收优惠政策②。

与老年公寓养老服务直接相关的税收优惠政策：对企事业单位、社会团体和个人等社会力量通过非营利性的社会团体和政府部门向福利性、非营利性的老年服务机构的捐赠，在缴纳个人所得税前准予全额扣除。专门为老年人提供生活照料、文化、护理、健身等多方面服务的福利性、非营利性的机构，其自用房产、土地免征房产税、城镇土地使用税。财产所有人将财产赠给抚养孤老伤残人员的社会福利单位所立的书据，免征印花税。

---

① 资料来源：中央政府门户网站，www.gov.cn，2008年5月5日。

② 靳东升、白景明、杜鹏、石英华："促进中国养老服务体系发展的财税政策研究"，《财政研究》，2012（4）。

与老年公寓养老服务间接相关的税收优惠政策：医疗、诊所和其他医疗机构提供的医疗服务，免征营业税。无偿赠予对其承担直接抚养或者赡养义务的抚养人或者赡养人不动产、土地使用权的，可暂免征收营业税。鼓励就业政策。中小企业优惠。企业发生的公益性捐赠支出，不超过年度利润总额12%的部分，准予在企业所得税前扣除。经认定的符合条件的非营利组织取得的收入可以为免税收入。

与老年人直接相关的税收优惠政策：按照国家统一规定发给干部、职工的退休工资、离休工资、离休生活补助费，免征个人所得税。孤老人员取得的劳动所得，经批准可以减征个人所得税。个人领取基本养老保险金，免征个人所得税。

与养老保障有关的税费政策：企业按照国务院有关部门或者省级人民政府规定的范围和标准为职工缴纳的基本养老保险费，可以在税前扣除。企业根据国家规定为本企业全体职工支付的补充养老保险费，不超过职工工资总额5%的部分，可以扣除；个人按照规定缴的养老保险费，可以税前扣除①。

8.2.4 用水、用电、用地等优惠政策

对于老年公寓等养老机构的建设用地，按中央政府的指导意见，按照法律、法规规定应当采用划拨方式供地的，要划拨供地；按照法律、法规规定应当采用有偿方式供地的，在地价上要适当给予优惠；属出让土地的，土地出让金收取标准应适当降低。对养老机构的用电按当地最优惠价格收费，用水按居民生活用水价格收费；对社会福利机构使用电话等电信业务给予优惠和优先照顾。如杭州市在2012年出台的《关于鼓励社会力量兴办养老服务机构的实施意见（试行）》②，就对民办养老机构用地、用水、用电等相关方面的政策做出详细规定。在用地保障方面，

① 靳东升、白景明、杜鹏、石英华："促进中国养老服务体系发展的财税政策研究"，《财政研究》，2012（4）。

② 资料来源：《青年时报》，http：//www.qnsb.com，2014年2月9日。

对福利性和非营利性养老机构以行政划拨方式供地；对营利性养老机构，由各区、县（市）政府和杭州经济开发区管委会、杭州西湖风景名胜区管委会负责做地，规划部门明确规划条件，国土资源部门采取“招、拍、挂”出让或租赁方式供地，并给予地价优惠政策。对于农村集体经济组织使用本集体经济组织土地兴办养老机构的，可依法办理农村集体建设用地使用手续。鼓励社会力量对闲置的医院、学校、企业厂房、商业设施、农村集体房屋及各类可利用的社会资源进行整合和改造，用于养老服务。在用水、用电、用气等方面，老年公寓机构与居民用户实行同价，同时免收相应的配套费；免收老年公寓等养老服务机构的电话、有线（数字）电视、宽带互联网一次性接入费（安装费）；减半收取养老服务机构工程定额测定费、白蚁防治费、绿化费、供水工程建设资金、人防建设费、城镇垃圾处理费等。

8.2.5 政府购买养老服务政策

为鼓励老年公寓等养老机构开展居家养老服务，一些地方政府按法定程序和市场竞争原则，通过直接拨款或公开招标等形式，向老年公寓等养老机构直接购买居家养老服务①。这一方式既可以使政府从直接开办养老机构的资金困境中解脱出来，提高政府资金的使用效率，也在一定程度上解决了民办养老机构的资金和经营难题。目前各地采取的主要形式就是符合条件的老人发放服务券，老人自由选择养老机构和养老服务，养老机构以收到的现金券与政府结算。如镇江市对入住市区范围内具有运营资质的老年公寓等养老机构，且达到居家养老上门服务补助介助或介护标准的老人，可享受入住养老机构补助，补助标准分别为每人每月300元和400元，补助资金支付给所在养老机构，用于抵扣入住养老机构费用。而这些经费全部由市、区两级财政，按财政体制比例承担②。

---

① 周清：“促进民办养老机构发展的财税政策研究”，《税务与经济》，2011（3）。

② 数据来源：江苏新闻网，http：//www.js.chinanews.com，2014年2月24日。

8.3 老年公寓发展中的财税政策有效性及存在的问题

8.3.1 与老年公寓相关的财税政策有效性分析

在老年公寓的发展中，中央和地方各级政府在财政补贴、贷款贴息和担保、税费优惠政策、政府购买养老服务以及用水、用电、用气和用地等方面出台了诸多财税相关政策，这在很大程度上促进了我国老年公寓等养老机构的迅速发展。老年公寓养老目前在我国仍处于初期培育和发展阶段，在国家和政府层面仍将其定位为机构养老的范畴，因而有关老年公寓发展的具体数据仍包含在养老机构的统计当中，目前鲜见单列的数据。我们分析财税政策在多大程度上影响了我国老年公寓的发展，只有在养老机构的整体框架下进行研究和思考。本书从民政部和国家统计局网站提取了有关养老机构发展情况的数据，并选取了养老机构的数量、床位数、床位年增长率、收养率、收养人数年增长率以及床位利用率作为衡量指标进行财税政策有效性的分析和说明，见表8-1。

表8-1　　2006~2013年我国养老机构发展情况

年份	机构数量（个）	床位数（万张）	床位年增长率（%）	收养人数（万人）	收养人数年增长率（%）	床位利用率（%）
2006	38 097	153.5	16.82	123.0	24.12	80.13
2007	39 754	212.8	38.63	171.9	39.76	80.78
2008	35 632	234.5	10.20	189.6	9.95	80.85
2009	38 060	266.2	13.52	210.9	11.23	79.23
2010	39 904	314.9	18.29	242.6	15.03	77.04

续表

年份	机构数量（个）	床位数（万张）	床位年增长率（%）	收养人数（万人）	收养人数年增长率（%）	床位利用率（%）
2011	40 868	353.2	12.16	260.3	7.30	73.70
2012	42 000	381.0	7.87	262.0	0.65	68.77
2013	43 000	474.6	24.57	294.3	12.33	62.01

数据来源：根据民政部网站及国家统计局 2006 ~ 2013 年国民经济和社会发展统计公报相关数据自行整理计算而得。

从表 8 - 1 中我们可以看到，我国的养老机构发展非常迅速，从 2006 年的 38 097 个增长到 2013 年的 43 000 个，增长了 12.87%；床位数更是从 2006 年的 153.5 万张增长到 2013 年的 474.6 万张，增长了 2.1 倍；收养入住的老人从 2006 年的 123 万人增长到 2013 年的 294.3 万人，增长了 1.4 倍。可见，因为各级政府财税政策的协同跟进，包含老年公寓在内的养老机构得到较好的发展，财税政策在其中的作用是显而易见的。在机构数量、床位数、收养人数等指标上，我们可以清晰地发现其不断增长的态势，说明老年公寓等养老机构的规模是不断在扩大的。床位数增长了 2.1 倍之多，但机构数量只增长了 12.87%，说明财政投入和税收效应更多地应用到了改建和扩建原有机构的规模上了，新建机构并不多。床位利用率是个例外的情况，不仅没有增长，而且基本上从 2006 年的 80.13%，年年下滑，到 2013 年只有 62.01% 的床位利用率了。这说明财税政策在刺激老年人入住老年公寓等养老机构上效应还不够，更多的财政资金和税收政策用在了“补砖头”和“补床头”上，虽然一定程度上刺激了新建和改扩建养老机构规模的扩大，但有意愿入住机构的老人的比率却在下降，一定程度上说明“补人头”的政策效应还存在明显不足，降低了养老床位的利用率。

8.3.2 与老年公寓相关的财税政策存在的问题

虽然财税政策对促进老年公寓等养老机构的发展起到了很大的推动作用，但在运行中仍然暴露出不少问题，我们从五个方面对其进行分析。

8.3.2.1 政策主要定位于非营利性，束缚了老年公寓的发展

目前我国的老年公寓机构主要有两种性质，一种是非营利性的，一种是营利性的。而目前的财税优惠政策大多定位于非营利性的老年公寓机构，营利性的老年公寓机构很少能享受到财税方面的优惠政策。虽然这一定位与西方国家有相同之处，也应该是社会化养老服务发展的长期目标，但这一定位目前与中国现实国情发展是不相适应的。一方面我国现有的非营利性组织发展还很不成熟，集中社会资源提供养老福利的能力有限，社会捐赠资金和志愿者基本上都流向公办养老机构，而民办老年公寓是市场化的私人投资、自负盈亏，因而决定了其性质本源是营利性的。另一方面，为了能享受到针对非营利性养老机构的财税优惠政策，绝大多数民办老年公寓机构都被迫以“民办非企业单位”注册登记，而非营利性性质的企业又不能以营利为目的，利润也不能分红，养老资源的提供者也不能享受机构的所有权，这种制度上的限制性涉及使得很多民间资本陷入进退两难的境地，也与资本的逐利性质是相悖的，不利于社会资本投资兴办老年公寓等养老机构。

8.3.2.2 财税政策重硬件建设，轻软件建设

目前，财税优惠政策主要偏向于老年公寓等养老机构的基础设施建设，无论是针对新建还是改扩建老年公寓的财税优惠政策，补的都是“硬件”。而对于老年公寓等养老机构的“软件”建设相对忽视。比如，对老年人的康复护理、医疗保健、心理与精神慰藉财税支持目前还很缺乏，缺少对老年公寓就业人员给予用工补贴、培训补贴以及社会保障补贴等优惠政策，对于养老护理员等人才队伍建设的关注也较少。

8.3.2.3 财政补贴标准和补偿方式不明确，容易造成不公平竞争

财政补贴是国家扶持老年公寓等养老机构发展的必要手段，但从目前各地方政府采取的财政补贴政策来看，一方面是补贴金额太少，而且申请程序复杂，要求太高。如床位运营补贴，有些主要城市的每月每张床位补贴标准还在 20～50 元，对老年公寓机构来说简直就是杯水车薪，

而且还必须是自有房产才可享受补贴，使大量租赁经营的老年公寓养老机构根本难以享受到政策支持。另一方面，补偿方式和补偿标准不明确也造成了老年公寓等养老机构之间不公平竞争，甚至是恶性竞争。在补偿方式上，政府对老年公寓机构的建设补贴、运营补贴等也都缺乏统一规定，目前主要由各地方政府根据自身的财力情况进行补贴，这种状况很容易导致老年公寓机构的发展失衡和竞争秩序混乱。在补偿标准上，各地方政府都是基于福利刚性制定补偿额度，从最低的补偿额度开始，以后适度增加，缺乏一套有针对性的测算体系来保证财政能够承担得起的适度补偿金额，这种补偿标准的失范也是导致老年公寓机构面临不公平竞争的主要原因。同时，由于各地区经济发展不平衡，财政补贴差距也很大，导致地区老年公寓发展也出现失衡。东南沿海一带的区域，由于政府财力较为充裕，对老年公寓的补贴力度相对也比较大，因而民营资本跟进迅速，老年公寓等养老机构自然发展快速。而在经济落后的中西部地区，由于政府财政预算较紧，民营资本的投资欲望不强，民办老年公寓机构发展迟缓。

8.3.2.4 很多扶持政策难以真正落到实处，老年公寓等养老机构实际受益少

从目前实践情况来看，除了税收政策这一刚性制度执行得较好除外，其他的很多政策都难以落到实地。比如土地优惠，各地方政府受房价高企和土地财政的影响，都会变相地不执行优惠地价政策，要么就是把老年公寓用地规划到远郊区或开发新区内，这样即使老年公寓机构享受到了地价优惠，但由于地理位置过于偏远，配套不全，而陷入入住率低的经营困境。在用水、用电、用气、通信等优惠政策方面，由于具体的执行单位如自来水公司、电力公司、天然气公司、电信公司等都是市场化的自主经营企业，政府只出政策而无相应的配套资金补贴，这些企业不是慈善机构，自然很难给老年公寓等养老机构执行相应优惠政策。

8.3.2.5 税收优惠范围很小，且政策缺乏衔接

从目前对老年公寓等养老机构的税收优惠政策来看，除营业税优惠

政策外，其他税种的优惠政策都仅适用于福利性和非营利性的老年公寓机构。目前的税收优惠政策主要是对老年公寓机构经营环节的税收减免，对筹资和投资等环节，如对老年公寓机构的私人投资者、向老年公寓机构发放贷款的金融机构、老年公寓机构的医疗设备投资等，都缺乏相应的优惠政策。还有就是优惠政策缺乏衔接，没有形成系统效力。近年来，对涉及老年公寓机构优惠的营业税、企业所得税、城镇土地使用税、车船税等税种都进行了修订或改革，其中关于税收优惠的部分也都进行了调整，使现行老年公寓机构的税收优惠政策的有效性和适用范围陷入模糊地带，致使各地税务机关在执行政策中存在差异，缺乏政策的系统性和有效性。此外，从优惠方式来看，都是以直接减免为主的单一优惠方式，既影响了优惠效果，也加大了征管的难度①。

8.4 促进老年公寓发展的财税政策建议

发展老年公寓养老是构建我国社会化养老服务体系的一个重要节点，是实现“六个老有”民生建设目标的有力支撑。基于老年公寓发展中的“投资大、风险高、回收期长、利润率低”以及“福利性事业，市场化运营”等特征，需要政府在市场培育和发展阶段加强政策引导和扶持，特别是要发挥财税等相关政策“四两拨千斤”的杠杆作用，有效地解决老年公寓的外部性问题，引导社会力量积极参与老年公寓市场发展。通过引入市场竞争机制和财税制度的设计，能够切实提高老年公寓的养老服务质量和水平，下面就如何运用财税等相关政策促进老年公寓市场可持续发展提出一些针对性建议，主要从财政投入政策、税收优惠政策、政府购买养老服务政策、土地政策以及PPP政策五个方面展开。

① 周清：“促进民办养老机构发展的财税政策研究”，《税务与经济》，2011（3）。

8.4.1 财政投入政策建议

8.4.1.1 加大政府的直接投入力度

针对老年公寓的市场发展问题，要明晰政府的财政直接投入政策和力度。依据公共财政职能和相应的财政管理制度，需要明确从中央到地方各级政府的财政投入责任，各级政府要安排专项资金支持和引导社会资本参与老年公寓的发展。增强对老年公寓机构建设的财政投入。政府应该把老年公寓机构建设所需要的资金列入地方财政预算，把老年公寓的建设情况列为地方官员业绩的考核指标之一。由地方政府根据财政收入的情况，直接拨款建设公办老年公寓或对原有老年公寓进行扩修和改建。同时，对于民办老年公寓政府更应给予财政支持。与此同时，也要规范财政投入经费的预算和管理。政府相关部门要制定老年公寓发展的经费管理办法，建立和健全老年公寓发展资金投入、资金使用和资金监管机制，为老年公寓的发展提供强有力的保障。

政府在培育老年公寓市场方面，可以先采取投资兴建一批示范性老年公寓的方式引导其发展，同时也依据这些示范性的老年公寓逐步构建较为完善的发展标准体系。在这些示范性的老年公寓投资建设上，由政府全额拨付。在专项发展资金外，还可考虑以下两个资金来源渠道：一是由福彩公益金结余部分支出。据民政部部长李立国在2012年的报告显示，将加大福利彩票公益金对养老服务的支持，民政部和地方每年留成的福利彩票公益金将按照不低于50%的比例用于老年社会福利机构建设项目、爱心护理工程、“霞光计划”等社会养老服务项目的建设。同时，也需将地方福彩公益金扶老纳入常态化。各级地方政府应根据《民政部关于福利彩票公益金使用的指导意见》和《彩票公益金管理办法》等有关政策规定，将福彩公益金可用于老年公寓建设的结余资金单列出来。二是残疾人保障金结余部分支出。中央和地方各级政府可依据关于残疾人就业保障金征收管理使用的通相关方面规定，将部分残疾人保障金用于老年公寓的建设[①]。

8.4.1.2 创新财政资金的投入方式

创新财政资金的投入方式，可以通过改进财政资金分配办法、优化财政资金分配程度和强化财政资金分配透明度，提高财政资金使用有效性。

一是完善财政资金分配机制。一方面，从促进社会养老服务均等化出发，科学确定政府补助资金投向，促进区域之间老年公寓的均衡发展。另一方面，要建立竞争性资金分配机制，本着扶优扶强的原则，重点对规模集中、具有示范性的老年公寓予以支持，促进老年公寓增强服务能力，提高服务质量。

二是优化财政资金分配程序。在调查研究的基础上，建立区域新增老年公寓备选项目库。根据老年公寓发展进程和财政资金落实情况分年度确定政府扶持的重点，并组织专家利用备选项目库对各地申报项目进行评审，科学遴选补助项目。

三是增强财政资金分配的透明度。对经过专家评审初步选定的老年公寓项目，通过网络等公开媒体予以公示，主动接受来自老年公寓举办单位、项目主管部门等社会组织的监督，确保财政资金分配的公正性、科学性。

8.4.1.3 建立多种类型的财政补助和贷款贴息制度

（1）建立民办老年公寓补助制度。目前有很多地方政府正在建立对民办老年公寓的床位补助、建设资金补贴和运营补助制度，但具体标准各地都有所不同。床位补助就是每年对老年公寓的服务设施、服务内容、服务质量、服务对象等进行达标评级，完成社会服务功能且达到服务标

---

① 残疾人就业保障金专项用于下列开支：1. 补助残疾人参加职业培训和教育；2. 扶持残疾人从事工商业；3. 扶持农村残疾人从事种养业生产；4. 补贴困难残疾人社会保障费用；5. 经同级财政部门批准，适当补助残疾人就业服务机构经费开支和奖励安排残疾人就业工作做出显著成绩的单位；6. 经同级政府批准，用于发展残疾人事业的其他专项开支。

准的可以给予每张床位一定标准的现金补助。建设补贴是对老年公寓达标后根据民政部门核定的床位数给予的弥补建设费用的补贴。建设补贴根据专款专用的原则给予发放，对接受补贴的老年公寓在规定期限内改变用途的，由相关部门一次性收回补助款。一般会对自建用房和租用房给予每张床位不同额度的补贴，分不同的年限逐年发放。运营补助是指一般按入住满一定期限以上的老年人数实际占用床位数计算全年平均数，每年由所在地市、县（区）给予每张床位一定标准的现金补贴，一般是针对持有本地户籍的老人并且在老年公寓居住时间达到一定标准的才给予补助。由于我国不彻底的分税制，中央与地方的财权与事权不匹配，各级地方政府财政压力较大，需要加大中央政府的补助力度，建立由中央、省、市三级共同出资的民办老年公寓补助制度，以缓解地方政府财政压力，促进基本养老服务向普惠型方向发展。

（2）建立老年公寓就业岗位补助制度，将发展老年公寓与再就业工程结合起来。一方面，将老年公寓服务人员培训纳入就业技能培训计划，与大专院校、卫生院校合作，利用就业技能培训资金对现有老年公寓机构服务人员进行培训，确保服务人员掌握基本保健、护理、康复知识和技能。另一方面，将社会办老年公寓纳入公益性岗位，由政府按规定给予补贴，降低服务成本。

（3）建立护工补助制度。针对当前专业养老医护人员匮乏的情况，政府可以鼓励医学类院校增设此类专业并给相应的专业及学生一定数额的补助，对于从事此类工作并具有一定资质以上的医护人员按工作年限给予津贴补助。

（4）完善和调节贷款贴息政策，减少民办老年公寓的负担，帮助它们生存下去，包括政府担保、贴息贷款、设立援助基金、发放低利率贷款、创业贷款等方式。在继续安排好老年公寓机构建设资金的同时，根据需要适当安排一部分资金用于老年公寓机构的贷款贴息。金融机构要支持老年公寓发展，增加对老年公寓机构及其建设项目信贷投入，适当放宽贷款条件，并提供优惠利率。政府有关部门要主动做好服务，协调担保机构解决老年公寓机构的贷款抵押问题。对于规模较大、前景较好、市场急需的老年公寓服务项目，财政部门要给予必要的贷款贴息。

8.4.2 税收优惠政策建议

第一，深化“营改增”改革，降低老年公寓机构税负。在税收实务中，老年公寓用于养老的外购货物不得抵扣进项税额，因而导致其税负较高。曾有学者建议增设养老机构进项税额抵扣条款，但这种提法也会引起增值税与营业税交叉情况的发生，从而增加实际征管的难度，在我国已经针对增值税“扩围”试点的今天，这种临时性做法意义不大。更为可行的做法是在试点中深入探索有效降低养老机构流转税负的做法，然后在全国广泛推广，只有这样才能既治标又治本。

第二，积极探索个税递延型养老保险，激励员工做大养老金[①]。所谓个税递延型养老保险，是指个人收入中用于购买商业补充养老保险部分，其应缴个人所得税可延期至将来提取商业养老保险时再缴税。2008 年天津出台《关于在天津滨海新区试点补充养老保险的通知》，规定补充养老保险的个人缴费部分可在个人工资薪金收入 30% 以内的部分，在个人所得税税前扣除。这是增强养老金业务发展的主动力，激励员工做大养老金的有益尝试，但遗憾的是，仅仅过了两个月，试点工作就被叫停。但从长远看，还是应该出台类似的政策，只是在计税工资收入多少范围以内可以再行探讨，改革切不能因噎废食。今后，应在个税递延型养老保险试点过程中，探索激励员工做大养老金的切实可行的做法，从而在一定程度上缩小养老金缺口。

第三，对“以房养老”实行税收优惠政策。以房养老政策在我国目前已经具体基本的实施条件。随着人们传统养老观念的解放以及住房交易市场的日渐成熟和完善，以房养老模式会被越来越多拥有产权房的老人们选择。在这种背景下，政府应鼓励老人采用“以房养老”模式，激活大量沉睡的老年房产资源。为此，今后如对住房保有征收房产税，可考虑对采用以房养老模式的老人免征房产税（两套以内）。同时，对以养

---

① 李勇：“天津促进养老服务体系建设的财税政策与效果分析”，《经济研究参考》，2012(41)。

老为目的的老人转让住房免征营业税和个人所得税（限一套）[①]。

第四，加大对老年公寓机构的税费政策扶持。认真落实国家对福利性、非营利性老年服务机构的税费扶持政策，暂免征收这些养老机构的企业所得税、养老服务收入营业税以及老年服务机构自用房产、土地、车船的房产税、城镇土地使用税和车船税。对营利性的民办老年公寓也要给予一定力度的所得税减免，尤其是对在初创期和困难期的民办老年公寓，通过减免企业所得税帮助他们快速成长和渡过难关。除了要适当放宽税收政策，将营利性的民办老年公寓纳入税收优惠主体之内，还可以通过例如地方税收对民办老年公寓总税收的调解作用。可以适度地将地方税收决定权下放给地方政府，按照各地的实际情况和地方特色，因地制宜的给民办老年公寓减免相关的税收。同时为了鼓励民办老年公寓的积极性，税收可以采取“先征后返”的鼓励政策，有效保证政府对民办老年公寓监控的同时，也是对民间资本进入老年公寓市场的良好激励。对于营利性老年公寓机构要照章纳税，如纳税确有困难的，按税法管理权限，报经税务部门批准，可给予减免照顾。

第五，鼓励和发动社会各界对老年公寓机构展开捐赠活动，对企事业单位、社会团体和个人等社会力量，通过非营利性的社会团体和政府部门向福利性、非营利性的老年公寓机构的捐赠，在缴纳企业所得税和个人所得税前准予全额扣除，充分发挥慈善组织“第三次分配”的作用。

第六，深入研究直接针对老年人和老年公寓养老服务的税收优惠政策，对今后需要鼓励发展的通过市场机制提供养老服务的老年公寓企业，提供税收鼓励政策。原有的一些与老年公寓养老服务机构直接相关的税收优惠政策由于税制改革而失效，应研究新的鼓励政策，保持税收优惠政策的连续性和稳定性。

---

① 靳东升、白景明、杜鹏、石英华：“促进中国养老服务体系发展的财税政策研究”，《财政研究》，2012（4）。

8.4.3 政府购买养老服务政策建议

依据公共物品供给理论和新公共服务理论，政府购买老年公寓养老服务已成为解决养老问题的一个重要途径。通过政府购买养老服务，一方面可以发挥政府对老年公寓养老服务机构的调节作用，避免市场调节导致的资源过度浪费，另一方面也可以充分发挥市场调节的优势，真正满足老年人的需要①。

推行政府购买养老服务制度，首先是要确立政府购买基本养老服务的项目种类及整体预算资金，然后要建立和完善养老服务项目设计、养老服务项目申报、组织采购、养老服务项目评审、合同签订、资金拨付、检查监督、绩效管理等政府购买养老服务流程管理制度。一般来讲，政府购买老年公寓养老服务可以有四种方式。

(1) 授权委托模式，就是政府制订相应的老年公寓养老服务计划，然后邀请有资质的老年公寓机构进行招投标，政府再根据养老服务计划的质量标准、价格水平、市场口碑等因素，综合确定中标机构。通过民办老年公寓机构的充分市场竞争可以使政府以较低的成本获得较为优质的养老服务。

(2) 直接资助模式，就是政府对民办老年公寓机构直接给予一定的帮助和补贴。资助的方式较为灵活多样，既可以是政策上的优惠，也可以是直接的财政拨款，还可以是实物捐赠。政府通过把老年公寓养老服务购买所需要的费用转移到资助服务项目的方式，实现准公共产品的产出和供给。

(3) 补贴模式。这种模式下政府并不直接提供老年公寓养老服务，而是把购买老年公寓养老服务的经费补贴给老年人，让老年人他们自行选择购买自己所需的老年公寓养老服务，从而达到间接购买养老服务的目的。如通过使用代金券获得专业的老年公寓养老服务，这种方式比较

① 赵东霞、王金羽："辽宁养老服务业发展的财政政策支持"，《经济研究导刊》，2012(28)。

人性化，适合距离老年公寓机构远的老人。例如北京市从2009年开始就建立了养老券服务制度，向本市户籍80周岁及以上的老年人每人每月发放100元养老券，平均每年财政投入4亿元左右。养老券服务制度以政府购买养老服务的方式，为老年人提供六类110项养老服务，以满足老年人在生活照料、家政服务、康复护理等方面的基本生活服务需求。2013年初，北京市民政局走访还将养老券升级为养老卡。

(4) 服务合同模式。通过政府下达“老年公寓养老服务订单”，民办老年公寓机构来组织生产和提供专业的养老服务。它更适合于单一的养老服务项目，尤其是专业性较强的养老服务项目。

8.4.4 土地政策建议

土地是养老服务业的核心生产要素之一，也是老年公寓等养老机构发展的重要瓶颈因素。老年公寓机构必须有土地的承载才能持续供给服务，它的发展绕不开土地问题。国务院在2013年9月6日发布了《加快发展养老服务业的若干意见》，在六大优惠扶持政策里就着重提到了要完善土地供应政策。该意见明确要求地方政府要将各类养老服务设施建设用地纳入城镇土地利用总体规划和年度用地计划，合理安排养老用地的需求。在领会中央精神的基础上，我们对老年公寓发展中土地政策可以做如下思考。

(1) 老年公寓等养老机构建设应当符合土地利用总体规划和相关城乡规划。鼓励民办老年公寓机构与医疗机构在同一地块统一规划、统一设计、统一建设、共同运营，发展“医养结合”型的老年公寓。对于资源不能充分利用的医疗机构，也可在医疗机构上开办老年公寓机构，开展医养服务。符合规划要求的老年公寓机构可以通过土地置换迁建、扩建，置换所得全额用于开办和经营老年公寓机构。

(2) 各级地方政府应结合当地社区公共配套用房建设将老年公寓机构用地纳入城镇建设土地利用总体规划和养老服务设施布点规划。根据当地具体情况，按照每百户若干平方米，每个社区点不少于若干平方米的建筑面积标准，相对集中地进行配建老年公寓，民政部门要参与老年公寓项目的联审和验收。

(3) 对于社会力量兴办的非营利性老年公寓等养老机构与政府开办的老年公寓等养老机构享有相同的土地使用政策，可以依法使用国有划拨土地或者农民集体所有的土地。经县级以上人民政府批准，可以采取划拨或出让方式向非营利性民办老年公寓机构提供土地使用权。允许利用村集体建设用地，兴办归集体所有的农村非营利性老年公寓机构。

(4) 对于社会力量兴办的营利性老年公寓的建设用地，按照国家对经营性用地依法办理有偿用地手续的规定，优先保障供应，并制定支持发展老年公寓的土地政策。严禁老年公寓建设用地私下改变用途、容积率等土地使用条件用于房地产开发。营利性老年公寓原则上采取“招、拍、挂”出让方式供地，所需地价款可在出让方案规定期限内分期支付。“招、拍、挂”出让的起始地价，可以根据当地基准地价，参照社会公益事业类地价修正体系进行评估。

(5) 非营利性老年公寓机构改制为营利性老年公寓机构，其土地作为国有资产，经中介评估机构对土地价值进行评估并由土地管理部门认定后，由投资开发者一次性支付出让金。营利性老年公寓机构可以利用有偿出让取得的土地、产权明晰的房产等固定资产提供担保，国土资源、房产管理部门应当予以办理抵押登记手续。

(6) 鼓励社会力量通过整合和改造企业厂房、商业设施和其他可用的社会资源，兴办规模化、连锁化的老年公寓机构，对闲置的学校、幼儿园、医院、科研院所等公益性用地，可调整为养老服务用地。对那些“退二进三[①]”规划范围内的厂房以及原有养老用地用房改（扩）建老年公寓等养老用房的，在符合相关规划的前提下，可以适度提高建筑容积率和建筑密度，增加建筑面积部分的土地出让金按照当地政府有关“退二进三”优惠政策执行。

(7) 对于不改变土地用途，利用原养老建筑或利用原有用地新建临时养老建筑，用于老年公寓养老经营活动的，老年公寓的使用权人可以

---

① 所谓“退二进三”即退出工业和制造业，发展扶持第三产业。

向当地政府相关部门提出申请，明确临时改变功能的用途和期限，在经过政府部门的合规批准后可以作为老年公寓发展用房。对于不改变土地用途，已依法取得工业、交通、仓储等土地使用权，规划明确不保留原使用功能的，可以不改变土地用途，在满足消防、环保和建筑退让等规定的情况下，允许新建不超过二层的临时建筑，用于老年公寓养老经营活动。国土资源部门按规划部门审批的临时年限委托评估后收缴土地收益金，其土地收益金一定年限年内免收，过后每年按一定比例逐年收取[①]。

8.4.5 PPP 模式建议

PPP（Public – Private Partnerships）也叫作公私伙伴关系或公私合作伙伴模式，是指政府和私人部门为提供公共产品和服务，通过订立合同的形式确立的利益共享和风险共担的长期合作机制，实现政府公共职能的履行和私营机构利益获得的双赢。根据公共财政理论，政府应当为社会公众提供公共产品和服务，但大量准公共产品与服务的供给并不必然排斥私人部门的参与，只要政府部门建立了良好的监督机制，设置了私人部门合理参与的相应条件，保证实现其一定的利益并帮助其控制相应的风险，私人部门是会愿意去做本该政府公共部门做的事情的，这种私人部门与政府公共部门合作的结果能够带来一系列正面效应[②]。相对于传统的公共服务供给模式，PPP 模式有较强的优势，在解决老年公寓投资、开发和运营等多方面的问题上能够发挥重要作用，创造出政府、私人部门以及其他参与主体多方共赢的局面。鉴于老年公寓机构这一新兴养老事物在一定程度上具备“准公共产品”色彩以及其较强的外部性特征，将 PPP 模式应用于老年公寓建设是值得

---

① 《温州市民办养老机构土地及税费优惠政策若干规定（试行）》，温州市民政局，2013 年 9 月 11 日。

② 贾康、孙洁：“公私伙伴关系（PPP）的概念、特征与职能”，中国财政学会，2014 年 3 月 26 日。

我们探究的一个问题。

PPP 模式应用于老年公寓机构的开发和运营当中，它不是一个纯粹的财税问题，但又是一个与财税政策紧密相关的问题，因而我们在此通过厘清这种模式的基本思想和作用路径，作为对财税政策的一种初步的拓展思考。PPP 模式与老年公寓发展的对接有多种方式，诸如 BOT、DBFO、PFI 都是其表现形式。图 8－1 体现的就是其中一种合作思路和路径：政府部门和民营机构签订 PPP 合同，形成以 PPP 项目公司为载体的长期合作关系。最为简单的合作理念就是由政府部门提供划拨土地，制定相应的政策以及价格、税费补贴等，民营机构投入资金、技术以及管理等，由 PPP 项目公司主导投资开发建设，形成政府与民营机构共有产权。面向不同需求层次的老年公寓机构，并且由 PPP 项目公司负责运营和管理。通过这种合作和管理过程，充分发挥了政府和民营机构各自的独特优势，实现了优势互补，不仅给民营机构带来了经济利益，满足了民营资本的逐利欲望，也有效地解决了老年人对老年公寓养老服务的需求，实现了经济效益和社会效益之间的博弈与均衡。

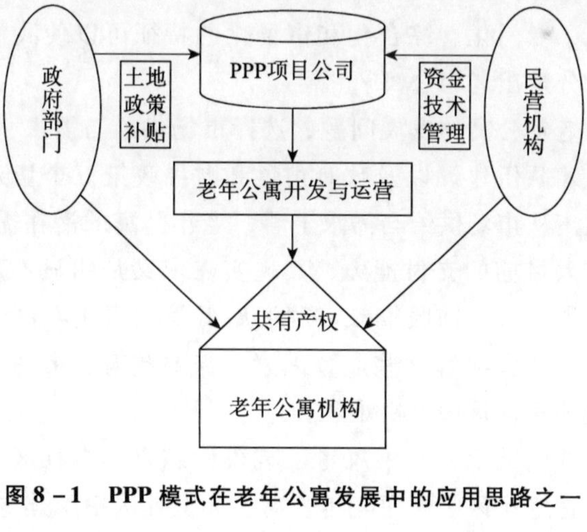

图 8－1　PPP 模式在老年公寓发展中的应用思路之一

8.5 全书总结

老年公寓的发展在“未富先老”的中国注定会是一个引人注目的话题，一方面是家庭结构和养老观念的变迁冲击着传统的养老模式，老年人对获取专业化的老年公寓养老产品和服务的诉求与日俱增；另一方面是目前我国老年人的经济能力还相对薄弱，在理想和现实、需求和供给之间，还有许多制度性和政策性等方面的难题亟待解决，它是在矛盾当中渐进性发展的。

老年公寓是一种特殊类型的专门供老年人集中居住的养老机构。本书从住宅功能、投资主体、资金来源、建设开发、服务配套、产权归属以及运营模式等方面对其与其他养老机构进行了性质和特征上的界定和区分，适老化、专门化、综合化和市场化的特征可以使我们从鱼龙混杂的市场现象中分辨出老年公寓。

本书探讨老年公寓的发展问题，选择市场供给与需求、开发与经营、融资渠道、人才队伍建设以及政府角色和财税政策五个切入点进行了深入探讨和研究。从市场供给与需求上看，老年公寓的潜在需求是很大的，但受制于老年人目前的支付能力，其现实需求又是明显不足的；从供给上看，诸如投资额大、回收期长、利润率低等因素正在制约着老年公寓的快速发展。如何去破解这些瓶颈因素，需要政府、市场和老年人都必须积极和审慎地对待这些现实难题。

在开发模式问题上，本书思考了规模性综合养老社区、专项开发老年公寓、普通住宅小区中配建老年公寓、大型社区中配建老年公寓组团、与相关设施结合、与相关产业或商业体结合以及资源整合利用等七种开发模式；在运营模式问题上，本书探索了三种老年公寓供给者常用的运营模式（全部持有、全部出售和持有 + 出售相结合的模式）以及两种提高老年公寓需求者支付能力的运营拓展模式（以房养老和以地养老模式）；在融资问题上，本书从财政性、政策性、内源性和市场性四个融资角度构建了融资体系的整体架构和发展思路，并提出了相应的融资渠道优化与创新路径；在人才队伍建设问题上，本书分析了我国养老服务人才队伍的基本现状和存在的问题，并从培养机制、选任机制、发展机制、评价机制、激励机制和保障机制六个方面思考了我国养老服务人才队伍的建设对策；在老年公寓发展中的政府角色定位上，本书从制度安排、发展规划、政府扶持以及监督管理四个方面进行了界定，并对现有的财政补贴，贷款贴息和担保，税收优惠，用水、用电、用地以及政府购买养老服务等方面的优惠政策进行了归纳梳理，分析其存在的问题。最后，本书从财政投入、税收优惠、政府购买养老服务、土地政策以及 PPP 模式等方面提出了促进我国老年公寓发展的财税政策建议。

整体上看，本书选取五个维度阐释老年公寓的发展问题，这只是最为核心的几个问题，不代表涵盖了发展的全部。老年公寓在我国仍是新兴养老事物，其相关发展数据和针对性的政策目前并不是很多，这给本书的研究带来了不少阻力和缺憾，期冀在以后的研究中能够进一步在理论和实践上有所丰实和发展。

附录1：老年公寓需求意愿调查问卷

尊敬的先生/女士：

您好！烦请您在百忙之中抽出时间来填写这份问卷，若您因身体原因不便填写，我们会安排工作人员与您访谈记录。您的支持和参与将会对我们了解老年公寓的市场发展问题提供很大帮助，在此向您表示诚挚的敬意和感谢！

主要概念解释：老年公寓是指专门供老年人集中居住，拥有清洁卫生、餐饮、文化娱乐、学习交流以及医疗保健等综合化服务体系，符合老年人体能心态特征的、具有综合管理功能的市场化运营的公寓式老年住宅。

1. 您的年龄是（　　）。

A. 50～59岁　　B. 60～69岁

C. 70～79岁　　D. 80岁及以上

2. 您的性别是（　　）。

A. 男　　B. 女

3. 您的文化程度是（　　）。

A. 不识字或识字很少　　B. 小学

C. 初中　　D. 高中或中专

E. 大专　　F. 本科及以上

4. 您的职业是（　　）。

A. 个体经营　　B. 党政机关公务员

C. 教师　　D. 医务人员

E. 管理人员　　F. 职员

G. 无业、家务劳动人员　　H. 其他

5. 您家中人口数是（　　）。

A. 1人　　B. 2人

C. 3人　　D. 4人

E. 5人　　F. 6人及以上

6. 您家里总共有（　　）代人。

A. 1代　　B. 2代

C. 3代　　D. 4代

7. 您是否愿意和子女住在一起？（　　）

A. 愿意　　B. 无所谓

C. 不太愿意　　D. 不愿意

8. 您目前的生活自理情况是（　　）。

A. 完全自理　　B. 大部分自理

C. 半自理　　D. 完全不能自理

9. 您的个人平均月收入大概在（　　）。

A. 800元以下　　B. 800～2 000元

C. 2 000～4 000元　　D. 4 000～6 000元

E. 6 000元以上

10. 您目前的家庭住房情况是（　　）。

A. 已购公房　　B. 租住公房

C. 商品房　　D. 自建房

E. 租住私房　　F. 其他

11. 您的日常生活主要经济来源有（　　）。（可多选）

A. 工资或退休金　　B. 以前的储蓄

C. 投资收入（租房、股票等）　　D. 劳动收入

E. 企业养老补贴　　F. 子女资助

G. 亲友资助　　H. 社会救助

I. 其他

12. 您对您的老年生活归宿有何打算？（　　）

A. 准备入住环境和配套设施好点的老年公寓

B. 老年公寓费用太高，准备在自己家中养老

C. 住公办的养老院和敬老院

D. 公办养老院申请无望，准备住价格低点的老年公寓

E. 准备到环境更好，价格更优惠的异地老年公寓去养老

F. 准备在儿女家养老

13. 您觉得您老年生活中可能面临的最大困难会是（　　）。

A. 经济困难　　B. 健康和医疗保健
C. 生活料理　　D. 孤独寂寞
E. 住房问题　　F. 无困难
G. 其他

14. 您目前的养老费用主要是由（　　）。

A. 完全自己负担　　B. 大部分自己负担
C. 大部分子女负担　　D. 完全子女负担
E. 部分国家负担　　F. 完全国家负担

15. 您在此之前对老年公寓的了解程度是（　　）。

A. 非常了解　　B. 比较了解
C. 了解很少　　D. 完全不了解

16. 您知晓老年公寓养老的主要途径是（　　）。（完全不了解的不填）

A. 家人和亲朋　　B. 报纸、网络、电视等媒体
C. 政府宣传　　D. 住过老年公寓
E. 咨询过老年公寓

17. 您对现在或者将来入住老年公寓养老的意愿是（　　）。

A. 有入住的需求　　B. 一般
C. 不打算入住　　D. 未考虑

18. 若您愿意入住老年公寓，可能入住的时间是（　　）。（有入住意愿的填）

A. 今年　　B. 1 年后
C. 2 ~ 3 年后　　D. 5 年后
E. 10 年后

19. 若您愿意入住老年公寓养老，最主要的原因是（　　）。（有入住意愿的填）

A. 在家没人照顾
B. 减少子女负担
C. 能享受专业的养老护理和人性化照顾

D. 老年公寓同龄人多，更容易沟通，又有健身娱乐场地，精神上充实

20. 若您不愿意入住老年公寓，最主要的原因是（　　）。（无入住意愿的填）

A. 不自由

B. 经济上承担不起

C. 怕对子女有不好的影响

D. 子女反对

E. 只有无子女的才需要住老年公寓

F. 老年公寓条件不如家里好

G. 服务不好

H. 其他

21. 您期望入住的老年公寓面积是（　　）。（从本题往后，有入住意愿的才填）

A. 30平方米以下　　B. 30～40平方米

C. 40～50平方米　　D. 50平方米以上

22. 您期望得到的老年公寓养老服务是（　　）。（可多选）

A. 日常生活照料　　B. 医疗服务

C. 组织文娱健身主题活动　　D. 健康体检

E. 健康教育　　F. 心理咨询/精神慰藉

G. 康复训练　　H. 临终关怀

23. 您选择老年公寓时最注重的因素是（　　）。（单选）

A. 价格

B. 交通便利情况（公交车站、地铁、轻轨站等）

C. 人性化的护理和服务

D. 社区环境（小区绿化、卫生环境、户外健身设施、休闲娱乐活动室等）

E. 医疗条件

F. 周边配套设施（超市、商场、菜市场、幼儿园等）

24. 您希望老年公寓最好建在（　　）。

A. 自家小区内，提供社区服务　B. 家附近
C. 大型超市或广场附近　D. 空气好的城郊
E. 环境优美、安静的乡村　F. 交通便利，离市中心不远
G. 旅游风景区内或者附近

25. 您最希望入住的老年公寓层数是（　　）。（在有电梯的情况下）
A. 4 层以下　B. 5～7 层
C. 8～10 层　D. 10 层以上

26. 您对老年公寓设计上比较注重的是（　　）。（可多选）
A. 要考虑地面防滑处理
B. 在老年人经过处安装扶手
C. 要设置无障碍通道
D. 卫生间的适老化改造
E. 室内地面应该平缓，没有高差
F. 适当增加门的宽度，便于轮椅通行

27. 您希望入住的老年公寓房子装修情况是（　　）。
A. 毛坯房　B. 简装的
C. 精装的

28. 根据您自身的情况，您入住老年公寓愿意接受的月收费（包括床位费/餐费/护理费）总价为每月（　　）。
A. 1 000～2 000 元　B. 2 000～3 000 元
C. 3 000～4 000 元　D. 4 000～5 000 元
E. 5 000～6 000 元　F. 6 000～8 000 元
G. 8 000 元以上

29. 如果您购买老年公寓，能够接受的价格区间是（　　）。
A. 2 000～3 000 元/平方米　B. 3 000～5 000 元/平方米
C. 5 000～8 000 元/平方米　D. 8 000～10 000 元/平方米
E. 10 000 元/平方米以上

30. 您会考虑"以房养老"吗？（　　）
A. 不知道"以房养老"是什么
B. 知道"以房养老"，但不会考虑，房子要留给儿孙后代

C. 不会考虑，还不如卖了直接拿现金去买养老服务

D. 会考虑，拿房子去换专业的养老服务，很适合我这种没有多少储蓄的老人养老

E. 会考虑，但对“以房养老”政策的稳定性有些担心

31. 您目前所在的住址是重庆市（　　）。

A. 渝中区　　B. 江北区

C. 渝北区　　D. 沙坪坝区

E. 南岸区　　F. 九龙坡区

G. 大渡口区　　H. 北碚区

I. 巴南区　　J. 璧山县

K. 江津区　　L. 永川区

附录 2：重庆合展天池老年公寓访谈记录

访谈时间：2014 年 3 月 2 日 星期日

访谈地点：重庆合展天池养老服务有限公司

访谈人员：老年公寓课题组

被访谈者：合展天池老年公寓公关经理

访谈内容整理如下：

1. 请问你们护养中心和其他养老机构相比有什么不一样的地方？

答：我们合展天池在养老方面有四个方面的亮点：

第一，老年医疗服务。我们引进重庆市第三人民医院医疗一站式的服务，能够有效保障老年人的身体健康。

第二，中央地暖供给。我们是重庆养老机构中唯一一家拥有此项室内设施的机构。它能使室内温度保持在 22℃左右，并且我们室内的卫生间可双开，既能从里开又能从外打开，来保障老年人的安全。同时我们的设施设备基本都是从国外引进的。

第三，启用全球眼看护系统。我们的电子眼覆盖所有公共区域，老人的子女无论身在何处，只要能上网，就可以通过这个系统看到自己父母的活动情况。

第四，护养中心实行自助餐。我国通过不定期更换自助餐品种以及饮食营养搭配，这样更有利于老年人的身体健康。

2. 请问贵公司在养老护理人员的聘用上有什么特殊的要求吗？一般是从哪里招募？

答：我们现在的工作人员有 100 人左右，基本都是护校、卫校毕业的。另外，我们还与重庆城市管理学院合作，他们学校专业对口的学生可过来实习，并且考核通过后可直接上岗。我们的护理人员必须要求有相关的护理证书，并且要经过严格的培训才能上岗。我们中心之前是有 100 个护理员的，但是现在剩下来的只有 50 个左右。我们对护理员的要求很高，并且实行严格的淘汰机制，只要被老年人投诉过一次就直接下岗。当然我们每周也会评选出最佳员工，并给予200～300元的奖金作为奖励。有惩罚，也有激励。在年龄上，我们的护理长年龄一般在30岁以下，护理员年龄一般在40岁以下。护理员上班实行三班倒或者两班倒的形式，保证一天24小时都有人照顾老年人。

我们公司目前还有英国、日本养老相关专业的留学生加入，也有酒店管理专业方面的人才以及有经验的护士及护士长，有由知名养老院的副院长组成的专业护理团队，有专家进行养老护理培训。

3. 请问贵公司工作人员的工资待遇基本是怎样的？能方便告知吗？

答：护理员工资大概2 000～3 000元/月。中层管理人员大概5 000～6 000元/月。高层管理人员大概7 000～10 000元/月。基本上就是这样。

4. 从现入住的人员来看，是单个的老人居多，还是夫妻一起来的居多？入住老人之前从事什么职业的居多？

答：进来居住的夫妻居多。而且有60%以上都是学校和科研机构的教师。

5. 平时你们会组织什么活动来丰富老年人的生活呢？都有哪些娱乐设施呢？

答：我们的娱乐设施包括室内活动区和户外健身区，我们拥有完善的生活配套设施。

室内活动区包括：文娱会所（茶艺室、沙狐球、麻将室、图书馆、书画室、K歌厅）；护养楼娱乐室（麻将室、棋牌室、桌球室）；健身房（健身房有多台老人摔倒时能够迅速将其转移到救助场所的移动器）、舞蹈室以及可容纳500人的室内剧院。

户外健身区包括：露天泳池、篮球场、羽毛球场、乒乓球场、标准竞赛门球场、各类户外健身器材标注配备。

生活配套设施包括：情感花园、风雨长廊（避免老年人打伞的麻烦、避免老年人摔倒）老年生活服务配套市场（ATM自动取款、理发、修甲、生活超市）、老年创业项目基地、亲情公寓（供老人子女、亲朋好友暂住及体验式入住，亲情公寓的收费为120元/天，包含三餐）。

组织活动方面，我们会组织老年人近郊免费旅游，与外地同级别养老院、老年公寓机构等进行交流互换等。而且目前我们中心正在与日本和中国台湾洽谈，希望建立合作关系，到时中心的老年人就可通过互换等形式去日本和中国台湾度假养老。

6. 可以说说贵公司未来的计划和发展方向吗？感觉你们的确做得很不错，那大概要多久才能收回成本呢？

答：我们重庆合展天池老年公寓是全中国目前最大的三个民营养老机构之一。其余两个在北京和上海。成本这块，我们预计要 15 年才能收回成本。未来的计划吧，我们是计划 5 年内打造 3 个合展天池老年护养中心项目，最终的发展目标是上市。当然，我们在解决老年人养老问题的同时也解决了年轻人的就业问题。其他的话，以后也许会倾向于做社区养老服务，并且与重庆龙湖地产合作。

7. 那你们这里的用地是长期租用的吗？

答：是的，在用地方面，我们是签订的永久协议，原来这个地方是空军疗养院，各个方面的设施都比较齐备，我们采取每年付费方式。

8. 其他方面有什么特别的？比如细节上，因为老年人可能和婴幼儿一样，很多地方需要照顾到，考虑到，你们有哪些设施设备，护理方面注意到这个问题吗？

答：当然，这个是必须考虑的问题。也是非常重要的地方，老年人和婴幼儿一样，需要细致入微的照顾。所以在细节方面：我们选用暖色调的家具、并且经过圆角处理。走廊有扶手，为了防止冬天冰手，我们采用实木材质。走廊地板，我们有能产生缓冲作用的地胶，防止老年人摔倒。浴缸的高度特意减半。双开门设计，防止二次伤害。为了保证卫生，老年人之间的衣物都是分开清洗的。有的细节是根据《老年人居住建筑设计标准》，进行了合理的实施改进。由于天气变冷，我们还购置了一批餐具和保暖箱。在细节方面，我们非常注重，不断寻求更加人性化的改进。

附录3：重庆医科大学附属第一医院青杠老年护养中心访谈记录

访谈时间：2014年1月8日 星期日

访谈地点：重庆璧山青杠老年护养中心

访谈人员：老年公寓课题组

被访谈者：护养中心刘女士

访谈内容整理如下：

1. 请问你们护养中心现在的基本规划是怎样的？比如有多少床位？占地多少？都由哪几部分组成？

答：我们青杠老年护养中心位于重庆市璧山县青杠，距主城区26公里，占地1 073亩，设置养老床位3 000张，医疗床位1 000张，由普通护养区、临湖护养区、临湖疗养楼、学术交流中心、老年医院、护理职业学院等组成，分五区三期建成。我们的护养一区已于2012年12月15日正式运行。设置床位522张，其中养老床位363张，慢病区159张（内设康复医学科、老年病科、神经内科）。我们是三甲医院，属于国家事业单位。

2. 请问现在护养中心入住的有多少人？他们年龄大概在什么范围？

答：现目前的入住率为40%左右，平均年龄在83岁以上。

3. 请问你们护养中心和其他老年护养机构相比有什么特色吗？

答：我们的特色有以下几点：

第一，医养结合、在养老的同时，能治疗老年人的疾病，保证老年人的健康；

第二，活动丰富，配套设施完善，有书画室、阅览室、棋牌室等供年人休闲娱乐的地方、开展有益老人身体健康的趣味运动会；

第三，依托重庆医科大学的优质医疗资源，保证了它拥有好的医疗硬件设施设备（引进国内外先进技术设备），能保证老年人的特病护理和康复需要；

第四，环境优美，依山傍水，空气清新；

第五，工作人员较年轻，经过专业培训，以“老人第一”为宗旨的服务宗旨，对待老年人态度好，热情，有亲和力。使得入住的老人得到了应有的尊重，过得开心，活得有尊严。

第六，入住慢病区的老年人，可用住院医保报销一部分的费用。最高可报销85%以上的住院医保费用。

4. 请问入住养护中心是怎么收费的？

我们的收费是这样的：套房7 000元/月，单间4 330元/月，标间2 720元/月，病房4 000~6 000元/月（其中病房的病床从日本引进，价格大约10 000元月一张）。

5. 请问入住需要什么手续，入住流程是？

答：参与入住是以签订合同的形式，可根据自己需求选择入住时间。同时，参与入住前我们会根据老人的需要和实际情况定好老人需要的护理级别，根据他的情况安排入住不同的房间，并且配备不同的看护人员等。

入住的基本流程是：咨询→现场参观登记→体检→评估（填写入院申请表，确定护理级别）→缴费→试住两周→签订养老服务合同→正式入住

6. 你们是如何处理入住过程中产生的纠纷和问题的？

答：我们护养中心对入住老人的选择实际上也是一个双向选择的方式。我们护养中心这边会尽量选择比较好沟通的、能互相理解的家庭。因为老年人难免会发生一些突发事件，能比较好沟通的家庭若老年人出现情况，这样在谈话上家属也可以尽可能多理解，避免医患矛盾的发生。另外我们也会注意沟通技巧的，当然必要时会有领导介入，并且有专门的公关部门负责。

7. 您认为为什么儿女们不考虑雇人在家照顾，而选择入住你们护养中心呢？

答：主要是在家养老缺乏良好的医疗条件，80岁以上的老年人一般都有多种老年疾病。另外，儿女忙于事业不在老人身边的也越来越多，老人一个人在家也比较孤独。

8. 对于老年人害怕孤独，缺少心理慰藉的问题你们是怎么处理的呢？

答：是的。老年人其实最需要的是家庭的温暖，所以我们的任务就是在保证老年人身体健康的基础上，转移他们的注意力，做一些活动来丰富他们的晚年生活，比如亲子活动、棋牌活动、志愿者活动，过节时邀请老人的家人们过来看望和团聚等。

9. 目前入住的老年人之前的职业主要在哪些领域呢？

答：我们护养中心入住的老年人，一般都是有比较好经济条件的退休老年人，包括教师、公务员、医生和退休的军人等。相对来说，他们更有经济实力来接受这种生活，并乐于选择这种度过晚年的养老方式。

10. 在医护人员的选择上，家属一般会看重什么？你们中心现在的医护人员一般以哪些人员为主？

答：医护人员的选择，家属一般需要有护理经验的员工来照顾自己的父母，他们对于有经验的护工更有信任感。至于专业医护人员的来源，我们目前主要还是采取在职培训的模式，提高现有人员的专业水平；对于护工主要是去劳动力市场招聘，并对她们进行培训，我们也会去大专院校和高职院校预订养老护理等相关专业的大中专毕业生。当然我还依托重庆医科大学这个母体，安排一部分护理专业的学生过来实习，但要留下他们还是非常困难。

附录 4：养老机构服务合同样本

GF－2016－2001

养老机构服务合同
（示范文本）

中华人民共和国民政部
国家工商行政管理总局 制定

2016 年 11 月

说　明

1. 本合同文本为示范文本，由中华人民共和国民政部、中华人民共和国国家工商行政管理总局共同制定。各地可在有关法律法规、规定的范围内，结合实际情况调整合同相应内容。

2. 养老机构应当就合同重大事项对老年人及其家属或其他付款人、保证人、联系人等尽到提示义务。老年人及其家属或其他付款人、保证人、联系人等应当审慎签订合同，在签订本合同前，要仔细阅读合同条款，特别是审阅其中具有选择性、补充性、修改性的内容，注意防范潜在的风险。

3. 本合同文本“□”中选择内容、空格部位填写内容及其他需要删除或添加的内容，双方当事人应当协商确定。“□”中选择内容，以划√方式选定；对于实际情况未发生或双方当事人不作约定时，应当在空格部位打×，以示删除。

4. 在签订本合同时，当事人应根据老年人的民事行为能力、付款义务人、保证人、联系人的不同情况，将“专用条款”增加或替用至“通用条款”中。

5. 养老机构、老年人及其家属或其他付款人、保证人、联系人等可以针对本合同文本中没有约定或者约定不明确的内容，根据养老服务的具体情况在相关条款后的空白行中进行补充约定，也可以另行签订补充协议。

6. 当事人可以根据实际情况决定本合同原件的份数，并在签订合同时认真核对，以确保各份合同内容一致；在任何情况下，当事人都应当至少持有一份合同原件。

目　　录

甲方（养老机构）

法定代表人：　　　　　　　　　　职务：

住所：　　　　　　　　　　　　　邮政编码：

联系电话：　　　　　　　　　　　电子邮箱：

乙方（入住老年人）

姓名：　　　　性别：　　　　　　年龄：

居民身份证号：

家庭住址：

联系电话：　　　　　　　　　　　电子邮箱：

乙方监护人

（属于限制行为能力或者无民事行为能力的入住老年人，须由监护人签字确认）

姓名：　　　　　　　　　　　　　与乙方关系：

居民身份号码：

家庭住址：

联系电话：　　　　　　　　　　　电子邮箱：

丙方

丙方作为入住老人的：

□付款义务人 □连带责任保证人 □联系人 □代理人 □其他

丙方为个人的：

姓名：　　　　　　　　　　　　　与乙方关系：

居民身份号码：　　　　　　　　　联系电话：

经常居住地地址：

通信地址：　　　　　　　　　　　邮政编码：

工作单位：　　　　　　　　　　　电子邮箱：

丙方为单位的：

单位名称：

法定代表人（或负责人）：

通信地址：　　　　　　　　　　　邮政编码：

联系人：　　　　　　　　　　　　联系电话：

传真号码：　　　　　　　　　　　电子邮箱：

通 用 条 款

鉴于：

1. 甲方是依法成立的养老机构，能够提供个人生活照料、康复护理、精神慰藉、文化娱乐等养老服务；

2. 乙方或乙方监护人经实地考察甲方，自愿入住甲方（养老机构名称），接受甲方提供的专业养老服务，并向甲方支付相应费用；

3. 乙方或乙方监护人授权丙方作为乙方在紧急情况下的代理人、联系人，代为处理乙方或乙方监护人在本合同项下的相关事务，丙方同意接受乙方或乙方监护人授权。

为了营造温馨、舒适、安全的生活环境，满足老年人“老有所养、老有所乐”的需要，切实保障老年人的合法权益，同时明确各自的权利义务，甲、乙、丙三方依据《中华人民共和国合同法》《中华人民共和国老年人权益保障法》《养老机构管理办法》等法律规范，本着诚实信用的原则，经过友好协商，就甲方向乙方提供养老服务事宜，自愿达成以下合同条款，供各方遵照履行。

第一条　服务地点及服务设施

1.1　甲方提供养老服务的地点为：________________（写明养老机构的具体门牌号）。

1.2　乙方或乙方监护人选择入住的房间类型为（在以下几种情况中选择一种）：

①单间 ②双人间 ③三人间 ④多人间（四人以上，含四人）⑤其他____。

1.3　乙方或乙方监护人选择的具体房间为：____________。

乙方或乙方监护人基于正当理由要求调整房间的，甲方在条件许可的范围内应尽量满足。涉及房间变化，需要相应调整费用的，还应由各方协商一致书面确认后同时调整，如各方不能达成一致书面确认，则仍依本合同约定房间履行。

1.4 甲方提供的服务设施除了住宿的房屋，还包括房间内设施及公共设施，具体明细见本合同附件“设施设备清单”。

第二条 服务内容

2.1 根据乙方提供的“体检报告”（见本合同附件）及甲方对乙方进行护理等级的评价，经甲方与乙方或乙方监护人、丙方商定，甲方向乙方提供的护理等级和服务项目详见本合同附件“护理等级与服务项目”。

2.2 在本合同履行过程中，乙方或乙方监护人如果选择“护理等级与服务项目”以外的其他服务项目，经甲、乙（乙方监护人）、丙三方协商一致后另行签署书面补充协议确定。

2.3 甲方向乙方提供的服务应当符合国家强制性标准，并积极适用行业或地方标准。

第三条 收费标准及费用的支付

3.1 养老服务费用

3.1.1 甲方提供的各种服务项目的收费标准和收费依据应以________方式进行公示，并作为本合同附件。

3.1.2 根据本合同第一条、第二条乙方所选择的房间及服务项目，乙方入住甲方的养老服务费为每月__________元，其中包括__________________。

3.1.3 乙方接受甲方除本合同约定外的其他项目服务的，应根据甲方公示的收费标准或者补充合同的约定交纳费用。甲方每月向乙方或乙方监护人、丙方提供“个人费用明细表”，乙方或乙方监护人、丙方应签字确认。乙方或乙方监护人、丙方如有异议，可在收到“个人费用明细表”后7日内书面提出，甲方应做出书面说明。对于双方无争议费用金额应按照本合同约定时间支付，乙方或乙方监护人、丙方不得以异议费用拒绝支付其他费用，否则按本合同第9.2.2条约定处理。

3.1.4 乙方或乙方监护人支付养老服务费的时间为__________，支付方式为____________________。

3.1.5　甲方在收到款项后应向付款人开具等额收费凭证。

3.2　押金（合同中有押金约定的适用本条，无押金约定的不适用本条）

3.2.1　本合同签署生效后________日内，乙方或乙方监护人应向甲方支付押金，押金金额为：____________________。该押金可用于抵扣欠付的养老服务费用、违约金、赔偿金以及出现突发情况救治时需支付给医院的押金及相关费用等。

3.2.2　合同期限内因3.2.1情形出现押金不足时，乙方或乙方监护人应在接到甲方通知之日起________日内补足。

3.2.3　押金不计利息 □ 押金计利息 □

计息标准为：________。

3.2.4　甲方不得将押金挪作它用，在合同到期或合同提前终止、解除时，扣除应结清的相关费用后应于返还乙方或乙方监护人。

第四条　合同期限及合同期满的处理

4.1　经协商，确定本合同期限为________年（月），自________年____月____日起，至________年____月____日（该日为合同到期日）止。

4.2　合同期满前30日，乙方或乙方监护人可申请续签合同，也可由丙方代为申请续签。

4.3　续签的养老服务合同内容应当由甲方、乙方或乙方监护人、丙方协商确定。

4.4　如果乙方或乙方监护人未在合同期限届满前30日提出续签合同，或者乙方或乙方监护人虽在合同期限届满前30日提出续签合同申请，但各方未就合同续签达成一致，乙方应于合同到期日搬离甲方，办理离院手续并结清所有费用。

第五条　甲方的权利、义务

5.1　甲方的权利

5.1.1　按照本合同约定收取相关费用。

5.1.2　制定、修改养老机构的管理制度并按照公示的管理制度对乙方进行管理。

5.1.3　为了乙方的健康和安全，在乙方出现紧急情况时，有权在通知乙方监护人或丙方的同时，采取必要的处置措施，包括但不限于转送医疗机构，由此产生的费用由乙方或乙方监护人或丙方承担。

5.1.4　有权依照本合同约定及法律规定解除合同。

5.2　甲方的义务

5.2.1　按合同约定向乙方提供符合服务质量标准的养老服务。

5.2.2　按合同约定提供各项服务设施，确保服务场所、设施符合国家强制性标准，并积极适用行业或地方标准。

5.2.3　保证从事医疗、康复、社会工作等服务的专业技术人员持有关部门颁发的专业技术等级证书上岗，保证养老护理人员接受专业技能培训，能够满足岗位职责要求。

5.2.4　在提供服务过程中，尊重乙方，尽力合理地保障乙方的人格尊严和人身、财产安全。

5.2.5　当乙方发生紧急情况时及时通知乙方监护人、丙方或者其他紧急情况联系人；在乙方突发危重疾病时，及时通知乙方监护人、丙方或者其他紧急情况联系人并转送医疗机构救治；发现老年人为疑似传染病病人或者精神障碍患者时，依照传染病防治、精神卫生等相关法律法规的规定处理。

5.2.6　为乙方组织定期体检，建立个人档案。保存乙方的入住登记表、体检报告等健康资料以及日常经费开支情况等个人信息，建立各类信息资料档案的保管和使用制度，除向乙方、乙方监护人、丙方和其他有权部门（公安局、检察院、法院、养老服务行业主管机关因办案、监督、检查需要）提供查阅、允许复制外，不得对外透露。

5.2.7　允许乙方监护人、丙方及经乙方许可的亲属和其他人员探视乙方并提供方便，但不得影响甲方对于乙方正常服务或管理，否则甲方有权拒绝。

5.2.8　在解散清算前，依法妥善安置乙方。

5.2.9　接受乙方、乙方监护人、丙方的合理建议和监督。

第六条　乙方及乙方监护人的权利、义务

6.1　乙方的权利

6.1.1　按照约定的服务项目获得甲方提供的符合服务标准的养老服务。

6.1.2　对甲方的服务有批评建议的权利。

6.1.3　对自身的健康状况、费用支出、入院记录等有知情权，有权查阅、复印甲方为其建立的个人档案。

6.1.4　有权了解提供服务的人员是否经过专业培训，是否具备相应资质，有权要求甲方更换未经专业培训或不具备相应资质或提供服务不合格的人员。

6.1.5　享有隐私权，人格尊严和人身、财产安全不受非法侵害。

6.1.6　在突发急病的情况下有权获得及时、必要的医疗帮助。

6.2　乙方监护人的权利

6.2.1　对甲方的服务有批评建议的权利。

6.2.2　对乙方的健康状况、费用支出、入院记录等有知情权，有权查阅、复印甲方为乙方建立的个人档案。

6.2.3　有权了解提供服务的人员是否经过专业培训，是否具备相应资质，有权要求甲方更换未经专业培训或不具备相应资质或提供服务不合格的人员。

6.2.4　对乙方有探视权，但不得影响甲方对于乙方正常服务或管理。

6.2.5　遇紧急情况，包括但不限于乙方走失、身体健康状况出现紧急情况时，有权及时从甲方得到相关信息。

6.3　乙方的义务

6.3.1　如实告知甲方本人的健康状况、药品使用情况等信息，并如实填写“健康状况自我陈述书”。

6.3.2　配合甲方做好持续评估，确认照护等级；配合甲方定期参加

体检。

6.3.3　配合甲方管理，并遵守甲方的管理制度，爱护甲方提供的各项服务设施。

6.3.4　与其他入住老年人和谐相处。

6.3.5　在接收甲方提供的养老服务期间，因疾病出现诊疗情形，应在治疗期间遵守医嘱，配合治疗。

6.3.6　按照约定自行或与丙方共同支付养老服务费及相关费用。

6.3.7　入住期间损坏甲方设施设备的，应当按照“设施设备清单”上标明的价格赔偿甲方损失。

6.3.8　配合甲方提供的符合合同约定、法律规定的养老服务。

6.4　乙方监护人的义务

6.4.1　入住前要如实向甲方反映乙方的情况，如脾气秉性、家庭成员、既往病史、健康状况和药品使用情况等，协助乙方如实填写“健康状况自我陈述书”。

6.4.2　劝导乙方入住后要自觉遵守养老机构的规章制度，接受管理，爱护甲方提供的各项服务设施。

6.4.3　劝导乙方与其他入住老年人和谐相处。

6.4.4　劝导乙方在接收甲方提供的养老服务期间，因疾病出现诊疗情形，应在治疗期间遵守医嘱，配合治疗。

6.4.5　按照约定自行或与丙方共同支付养老服务费及相关费用。

6.4.6　经常与乙方沟通，保持联络，满足乙方的精神需求。

6.4.7　及时协助甲方处理乙方出现的紧急情况。

6.4.8　家庭及单位地址、联系方式变更时，应及时通知甲方。

6.4.9　对乙方造成甲方或第三方人身和财产损失承担赔偿责任。

6.4.10　乙方在养老机构去世的，应及时进行善后处理并支付相关费用。

第七条　丙方的权利、义务

7.1　丙方的权利

7.1.1　对乙方的身体健康状况、享受服务情况等有知情权。

7.1.2 有权查阅、复制乙方在甲方的档案资料。

7.1.3 遇本合同约定的紧急情况，有权及时从甲方得到相关信息。

7.1.4 对乙方有探视权，但不得影响甲方对于乙方正常服务或管理。

7.1.5 在本合同约定的紧急情况下有权代理乙方处理相关事宜。

7.2 丙方的义务

7.2.1 经常与乙方沟通，保持联络，满足乙方的精神需求。

7.2.2 家庭或者单位地址、联系方式变更时，应及时通知甲方。

7.2.3 及时协助甲方处理乙方出现的紧急情况。

第八条 陈述与保证

8.1 甲方保证为依照法律、行政法规设立并依法登记的养老机构，具有提供本合同约定的养老服务的资格和能力。

8.2 乙方或乙方监护人保证乙方不属于患有精神病、甲类或乙类传染性疾病等不符合入住养老机构疾病的老年人。

8.3 乙方或乙方监护人、丙方保证向甲方提供乙方在本协议签署前一个月内在甲方所在地二级甲等以上医院进行体检的“体检报告”（体检项目包括：精神健康状况、传染性疾病及养老机构要求的其他体检项目等）（作为本合同附件）。

8.4 乙方或乙方监护人、丙方保证向甲方提供的乙、丙方共同签字的“健康状况自我陈述书”（作为本协议附件）是真实的，没有任何虚假或隐瞒。

第九条 合同的变更和解除

9.1 合同的变更

9.1.1 根据乙方健康状况的变化，甲方可以提出变更服务方案，并以书面形式通知乙方或乙方监护人及丙方，经甲、乙或乙方监护人、丙三方协商一致，签署补充协议。

乙方或乙方监护人、丙方收到甲方变更服务方案的书面通知后____日内既不确认又不提出异议，但乙方实际接受甲方提供的相应服务的，视为甲、乙或乙方监护人、丙三方就合同约定的服务项目的变更达成了一致，乙方或乙方监护人有义务按照新的服务项目支付相应的服务费用。

如果根据乙方健康状况的变化，不调整服务项目将导致乙方的健康安全无法保障的，甲方提出变更的服务方案后，乙方或乙方监护人既不同意，也不接受实际服务，甲方和乙方或乙方监护人均有权解除本合同。

9.1.2　当与甲方日常管理、服务直接相关的物价指数变动幅度超过10%时，甲方有权适当调整收费标准，并将价格调整的通知在调价前30日内以书面形式通知乙方或乙方监护人及丙方。

乙方或乙方监护人对价格调整有异议的，可在收到通知后15日内以书面形式提出解除合同；乙方或乙方监护人虽有异议但要求继续按照原收费标准履行合同的，甲方有权提出解除合同。

乙方或乙方监护人收到通知后15日内不以书面形式提出异议，但拒绝根据调整后的价格支付相关费用的，甲方有权解除合同并按照原收费标准收取已提供服务的费用。

9.2　合同的解除

9.2.1　除本合同另有约定外，下列情况下，乙方或乙方监护人可以单方解除本合同，并无须承担违约责任：

(1) 甲方提供的服务不符合合同约定，经乙方或乙方监护人提出，______日内不改正的；

(2) 因甲方或甲方工作人员的严重过错造成乙方人身或重大财产损害的；

(3) 乙方因疾病或其他个人原因离院的，但乙方或乙方监护人不提出解除本合同而要求保留床位或房间的除外；

(4) 乙方首次入住______日内不适应居住环境或管理方式的；

(5) 本合同履行过程中，乙方或乙方监护人提前30日书面通知甲方并结清服务费用的。

9.2.2　除本合同另有约定外，下列情况下，甲方可以单方解除本合同，并无需承担违约责任：

(1) 付款人无故拖欠各项费用超过______日，经甲方催告后______日内仍不交纳的，甲方有权解除合同，书面通知乙方搬出养老机构。乙方或乙方监护人在甲方发出书面解除合同通知后______日内仍不搬出的，甲方有权提起诉讼，请求法院确认合同解除。付款人除应支付拖欠的服务费用、诉讼期间的养老服务费用以外，还应每逾期一天按逾期支付费用金额万分之________向甲方支付违约金。

（2）乙方严重违反甲方的规章制度，造成甲方难以履行对乙方的养老服务，或造成其他入住老人伤害或现实性伤害危险的。

（3）乙方或乙方监护人隐瞒重要乙方健康状况、患有须隔离治疗的传染性疾病或者患有精神疾病等其他不适宜在机构内集中生活的。

（4）发生不可抗力致甲方不能履行合同的。

（5）甲方因丧失养老机构执业资格等原因暂停、终止服务的。甲方应当于暂停或者终止服务60日前向实施许可的民政部门提交老年人安置方案，经批准后方可解除养老机构服务合同。

（6）乙方连续请假外出超过______天（不得少于30天）。

第十条　特别约定

10.1　突发疾病或出现事故等紧急情况的处理

10.1.1　乙方在入住期间突发疾病或身体伤害事故，甲方应及时通知乙方监护人、丙方，及时联系120等医疗急救机构；如需到医疗机构急救，甲方应派人陪送至医疗机构。甲方不能及时联系上乙方监护人、丙方的，应尽早与本合同附件确定的其他联系人取得联系，通报情况。

甲方具有医疗资质的，在乙方生命垂危等紧急情况下应尽到合理诊疗义务，费用由乙方或乙方监护人、丙方承担。

10.1.2　因乙方发生紧急情况产生的费用急救费用、治疗费用、住院押金等均由乙方或乙方监护人负担。甲方因此垫付费用的，乙方或乙方监护人应及时清偿。

10.2　乙方去世的善后服务及相关费用

乙方在甲方服务期间去世的，甲方应及时与乙方监护人或丙方取得联系，乙方监护人或丙方负责善后处理并承担相关费用。无法与乙方监护人或丙方取得联系的，应及时联系殡仪馆，妥善保存遗体，发生的费用由乙方监护人或丙方承担。

10.3　甲方与乙方监护人或丙方联系中断

因乙方监护人或丙方提供的联系地址、方式不准确或不详细或变更后未及时通知甲方，或其他客观原因致使甲方无法与乙方监护人或丙方及时联系，连续达一个月则视为联系中断。甲方与乙方或乙方监护人协商后，可以重新确定联系人。

10.4　非因甲方原因造成乙方人身、财产损害的，甲方不承担责任。

10.5　乙方具有完全民事行为能力，但拒绝接收甲方提供服务，造成其自身人身、财产损害的，由乙方自行承担后果。

10.6　本合同关于乙方、乙方监护人或丙方权利义务的约定，并不免除对乙方有法定赡养义务的其他人的法定责任。

10.7　因不可抗力导致本合同无法继续履行的，受到不可抗力影响的一方应在不可抗力情形发生后及时通知合同其他相关方，本合同可依法解除，合同各方不承担解除合同的责任。乙方监护人或丙方应及时接回并妥善安置乙方。

甲方应提示乙方、乙方监护人或丙方重点注意上述特别约定内容，按照乙方、乙方监护人或丙方的要求，对上述特别约定内容进行说明，并请乙方、乙方监护人或丙方签字确认。

以上特别约定内容，在甲方提示下，乙方、乙方监护人或丙方均已认真阅读，充分知晓与了解。特此签名确认。

第十一条　违约责任

11.1　因甲方及其工作人员的过错，损害乙方人身或财产权利的，由甲方承担赔偿责任。

11.2　甲方服务人员资质不合格、没有按约定提供服务或者提供的服务不合格，甲方应承担的违约责任为：____________________。由此造成乙方人身或财产损失的，甲方还应承担赔偿责任。

11.3　甲方或其工作人员侵犯乙方、乙方监护人及丙方对甲方提供的养老服务的知情权的，乙方、乙方监护人和丙方有权要求甲方改正，造成损失的甲方应承担赔偿责任。

11.4　本合同因______项解除的，甲方应向乙方或乙方监护人支付

违约金 ______元。

11.5 本合同因 ______项解除的，乙方或乙方监护人应向甲方支付违约金 ______元。

11.6 因乙方原因造成甲方或第三人人身或财产损失的，乙方、乙方监护人应承担赔偿责任。

11.7 因乙方原因造成其自身损害的，由乙方、乙方监护人自行承担全部后果和责任。

第十二条 纠纷的解决方式及管辖

与本合同有关的或者因本合同引发的纠纷应尽量协商解决，协商解决不成的，应向甲方住所地人民法院提起诉讼解决。

第十三条 通知与送达

13.1 在本合同首页中所标明的甲方、乙方、乙方监护人和丙方的地址和联系方式为各方各自有效的通讯地址和联系方式。一方变更通讯地址和联络方式应及时通知其他各方。

13.2 以下情形，视为送达，但受送达人有证据证明其因客观原因未实际接收到通知的除外：

13.2.1 以特快专递形式发送的，已经签收的，以签收日为送达日；未签收的，同城自发送之日起 2 日视为文件已经送达，异地 5 日视为送达，境外 15 日视为送达。

13.2.2 手机短信发送的，发出之时即视为送达。

13.2.3 电子邮件自发出进入收件方邮箱服务器视为送达。

13.2.4 传真发送自发出对方传真机接收视为送达。

13.3 因受送达人通信地址或其他相关信息错误、不详或发生变更未及时通知其他各方造成无法送达的，由受送达人自行承担相关后果。

13.4 乙方入住甲方期间，有关本合同的履行事宜甲方应以书面或数据电文形式通知乙方或乙方监护人、丙方，由乙方或乙方监护人、丙方确认签收；乙方或乙方监护人、丙方拒签的，书面通知在第三方见证下送至收件人地址的视为已通知或已送达，数据电文进入收件人接收系统的视为已通知或已送达。

第十四条 当事人协商一致的其他内容

（约定内容可以另行附页）

第十五条 合同生效及附件

15.1 本合同一式 ______份，甲、乙或乙方监护人丙方各执一份，自各方签字或盖章之日生效。

15.2 下列文件为本合同附件：

（1）加盖甲方公章的甲方合法注册登记文件复印件；

（2）乙方、乙方监护人、丙方（个人）身份证及户口本复印件，丙方（单位）加盖公章的丙方合法注册登记文件复印件及联系人信息；

（3）二级甲等以上医院出具的“体检报告”（体检时间在一个月以内）；

（4）乙方、乙方监护人及丙方签章的乙方“健康状况自我陈述书”及“入住登记表”；

（5）甲方出具的、经乙方、乙方监护人、丙方签章认可的“老年人能力评估报告”；

（6）房间、设备物品表；

（7）公共设施、设备表；

（8）甲方服务范围表；

（9）乙方、乙方监护人、丙方选择的“护理等级与服务项目”；

（10）甲方提供养老服务的各种服务项目的收费标准表；

（11）经签署的“养老机构入住须知”；

（12）甲方制定并公示的规章制度______________________________；

（13）其他联系人表；

（14）其他附件。

15.3　本合同附件系本合同组成部分，与合同具有同等法律效力。

（本文以下无正文）

甲方：（公章）

法定代表人或授权代表（签字）：

日期：

乙方（签字、盖章、按手印）：

日期：

乙方监护人（签字、盖章、按手印）：

日期：

丙方（签字、盖章）：

签署日期：

签署地点：

参考文献

[1] 戴维·L. 德克尔．老年社会学［M］．天津人民出版社，1986

[2]［美］詹姆斯.H. 舒尔茨．老龄化经济学［M］．社会科学文献出版社，2010

[3]［美］莱曼．为养老而投资［M］．窦尔翔等译．中信出版社，2009

[4] 吉阪隆正．居住的发现［M］．劲草书房，1984

[5]［美］拉尔夫布洛克．房地产投资信托［M］．中信出版社，2007

[6] 陈肇男，徐慧娟等．活跃老化［M］．双叶书廊有限公司，2013

[7] 罗伯特·B. 登哈特．公共组织理论［M］．中国人民大学出版社，2003

[8] 熊必俊．老龄经济学［M］．中国社会出版社，2009

[9] 麻凤利．中国老龄产业发展的机遇和挑战［M］．中国社会出版社，2010

[10] 李军．人口老龄化经济效应分析［M］．社会科学文献出版社，2005

[11] 台恩普，陶立群．促进老龄产业发展的机制和政策［M］．科学出版社，2009

[12] 高见．老龄化、金融市场及其货币政策含义［M］．北京大学出版社，2010

[13] 奚志勇．中国养老［M］．文汇出版社，2008

[14] 杨中新．中国人口老龄化与区域产业结构调整研究［M］．社会科学文献出版社，2005

［15］宋世斌．中国老龄化的世纪之困［M］．经济管理出版社，2010

［16］程恩富．激辩新人口策论［M］．中国社会科学出版社，2010

［17］张良礼．社会化养老服务体系构建及规划［M］．社会科学文献出版社，2006

［18］董红亚．养老服务社会化——嵊州模式［M］．中国社会出版社，2010

［19］赵曼．城乡养老保障模式比较研究［M］．中国劳动保障出版社，2010

［20］卢海元．土地换保障［M］．群众出版社，2012

［21］刘芳．香港养老［M］．中国社会出版社，2010

［22］张秋霞．加拿大养老保障制度［M］．中国社会出版社，2010

［23］张恺悌．新加坡养老［M］．中国社会出版社，2010

［24］张啸．德国养老［M］．中国社会出版社，2010

［25］张恺悌．美国养老［M］．中国社会出版社，2010

［26］张恺悌．新加坡养老［M］．中国社会出版社，2010

［27］吴敏．基于需求与供给视角的机构养老服务发展现状研究［M］．经济科学出版社，2011

［28］黄耀明，陈景亮，陈莹．人口老龄化与机构养老模式研究［M］．吉林大学出版社，2012

［29］刘美霞，娄乃明，李俊峰．老年住宅开发和经营模式［M］．中国建筑工业出版社，2008

［30］董红亚．中国社会养老服务体系建设研究［M］．中国社会科学出版社，2011

［31］范子文．以房养老［M］．中国金融出版社，2006

［32］刘金华．中国养老模式选择研究［M］．西南财经大学出版社，2011

［33］中国房产信息集团．老年公寓操作图文全解［M］．中国物资出版社，2011

［34］江合．养老不动产投资与管理［M］．社会科学文献出版

社，2011

［35］杜鹏．中国人口老龄化过程研究［M］．中国人民大学出版社，2002

［36］吕静，修智英，赵苐．探析住宅设计中待关注的老年问题［M］．吉林人民出版社，2002

［37］陈功，我国养老方式研究［M］．北京大学出版社，2003

［38］陶立群．中国老年人社会福利［M］．社会科学文献出版社，2005

［39］李竞能．现代西方人口理论［M］．复旦大学出版社，2004

［40］刘家强．人口经济学新论［M］．西南财经大学出版社，2004

［41］曲海波．中国人口老龄化问题研究［M］．吉林大学出版社，1990

［42］杨中新．老龄化与产业结构调整［M］．广西人民出版社，2000

［43］赵宝华．提高老年人生活质量对策研究报告［M］．华龄出版社，2002

［44］姚远．中国家庭养老研究［M］．中国人口出版社，2000

［45］王爱珠．老年经济学［M］．复旦大学出版社，1996

［46］柴效武，孟晓苏．反向抵押贷款运作［M］．浙江大学出版社，2008

［47］奚志勇．至尊老人的家——亲和源模式［M］．学林出版社，2009

［48］张恺悌．中国人口老龄化与老年人状况蓝皮书［M］．中国社会出版社，2010

［49］邢建东，陶然．美国房地产投资信托制度与运用［M］．中国法制出版社，2008

［50］范斌．福利社会学［M］．社会科学文献出版社，2006

［51］范新涛．西安市老年公寓居住单元设计初探［J］．城市建筑，2013（1）

［52］周璐．中国老年公寓市场潜力分析——以湖北省武汉市为个案

[J]．特区经济，2010 (4)

[53] 王钰娜．人口老龄化对消费结构的影响及对策 [J]．宏观经济管理，2013 (11)

[54] 刘美霞．机构养老和社区养老联动模式的思考 [J]．城市开发，2013 (10)

[55] 任丹．国外“以房养老”模式的经验及启示 [J]．城乡建设，2013 (10)

[56] 孟剑．汇晨老年公寓市场化运作之路 [J]．中国新时代，2013 (8)

[57] 韩蕾．老年公寓需创新运营 [J]．城市开发，2013 (7)

[58] 纪晓岚．国养老地产发展模式探索——基于上海与杭州的个案比较 [J]．中国经贸导刊，2012 (11)

[59] 姜睿．中国养老地产发展模式与策略研究 [J]．现代经济探讨，2012 (10)

[60] 马晖．威海市社区养老模式现状及创新探究 [J]．现代经济信息，2012 (9)

[61] 罗蔚．养老院困局 [J]．公民导刊，2012 (9)

[62] 董昕．中国老年公寓的特色之路 [J]．中国市场，2011 (12)

[63] 刘琳．老年公寓的建设和运营模式 [J]．中国投资，2011 (12)

[64] 杨克元．“以房养老”惹出转让风波 [J]．检察风云，2011 (10)

[65] 杨红旭．典型国家的老年住宅发展模式 [J]．中国地产市场，2011 (9)

[66] 唐波．加快重庆老年公寓开发建设的对策及建议 [J]．重庆教育学院学报，2011 (7)

[67] 陈仙平．发展老年公寓的几点意见 [J]．上海房地，2011 (2)

[68] 程望杰．美国老年住宅发展经验研究及借鉴 [J]．城市建筑，2011 (1)

[69] 武永春．建设中国特色的老年住房消费模式 [J]．消费经济，2010 (10)

[70] 周宇．养老机构发展呼唤创新——基于北京市海淀区养老机构的调研 [J]．技术经济与管理研究，2010 (9)

［71］梁木．投资西安民营养老机构的可行性分析［J］．西安邮电学院学报，2010（7）

［72］吴洪彪．美国和加拿大养老服务业考察报告［J］．中国民政，2010（7）

［73］祝文渊．发展老年公寓必须严格行业规范［J］．社会福利，2010（6）

［74］排箫．国外老年公寓更重人文关怀［J］．现代商业，2010（6）

［75］张欣．老年公寓经营模式之以房养老［J］．知识经济，2010（5）

［76］周璐．中国老年公寓市场的潜力分析——以湖北省武汉市为个案［J］．特区经济，2010（4）

［77］周燕岷等．我国城市居家及社区养老居住模式探讨［J］．住宅产业，2010（1）

［78］穆光宗．人口老龄化和老龄问题的再讨论［J］．人口学刊，2008（3）

［79］刘玉芝．关于加快发展居家养老模式的几点思考［J］．中国民政，2009（5）

［80］刘颖春．老龄住宅相关问题初探［J］．人口学刊，2003（3）

［81］陈赛权．中国养老模式研究综述［J］．人口学刊，2000（3）

［82］应斌．简评西方国家老年住宅开发模式［J］．商业时代，2005（2）

［83］封进．人口结构变动的福利效应［J］．经济科学，2004（5）

［84］姜向群．对人口老龄化社会经济影响问题研究的回顾与分析［J］．南京人口管理干部学院学报，2001（6）

［85］姜向群，杜鹏．中国人口老龄化对经济可持续发展影响的分析［J］．市场与人口分析，2000（3）

［86］宋言奇．关于中国老年公寓养老发展的几点思考［J］．中国发展，2007（7）

［87］袁志刚，宋铮．人口年龄结构、养老保险制度与最优储蓄率［J］．经济研究，2000（1）

［88］张广科．关于应对人口老龄化危机的经济学思考［J］．人口学刊，2002（4）

[89] 杨宗传．居家养老与中国养老模式［J］．经济评论，2000（3）

[90] 吴亦明．中国人口老龄化的特殊性与老人居住问题［J］．不动产纵横，2008（8）

[91] 董洪敏．浅谈我国社区养老的可行性［J］．人口与经济，2008（11）

[92] 张福顺，王磊．浅谈我国老年住宅的开发问题［J］．山西建筑，2009（4）

[93] 张妍．我国社会化机构养老服务研究综述［J］．社会工作下半月（理论），2008（10）

[94] 穆光宗．公寓养老和在家养老：两种模式的简要比较［J］．市场与人口分析，1998（1）

[95] 穆光宗．家庭养老面临的挑战及社会对策问题［J］．中州学刊．1999（1）

[96] 朱涛．社区养老机构结构功能的城乡比较研究［J］．西北人口，2003（1）

[97] 崔鸣迪．积极老化及其实现途径探析［J］．医学与哲学，2012（7）

[98] 刘文富．国外发达国家养老服务实践及其对我国的启示［J］．法制与社会，2009（10）

[99] 冯娴．构建我国养老服务法律体制的设想［J］．管理学家，2011（8）

[100] 孟乐文．关于老年人权益保护的法律研究［J］．华章，2010（20）

[101] 柴效武．生命周期理论及在售房养老模式中的运用［J］．西安财经学院学报，2004（8）

[102] 李仁斌．房屋置换属性、运作方式及风险分析［J］．重庆建筑大学学报，2001（12）

[103] 孙亚洲．美国的老年公寓市场现状［J］．海外之窗，2001（1）

[104] 朱青，罗志红．中外老年住宅供给模式的比较与借鉴［J］．国际经济观察，2007（11）

[105] 艾永前．西安老年公寓投资开发研究［J］．合作经济与科技，

2009 (6)

[106] 刘贵文. 基于 REITs 的房地产经营管理模式战略转型研究 [J]. 建筑经济. 2007 (12)

[107] 黄雪辉. 关注时下养老地产热 [J]. 科技智囊, 2010 (8)

[108] 黄小芳, 张辉, 朱亮. 创新旅游房地产投融资模式初探 [J]. 特区经济, 2010 (5)

[109] 王波. 居家养老: 模式创新方能深化发展——以上海亲和源老年公寓为例 [J]. 工会理论研究, 2010 (1)

[110] 周薇. 人口老龄化对我国老年保障制度的影响 [J]. 河海大学学报, 2004 (12)

[111] 王俊霞. 人口老龄化与社区养老 [J]. 求实, 2003 (6)

[112] 梁馨月. 中国社区养老方式的新探索 [J]. 山西财经大学学报, 2010 (2)

[113] 陈志英, 张慧清. 老年公寓养老护理的服务模式 [J]. 中国老年学杂志, 2010 (7)

[114] 王东, 秦伟. 关于养老影响因素研究的文献综述 [J]. 西北人口, 2003 (2)

[115] 钟海波. 以房养老模式探讨 [J]. 合作经济与科技, 2008 (9)

[116] 龙书芹, 风笑天. 城市居民的养老意愿及其影响因素——对江苏四城市老年生活状况的调查分析 [J]. 南京社会科学, 2007 (1)

[117] 安徽省财政厅社会保障处课题组. 推进社会养老服务财政政策研究 [J]. 经济研究参考, 2013 (33)

[118] 李勇. 天津促进养老服务体系建设的财税政策与效果分析 [J]. 经济研究参考, 2012 (41)

[119] 赵东霞, 王金羽. 辽宁养老服务业发展的财政政策支持 [J]. 经济研究导刊, 2012 (28)

[120] 郑洁. 促进中国养老服务业发展的财税政策研究 [J]. 石家庄经济学院学报, 2013 (10)

[121] 赵海燕, 郭俊英. 老龄化与新型城镇化背景下的房地产业如何发展 [J]. 现代商业, 2013 (7)

[122] 王莉莉．对完善中国家庭照料支持政策的思考与建议［J］．兰州学刊，2012（6）

[123] 马智利，王熊．REITs 在我国养老地产建设中的运作模式研究［J］．武汉金融，2013（09）

[124] 刘利君．养老服务专业人才队伍建设策略研究［J］．社会福利（理论版），2012（04）

[125] 张岩松．加强我国老年养护人才队伍建设的对策分析［J］．中国老年学杂志，2012（08）

[126] 黄鹂．老年公寓功能设计及扩展性研究［D］．湖南大学，2009

[127] 赵晔．老年人居住环境的舒适性研究［D］．天津大学，2003

[128] 周稳云．云南省城镇老年住宅的需求调查及发展模式探讨［D］．西南财经大学，2010

[129] 刘宁．福州市养老机构专业化发展的问题研究［D］．福建师范大学硕士论文，2013

[130] 王义军．我国老年公寓发展运营研究［D］．华南理工大学硕士学位论文，2010

[131] 贺娟．农村以地养老服务合同的法律关系探究［D］．天津商业大学硕士学位论文，2012

[132] 张同功．我国老龄产业融资支持体系研究［D］．中国社会科学院研究生院，2013

[133] 马元莉．太原市老年公寓发展研究［D］．山西财经大学，2013

[134] 陶冉．城市社区养老需求及服务供给研究［D］．山东财经大学，2013

[135] 王磊．杭州养老商业化运作研究［D］．吉林大学，2013

[136] 林鸿乾．机构养老服务中社会工作微观方法的应用［D］．安徽大学，2013

[137] 门佳蓬．发展我国老年公寓养老问题研究［D］．湖南师范大学，2010

[138] 洪保华．基于特色老年公寓的社会化养老新模式研究［D］．天津大学，2009

[139] 谢建华．中国老龄产业发展的理论与政策问题研究［D］．中国社会科学院研究生院，2003

[140] 张进．郑州市老年公寓设计研究［D］．郑州大学，2003

[141] 吴婉珊．社会养老机构运营模式研究［D］．吉林大学，2009

[142] 程年华．老年公寓建设发展研究［D］．北京交通大学，2007

[143] 林乐飞．人口老龄化背景下我国城市养老模式选择研究［D］．大连理工大学，2006

[144] 周江．老年公寓"交流"功能发展研究［D］．江南大学，2005

[145] 郭柳．住房反抵押贷款及其风险研究［D］．四川大学，2005

[146] 马寅．房地产信托投资基金的中国实践［D］．北京大学，2009

[147] 易洁．人口老龄化与中国经济发展［D］．西南财经大学硕士学位论文，2007

[148] 李洪心．人口老龄化与养老保险制度改革［D］．东北财经大学，2006

[149] 曲文勇．论养老方式的变迁与选择［N］．光明日报，2005 年 7 月 25 日

[150] 杨骏．感触老年公寓——国外银发住宅兴起启示［N］．中国教育报，2003 年 11 月 21 日

[151] 入住老年公寓要提前两年预约［N］．重庆晚报，2011 年 10 月 18 日

[152] 老年公寓或成中国房地产新宠［N］．参考消息，2013 年 10 月 29 日

[153] 陈传书．如何对老龄产业具体行业进行细分［EB/OL］．中国老龄产业协会，http：//www. zgllcy. org，2010 年 7 月 29 日

[154] 老年护理缺口巨大．［EB/OL］．国家养老护理网，http：//chinainterrai. co. bokee. net，2011 年 12 月 9 日

[155] 左小蕾．我国养老服务供给缺口达9000亿元．[EB/OL]．和讯评论网，http：//opinion. hexun. com，2011年3月24日。

[156] Garavaglia G，Lettieri E，Nursing Homes：an Italian Caseagasisti T，Et Al. Efficiency and Quality of Carestudy [J]．Health Care Manag SCI，2010，23（5）：1.

[157] Jones AL，Dwyer LL，Bercovitz AR，Etal. The National Nursing Home Survey [J]．National Center for Health Statistics. Vital Health Stat，2009，13（167）：1-10.

[158] Whall AL，Lolling KB，Kolanowski A，Etal. Factors Associated With Aggressive Behavior Among Nursing Home Residents With Dementia [J]. Gerontologist，2008，48（6）：721-731.

[159] Grabowski DC，Mitchell SL. Family Oversight and The Quality of Nursing Home Care for Residents With Advanced Dementia [J]．Med Care，2009，47（5）：568-574.

[160] Garasen H，Magnussen J，Windspoll R，Etal. Elderly Patients in Hospital or Inn an Intermediate Nursing Home Department - Costanalysis [J]. Tidsskrorlaegeforen，2008，128：283.

[161] M. Weatherhead. Real Estate in Corporate Strategy. [M]. Basingstoke Macmillan Pressltd.，1997. 60-66.

[162] Ahituva. "Be Fruitful or Multiply：On The Development." Journal of Population Economics Interplay Between Fertility and Economic 14 (2001)：51-71.

[163] Diane Y Carsters：Building for The Aged，New York，1973.

[164] Alan W. Community Care：The Family：The State and Social Policy [M]．London：Basil Blackwell，2000.

[165] Axel Boersch - Supan，Joachim K. Winter，2001. Population Aging，Savings Behavior and Capital Markets，NBER Working Paper W8561.

[166] Dekle，Robertin Immigration Financing Consumption in an Aging Japan：The Role of Foreign Capital Inflows NBER Working Paper W10781 (2004)．

[167] Population Division, DESA, United Nations (2004), World Population Policies 2003, New York.

[168] Xiaochun Qiao. China' s Aging and Social Security of The Elderly: With Reference to Japan' s Experiences, 2004.

[169] Cunts, Edward: Housing for The Elderly, A Nhitecture. 1994.

[170] Robert Hess, Youeuo Idanc and Philip Couner: A Maturing Seniors Housing Market, Real Estate Finance, 2001.

[171] Kwame Addae - Dapaah, Housing and The Eldly in Singapore: Financial and Quality of Life Implications of Ageing in Place, Journal of Housing and The Built Environment 16: 153 - 178, 2001.

[172] Wilbur J. Cohen (1960). The Challenge of Aging to Insurance. The Journal of Insurance, 27, 15 - 18. Retrieved August 12, 2010.

[173] James E. Montgomery (1982). The Economics of Supportive Services for Families With Disabled and Aging Members. Family Relations, 31, 19 - 27. Retrieved August12, 2010.

[174] Gordon Rieved August F. Streib (1981). Aging Comes of Age. Contemporary Sociology, 10, 186 - 190. 12, 2010.

[175] Peter Uhlenberg (1992). 18, 449 - 474. Retrieved August Population Aging and Social Policy. Annual Review of Sociology, 12, 2010.

[176] Axel Borsch - Supan and Pierre - Andre Chiappori (1991). Aging Population: Problems and Policy Options in The US and Germany. Economic Policy, 6, 103 - 139. Retrieved August 12, 2010, From http://www. Jstor. Org/Stable/13444_ 50.

后　记

我们终究都会老去，正如有一首歌所演绎的那样，“如果有一天我老无所依，请把我留在这春天里”，我不知道这春天里是否就如书中所描述的乐境。人口老龄化问题是个全球性的问题，它不会以我们的意志而改变。在现在和未来的时间里，我们将感受到老年经济学所释放的强大冲击力，但不希望这是一个潘多拉魔盒。因而，我们应未雨绸缪，审时度势，提前思考养老的诸多问题并做好路径选择，这是事关每一个人福祉的大事。老年公寓的发展对于长久浸润于农耕文明的传统中国社会来说，并不是一个那么畅快就能接受的事物。因而，本书所写的对象在目前仍是一种新兴的养老方式，但不能因其新就自觉不重要，它所适用的人群在未来中国会越来越多。我们更需要思考的是如何去发展它，尤其是从生产要素视角下去思考如何解决融资问题、土地供给问题、人才供给问题以及财税政策协同问题，这些既有市场本身所致的因素，也有政府的引导和调控因素。在这个蓝海产业里，政府、市场与个人三方如何博弈和互动，能否达成均衡，这关乎老年公寓市场的未来发展前景和几千万老年人的福祉。

发展老年公寓养老，从社会视角来看，是面对我国人口老龄化新常态的趋势，以及政府福利性养老供给不足而必须采取的政策选项，为了减轻老龄化引致的各种危机和压力，需要走多元化养老的路径，需要促进养老服务体系的建设和不断完善，需要鼓励社会力量和民间资本参与老年公寓的建设和开发，在客观层面上也会对老年产业和相关产业的发展产生很大的影响。从政府视角来看，本书研究的老年公寓养老问题有助于厘清政府与市场的职责边界，政府需要做的是“兜底线”，在老年公寓发展中做好引导、支持、监督和管理的工作，“主力棒”还是要交给市场去做，这需要处理好公平与效率的问题。

从个人视角来看，发展老年公寓最终能让老人们享受到专业化的养老服务，提升晚年的生活质量，这是我们不常注意的一个领域，老年生活质量和老年生活方式变革将是人口老龄化时代另外两个非常重要的研究主题。从多次的老年公寓调研中，我们惊异地发现，很多老年人并非像媒介采访所说的那样不喜欢住在老年公寓里，反而他们觉得很不错。仔细分析原因，一个是供给侧的问题，也就是有没有好的产品和服务以及制度跟进；另外一个是新的现象，就是机构养老居家化发展趋势，老年人住进老年公寓，慢慢有了家的感觉和情愫，周围的老年人慢慢演变成了旧时的邻居，语言、文化、价值观等慢慢地同质化，他们就会产生一种的新的适应能力和家文化的认同，这也是我在调研中的一个新的收获。

在调研和写作过程中，得到了许多师长和朋友们的指导、关心和支持。财政部财政科学研究所博士生导师陈穗红研究员鼓励我选了这个较为陌生领域的题材，并对本书的框架和逻辑结构都做了仔细批阅和修改。陈老师在治学上的严谨态度、高屋建瓴，在学识上的渊博深厚、思路开阔，在做人做事上的平和开明和上善若水般的风格都是我一生学习的榜样。交通部科研所贺俊程博士、广西财政厅李翠萍博士、英大国际袁媛博士等朋友在我收集资料文献，构建写作框架和实证分析等方面提供了很多帮助，也给予了诸多建设性的意见，与他们同行是一件很快乐的事情。感谢我工作单位的领导和同事们，他们给予了我充分的理解、体贴和关心，让我能够顺畅地完成本书的写作。感谢在老年公寓需求意愿调查中给予我大力支持的重庆市各样本街道社区的负责人和配合调查的老年朋友们，感谢在老年公寓服务供给调查中给予我大力配合的重庆医科大学青杠老年护养中心、合展天池老年公寓等机构的管理人员，他们在样本调查、小组访谈、问卷和资料录入中给予了很多支持和帮助。感谢中国财政经济出版社的编辑们，因为有他们的不懈努力和敬业精神，才使得本书顺利付梓。

最后，我要感谢我的家人。他们对我的支持、理解和关爱是我的坚强后盾，没有他们我很难完成调研和写作任务。谢谢年幼的女儿，她的可爱、懂事和灵秀是我永远向前不竭的动力。希望她们这一代不必再为长辈养老和自我养老而烦恼，能生活在一个宁静祥和、开放文明、幸福公平的社会中！

研究永无止境，本书是在很多前辈的研究基础上展开的，在写作过程中参考了很多国内外的文献和资料，本书引用了他们的一些研究成果，在此，向他们表达崇高的敬意和诚挚感谢。我在养老研究领域是后学之辈，有很多研究还不够深入，很多提法和方案也有待商榷，敬请大家批评指正。

周鹏飞

2017年10月9日于重庆大学城